증산도문화사상연구 4

증산도의 문화와 사상

후천 仙 문화와 상제

증산도문화사상연구 4
증산도의 문화와 사상

발행일   2022년 5월 13일 초판 1쇄
저 자   양재학, 문계석, 강영한, 노종상, 유 철, 김현일, 윤창열, 신민식 공저
발행처   상생출판
발행인   안경전
주 소   대전 중구 선화서로 29번길 36(선화동)
전 화   070-8644-3156
F A X   0303-0799-1735
홈페이지   www.sangsaengbooks.co.kr
출판등록   2005년 3월 11일(제175호)
ISBN   979-11-91329-37-7
         979-11-91329-16-2(세트)

본 책자는 상생문화연구소가 개최한 2021년 가을 증산도 문화사상 국제학술대회에서 발표된 논문을 편집하여 간행하였습니다.

증산도문화사상연구 4

증산도의 문화와 사상

후천 仙 문화와 상제

양재학 · 문계석

강영한 · 노종상

유 철 · 김현일

윤창열 · 신민식

상생출판

간 행 사

요즘 코로나19의 기세가 절정에 달했습니다. 전국적으로 하루 60만 명이 넘는 확진자가 발생하였고 누적 환자 수는 1천만 명을 넘어섰습니다. 참으로 무서운 기세입니다. 물론 '극즉반極即反'이란 말이 있듯이 코로나 질병대란은 시간이 지날수록 수그러들 것입니다. 그러나 코로나는 끝이 아니며 개벽시대를 맞아 더 크고 무서운 병란이 올 것이라고 합니다. 증산 상제님께서는 "앞으로의 난은 병란病亂이니라. 난은 병란이 제일 무서우니라."(『도전』 5:412)고 하셨습니다. 감염병 전문가들 역시 코로나 이후 반드시 새로운 병이 닥쳐올 것이라고 경고하고 있습니다. 더욱 증산 상제님의 말씀에 귀를 기울여야 할 때입니다.

코로나로 정치, 경제, 문화 등 전 사회가 위축되어 있던 지난 가을, 증산도 교육문화회관은 진리를 추구하는 많은 학자와 연구자들로 그 열기가 뜨거웠습니다. 그 이유는 11월 23일부터 5일간 〈후천 선 문화와 상제〉라는 주제로 증산도 문화사상 국제학술대회가 열리고 있었기 때문입니다. 우리나라 학계에서 5일간 일정의 국제학술대회는 그 규모면에서 찾아보기 어려운 큰 행사가 아닐 수 없습니다. 국내외 이름 높은 학자들이 '선仙'과 '신선神仙' 그리고 '수행'을 주제로 매우 훌륭한 논문을 발표하였으며, 격조 높은 논평과 토론이 진행되었습니다. 또한 증산도 진리를 연구하고 대중화하는 상생문화연구소 연구원들은 증산도의 핵심 진리인 '상제'를 주제로 심도 깊은 연구 결과를 발표하였습니다. 참으로 한국 뿐 아니라 세계에 영생불사永生不死하는 '신선神仙' 문화의 참뜻을 전한 뜻깊은 시간이었습니다. 진리탐구의 열정이 넘치는 학술대회는 5일의 일정으로 끝이 났지만 그 결과는 이렇게 영원히 남을 단행본으로 편집이 되어 출간되기에 이르렀습니다.

상생문화연구소에서는 지난 2021년 봄에 국제학술대회를 개최하였고 이미 그 결과를 『삼신, 선, 후천개벽』이란 제목의 단행본으로 묶어낸 바 있습니다. 우리나라를 대표하는 종교학자인 김종서 서울대 명예교수는 그 책의 추천사에서 "(이번 학술대회는) 대안으로서의 증산 사상을 열어놓고 있다. … 도교적 전통들을 수용해 내면서 신론과 선과 개벽 및 주문 수행 등을 중심으로 새로운 길을 제시하고 있는 증산 사상이 바로 그 대안인 셈이다."라고 하여 선과 수행에 있어 증산도 진리의 중요성을 강조한 바 있습니다.

2021년 가을 〈후천 선 문화와 상제〉라는 주제의 학술대회에서 발표된 발표문들은 2022년 봄을 맞아 지금 세 권의 단행본으로 세상에 그 결실을 맺게 되었습니다. 5일간의 학술대회에서 발표된 논문들을 세 가지 주제로 묶어 출간한 것입니다. 각 권의 제목은 『중국과 인도의 신선문화』, 『한국의 신선문화』, 『증산도의 문화와 사상』입니다. 이 세 권의 단행본 시리즈는 선 문화의 종주국인 한국의 신선사상뿐 아니라 중국의 신선사상, 그리고 인도의 신선문화까지 담고 있으며, 나아가 인류에게 후천 선경이라는 선의 보편세계, 신선들의 이상세계를 열어주신 증산 상제님에 대한 중요한 내용들이 들어있습니다. 말 그대로 인류 선 문화를 이해하는 가장 중요한 참고서라고 해도 과언이 아닐 것입니다.

이번 학술대회를 개최하면서 상생문화연구소 안경전 이사장님은 '후천 선 문화와 상제'라는 주제에 대해 "'후천 선後天仙'이란 지금까지의 선천 수행법과는 전혀 다른 신선문화 도통수행법을 전수받아 대우주 삼신의 성령으로 거듭난 인간 '삼랑선三郎仙'을 뜻합니다. 동시에 신과 인간이 하나 되어 열어나가는 후천가을의 조화문명을 말합니다. 가을개벽을 넘어 이 땅에 펼쳐지는 '후천 선경'은 영원한 생명, 불멸의 존재인 삼랑선이 건설하는 선의 세계입니다. 상제上帝는 동방에서 지존하신 하느님, 천주를 가리키는 말입니다. 천지만물을 낳고 기르시는 우주성령 삼신三神과 하나 되어 삼계三界 우주를 다스리시는 분이기에 삼신일체 상제님으로 불립니다. 또한 1871(辛丑)년 가을, 이 땅에 인간의 몸으로 강세하셔서 병든 천지를 뜯어고쳐 선천 상극의 질서 속에 원한 맺힌 인간과 신명을 널리 건지는 천지공사天地公事를 통해 상생의 새 세상으로 이끌어주신 조화주 개벽장 하느님, 증산 상제님을 가리킵니다. 후천 선과 상제는 서로 떼어놓고 말할 수 없습니다. 상제님께서 내려주신 무극대도가 곧 후천 삼랑선이 되는 수행의 길이요, 나아가 후천가을 통일문명 시대를 열고, 조화선경을 건설하는 무극대도인 까닭입니다."라고 그 중요성을 간결하고 쉽게 설명하였습니다. 이렇게 선 문화를 강조하는 이유는 바로 『도전』이 전하는 큰 가르침 중의 하나가 바로 선 문화이기 때문입니다.

> 이제 온 천하가 큰 병(大病)이 들었나니 내가 삼계대권을 주재하여 조화造化로써 천지를 개벽하고 불로장생不老長生의 선경仙境을 건설하려 하노라. (『도전』 2:16)
> 나의 도道는 사불비불似佛非佛이요, 사선비선似仙非仙이요, 사유비유似儒非儒니라. 내가 유불선 기운을 쏙 뽑아서 선仙에 붙여 놓았느니라. (『도전』 4:8)

(후천에는) 수화풍水火風 삼재三災가 없어지고 상서가 무르녹아 청화명려淸和明麗한 낙원의 선세계仙世界가 되리라. (『도전』 7:5)

　증산도 『도전』에서 찾은 선仙과 관련된 구절들입니다. 사실 『도전』은 선仙 사상의 보고寶庫, 선 문화의 교과서입니다. 인류 선 문화의 원형과 미래 선 문화의 참모습이 상제님의 말씀으로 자세히 기록되어 있어 누구나 정성을 다해 읽으면 선과 수행의 올바른 길을 찾을 것입니다.

　세 권의 책자에 들어갈 간행사를 쓰면서 많은 분께 감사의 말씀을 전하는 것은 당연한 도리일 것입니다. 우리 연구소 안경전 이사장님께서는 학술대회를 개최할 수 있도록 물심양면으로 지원과 배려를 아끼지 않으시면서, 또 학술대회에 참가하시는 발표자 한 분 한 분께 증산도 진리를 담은 책자를 기증하여 글 작업에 어려움이 없도록 도움을 주셨습니다. 큰 은혜입니다. 2021년 봄에 이어 가을 학술대회에서도 소중한 강연을 해주신 정재서 영산대 석좌교수님은 연구소가 기대는 큰 언덕입니다. 또 실무적으로는 도교문화학회 회원분들과 소통하면서 학술대회 발표자로 여러분을 소개해 주신 이봉호 경기대 교수님께도 감사의 마음을 전합니다. 항상 연구소의 어려운 일을 도맡아 해주시고 학술대회의 전 과정을 잘 이끌어 주신 원정근 박사님께는 항상 감사하는 마음을 갖고 있습니다. 특히 이번 세 권의 책자에 들어갈 추천사를 흔쾌히 보내주신 김백현 강릉원주대 명예교수님, 감사합니다. 매번 연구소의 책을 출간할 때마다 그 많은 양과 번잡함을 마다하지 않고 훌륭한 편집을 해주시는 상생출판 강경업 편집실장님의 노고에도 인사를 전하겠습니다. 물론 제일 감사의 마음을 전해야 할 분은 바로 학술대회 발표를 해주시고 또 이 책자에 옥고가 실리도록 허락하신 교수님들이라고 생각합니다. 정말 감사드립니다.

 이제 연구소는 해를 바꿔 2022년 올해도 두 번의 국제학술대회를 기획하고 있습니다. 한 번씩 학술대회를 개최하고, 그것이 쌓여 하나의 전통으로 정립된다고 생각하니 어깨가 무거워집니다. 하지만 진리를 전하는 사명감으로, 또 여러 교수님과 학자, 깨달음을 추구하는 수행자분들과 늘 함께 한다고 생각하면 즐거운 일이고 뜻있는 일이라고 믿으며 큰 힘을 얻게 됩니다. 앞으로도 증산도 문화사상 국제학술대회에 깊은 관심과 애정을 부탁드리면서 두서없는 간행사를 마무리할까 합니다. 다시 한번 감사의 인사를 올립니다.

2022년 춘분에 즈음하여
상생문화연구소 연구실장 유 철

추 천 사

코로나19 전염병의 유행으로 인한 여러 가지 악조건에도 불구하고 증산도 상생문화연구소에서는 2021년 봄 '삼신, 선, 후천개벽'이라는 주제로 국제학술대회를 개최하여, 국내외 최고 수준의 학술마당을 펼쳤습니다. 상생문화연구소에서는 이러한 국제학술대회를 일회성에서 멈추지 않고 더욱 심화시켜, 2021년 가을 증산도 문화사상 국제 학술대회를 11월 25일 화요일에서 11월 27일 토요일까지 닷새 동안 후천 선 문화와 상제라는 주제를 중심으로 진행하였습니다. 이번 2021년 가을 증산도 문화사상 국제학술대회를 통해 증산도의 후천 선 문화를 발양할 뿐만 아니라 증산도 사상의 알짬이 무엇인가를 팔관법으로 나누어 제시한 것이 큰 성과였다고 생각합니다.

증산도의 후천 선 사상은 인간이 우주만물과 하나가 되어 영원히 살 수 있는 길을 모색합니다. 증산도에서 선仙은 단순히 유불선의 선仙이 아닙니다. 후천의 선도仙道를 중심으로 하여 선천의 유불선 삼교를 초월하면서도 포함하고 있기 때문입니다. 유불선의 모체로서 인류 태고 시대의 원형문화인 신교의 선 사상과 동학에서 좌절된 지상신선의 꿈을 완성하려는 참동학의 선 사상을 창조적으로 계승하여 한국 선도의 새로운 부활을 꿈꾸는 것입니다. 한마디로 선의 원시반본原始返本을 추구하는 것입니다.

증산도의 후천 선 사상은 유불선의 정수를 모아서 후천의 신세계, 즉 조화선경세계를 여는 새로운 기틀을 마련하였습니다. "내 세상은 조화선경이니, 조화로써 다스려 말없이 가르치고 함이 없이 교화되며 내 도는 곧 상생이니, 서로 극효하는 이치와 죄악이 없는 세상"(『도전』 2:19:1-2)을 열려는 것입니다. 후천의 조화선경造化仙境, 지상선경地上仙境, 현실선경現實仙境 문화를 열어가는 열매문화로서의 선仙입니다.

증산도의 후천 선 사상은 선도의 조화造化로 불로장생과 불사장생의 선경세계를 만들어 모든 사람들로 하여금 선풍도골仙風道骨이 되게끔 하는 데 그 궁극적 목표가 있습니다. 후천의 지상신선으로서의 태일선太一仙 또는 태을선太乙仙입니다. 태일선 또는 태을선은 우주만물과 하나가 되어 신천지와 신문명을 새롭게 여는 창조적 주체로서의 신인간을 뜻합니다. 후천의 선 문화는 조화주 개벽장 하느님께서 내려주신 무극대도의 신선공부를 통해 선천세상의 상극질서를 개벽하여 온 생명이 독자적 자유를 맘껏 누리면서도 우주적 조화를 이루면서 살아갈 수 있는 지상선경地上仙境을 열고 태을신선太乙神仙으로서 거듭나는 데서 완성됩니다.

증산도의 후천 선 문화는 우리 주위에 흔하게 널려 있는 돌 속에 숨어 있는 옥玉과 같습니다. 2021년 가을 증산도 문화사상 국제학술대회의 결과물을 『후천 선 문화와 상제』로 발간하는 이 책은 돌 속에 숨어 있는 옥을 캐내는 소중한 작업이라고 할 수 있습니다. 무한한 우주 생명과 하나가 되는 천지일심天地一心으로 이러한 작업을 계속해 나간다면 머지않아 인류가 새롭게 살아가야 할 길을 조명해 줄 수 있는 보석같이 빛나는 옥玉이 우리의 눈앞에 펼쳐질 것입니다.

강릉원주대 명예교수 김 백 현

목 차

증산도의 우주관

양재학

필자약력

양재학

　충남대학교 철학박사
　상생문화연구소 연구위원

저서
『정역도서』
『단군왕검의 국가통치법, 홍범』
『주역과 만나다1, 2, 3, 4, 5』
『주역과 만나다』(통권)
『김일부의 생애와 사상』
『정역주의』 역주
『강증산의 생애와 사상』(공저)

1 들어가는 말

지구촌 인류는 기후 위기로 인해 찜통 더위에 시달리고 있다. SF 영화는 생태계를 마구 파괴하는 인간의 오만을 경고했는데, 자연은 지구 오염의 주범인 인간을 공격하도록 진화한다는 시나리오였다. 자원의 무분별한 개발에서 비롯된 자연의 보복으로 지진과 해일 같은 자연 재해가 일어난다는 것이다. 머지않아 아버지 세대와 아들 세대가 전혀 다른 자연 환경에서 살 것이라는 예측이 아닐 수 없다.

인간의 과도한 욕망이 빚어낸 환경 재앙은 지구의 자정 능력마저도 무력화시키고 있다. 그래서 지질학자들은 인간의 탐욕에서 비롯된 '여섯 번째 대멸종이 온다'고 예고했다. 마치 현대판 제2의 '노아의 방주'가 다가오는 징조로 보이는 것 같다.

기후 위기와 팬데믹의 공포에 빠진 지구촌의 현실을 보라. 특별히 2021년은 위기의 한 해로 꼽을 수 있다. 코로나19의 대유행, 국제 질서와 경제의 혼란, 사회적 격변, 이 모든 것을 관통한 것은 지구에 상처를 남긴 기후 변화였다. 코로나19는 기후 위기와 어떤 관계가 있을까? 기후 위기와 코로나 사태는 이미 오래 전부터 예고된 비상사태라는 진단도 있다.

세계 곳곳을 퍼부었던 물 폭탄을 비롯한 거대 규모의 산불, 전쟁과 질병, 민족분쟁, 종교간의 갈등이 빚어낸 참혹한 테러, 각종 종말론의 득세와 함께 문명의 부산물로 다가오는 금융위기가 한꺼번에 일어난다면 인류는 어떻게 될까?

각종 전염병의 창궐은 수많은 사람을 휩쓸어갔고, 다행스레 살아남은 조상들이 노화로 죽었다면, 지금의 인류는 극심한 기후 대재앙으로 죽을 것이라는 끔찍한 보고서가 발표될 정도이다. 이미 히말라야 고산 지대의 사람들은 빙하 쓰나미를 체감하고 있으며, 심지어 남북극의 빙하가 기후 변화의 핵심으로 떠오르고 있다. 심지어 부동산 가격의 폭등으로 말미암아 중위권 국가의 젊은 부부들이 아이를 낳지 않으려는 행태 역시 지구온난화 탓이라는 얘기도 전혀 틀린 말이 아니다.

이것들은 모두 증산도 사상에서 말하는 후천개벽의 징조라 할 수 있다. 지구의 자전축을 움직일 만한 자연개벽, 팬데믹 상황으로 접어들면서 경제사회가 마비되는 문명개벽, 물질문명의 폐단과 도덕의 붕괴로 인한 인간개벽의 조짐이 불거지고 있는 것이다.

자연과 문명과 인간 세상의 총체적 대변혁은 선천 상극의 폐단을 극복한 다음에 구축되는 상생 세상의 도래가 아니고는 불가능하다. 이러한 상극 세상이 상생 세상으로 바뀌는 선후천 변화의 정체가 곧 후천개벽이다. 후천개벽이 이루어지는 원리와 과정을 밝히는 작업이 증산도 우주관의 핵심이라고 할 수 있다.

2 우주는 어떻게 구성되었는가
– 선천과 후천

선천과 후천이란 말은 공자孔子(BCE 551-BCE 479)가 지었다는 『주역周易』 건괘乾卦 「문언전文言傳」에 가장 먼저 나온다. "하늘보다 앞서 가도 하늘이 어기지 않으며, 하늘보다 뒤로 해도 하늘의 시간을 받든다. 하늘이 또한 어기지 않는데 하물며 사람이며 귀신이랴![先天而天弗違, 後天而奉天時, 天且弗違, 而況於人乎, 況於鬼神乎.]" 그러나 공자 이후 1,500년 동안 선천과 후천에 대한 학술적 논의는 잠들었다가 송대宋代의 철학자들에 이르러 본격적으로 탐구되기 시작했다.

선후천관의 입장에서 역의 세계를 들여다본 인물은 소강절邵康節(1011-1077)이다. 그가 선후천관을 수립한 목적은 자신이 살던 시대가 복희씨와 요임금 시절을 제외한 최고의 태평성대라는 사실을 객관적으로 입증하려는 의도 때문이었다. 그는 역사적으로 요임금을 중심으로 선천과 후천을 구분했다. "요임금의 앞은 선천이고, 요임금의 뒤는 후천이다. 후천은 (선천을) 본받아야 할 법칙이다. 하늘은 만물을 낳고, 성인은 만민을 낳는다."[1] 선천은 진리의 원형이므로 후천은 선천을 온몸으로 본받고 터득하여 이상적 인간이 되도록 노력하는 무대에 지나지 않는다는 결론이다.

선천과 후천은 우주의 두 얼굴이다. 이때 선천과 후천이 맞물려 돌아간다는 것은 이원론(dualism)을 의미하지 않는다. 하지만 소강절이 말하는 선천이 후천의 근거라는 발상은 곧 요임금의 태평성대를 모범으로 삼아 과거로의 회귀를 꿈꾸는 역사관의 전형인 셈이다.

선후천론에 대한 혁명은 조선조 후기의 한반도에서 일어났다. 그것은

---

1) 『皇極經世書』 「觀物外篇」, "堯之前, 先天也 ; 堯之後, 後天也 ; 後天乃效法也. 昊天生萬物, 聖人生萬民."

후천개벽사상에 이론적 근거를 제공한 김일부金一夫(1826-1898)의 정역사상과 동학을 창도한 최수운崔水雲(1824-1864)에 이르러 본격적으로 꽃피기 시작했다. 겉으로 보면 김일부는 소강절의 선후천론을 이어받았으나, 선천과 후천을 바라보는 두 사람의 관점은 현저하게 다르다. 우리가 살고 있는 '지금 여기(now and here)'라는 시간대를 놓고 볼 때, 소강절은 "지금 여기의 세상을 발생시킨 형이상의 세계가 선천이고, 현재 인류가 살고 있는 세상이 후천"이라는 주장을 견지한다. 그러나 김일부는 "지금 이곳의 세상이 선천이고, 머지않아 다가올 미래가 후천"이라는 사실을 다양한 각도에서 조명했다.[2]

그렇다면 지금의 우주가 생겨나기 이전과 이후는 어떻게 구분할 수 있는가. 이를테면 산과 바다와 하늘의 별자리가 존재하지 않았던 시공간 탄생 이전의 사태, 태초의 인간이 경험할 수 없는 세계가 선천개벽이다. 이런 의미에서 태초의 선천개벽은 경험 이전의 사태이고, 앞으로 전 인류가 맞이해야 할 세계인 동시에 지구촌의 모든 인간이 살아서 직접 극복해야 하는 전대미문의 대변혁이 바로 후천개벽인 것이다.[3]

증산 상제甑山上帝(1871-1909)는 후천개벽이 오는 이치를 알아야 인류의 운명줄이 걸린 생사에 대한 모든 의혹이 풀릴 수 있다는 것을 밝혀주고 있다.

"천지개벽도 음양이 사시로 순환하는 이치를 따라 이루어지는 것이니라."[4]

"인생을 위해 일월이 순환 광명하느니라."[5]

----

2) 선후천론에 관한 한 소강절은 선천을 중심으로 후천을 말한 반면에, 김일부는 항상 후천을 먼저 언급한 다음에 선천을 말하는 논지를 펼친다.
3) 안경전, 『개벽 실제상황』(서울: 대원출판, 2005), p.51.
4) 『도전』 2:20:4
5) 『도전』 11:118:5

음양이 변화하는 모습을 큰 틀에서 보면, 우주는 선천과 후천의 두 싸이클로 돌아간다. 우주의 전반기를 선천先天(the early heaven), 후반기를 후천後天(the later heaven)이라 부른다. 그러나 선천과 후천의 변화는 완전히 다르다. 선천은 천지기운이 안에서 밖으로 뻗쳐나가는 분열·확산 운동을 본질로 삼기 때문에 무한생장의 시대로 불린다.

반면에 후천은 천지기운이 밖에서 안으로 응축됨으로 인하여 생장을 수렴하고 통일하는 성숙의 시대이다. 특히 우주의 여름에서 가을로 바뀌는 하추교역기夏秋交易期에 천지의 기운이 완전히 역전逆轉되어 뒤집어지는 현상이 일어난다. 선후천의 전체 순환과정에서 근본적인 전환은 봄과 여름이 가을철로 접어드는 시기에 급격한 변화가 발생하는데, 이것이 바로 후천개벽이다.

증산 상제는 오늘의 문명에 대해서 인간의 힘으로는 어찌할 수 없는 가장 큰 병[天地病]에 시달리고 있다고 진단했다. 그 근본적 치유방법에 대해서 "무릇 남이 만들어 놓은 것을 인습因襲할 것이 아니요, 새로 만들어야 하느니라."[6] "모든 것이 나로부터 다시 새롭게 된다"[7]고 선언하고, 직접 인류역사에 뛰어들어 신천지의 구상을 구체적으로 현실화시켰다.

"이제 온 천하가 대개벽기를 맞이하였느니라."[8]
"이 때는 천지성공시대니라."[9]

이제 천지와 문명과 인간이 대개벽의 시기에 접어들고 있다. 이 한마디에 현대문명이 직면하고 있는 온갖 문제점과 인류사의 대세를 알 수 있다.

---

6) 『도전』 5:3:7
7) 『도전』 2:13:5
8) 『도전』 2:42:1
9) 『도전』 2:43:4

선후천의 교체, 즉 후천개벽이야말로 인류가 안고 있는 핵심 주제인 것이다.

천지성공시대! 이는 기존의 언어와 사유로는 담을 수 없는 새로운 차원의 세계다. 증산도의 진리는 기존의 낡은 세계관을 단호하게 거부한다. 그러니까 껍질이 찢어지는 의식의 혁명 없이는 접근하기가 쉽지 않다. 우주가 일정한 시간대에 맞추어 변화한다는 선후천론이 뒷받침되어 있기 때문이다. 선후천론은 단순히 우주의 생성과 구조를 밝히는 이론이 아니다. 그것은 천지질서와 인류문명에 대한 총체적인 진단과 처방을 내리는 새로운 패러다임이다.

증산도의 선후천론은 150여 년 전에 조화주 증산 상제가 이 땅에 몸소 방문하여 썩어 들어가는 인간의 내면세계와 병든 천지를 치유하는 포괄적인 처방을 담고 있다. 과거의 학술이 단순히 천지는 선천과 후천으로 구성된다고 주장했다면, 증산도 사상은 왜 어떻게 선천이 후천으로 전환되는가의 원리와 과정을 밝혀줄 뿐만 아니라 선후천이 교체하는 시기에 즈음한 인류의 구원방식에 주목하라고 일깨우고 있다.

3 후천개벽이란 무엇인가

선천과 후천은 어떤 원리로 움직이는가? 선천과 후천이 우주의 구성에 대한 존재방식이라면, 시간의 질서에 따라 이루어지는 선후천의 교체는 우주의 운행방식을 뜻한다.

선후천을 통틀어 이 세상의 온갖 사물은 한 순간의 멈춤이 없이 음양운동으로 변화해간다. 그래서 역易은 변화에 주목한다. 이 세상에 변하지 않는 것은 없기 때문이다. 변화하지 않는 것은 변화하지 않는다고 생각하는 인간의 의식일 뿐이다.

영원불변한 것은 '변화의 지속'일 따름이다. 변화에는 자연에서 일어나는 구체적 변화와 천지질서의 근본적 전환을 뜻하는 우주변화가 있다. 자연의 변화가 과학의 탐구대상이라면, 우주변화는 역이 밝히고자 했던 근본 문제이다. 증산 상제는 『주역』의 성격을 파격적으로 정의내리고, 그것은 후천개벽과 직결된 우주변화의 텍스트라고 밝혀주었다.

"천지의 모든 이치가 역易에 들어 있느니라."[10]
"주역周易은 개벽할 때 쓸 글이니 주역을 보면 내 일을 알리라."[11]

여기에 과거 학자들이 씨름했던 역철학의 핵심 요지가 있다. 우주의 창조적 율동은 음양, 오행, 8괘의 이치에 따라 전개되며, 『주역』이 전하고자 했던 궁극 메시지는 천지가 개벽하는 것이라고 밝히고 있다. 천지개벽의

---

10) 『도전』 2:20:5
11) 『도전』 5:248:6

정신은 물론 특히 '내 일'이라는 후천개벽의 실상도 역을 통해 알 수 있다는 것이다.

개벽의 문자적 의미는 '천개지벽天開地闢' 또는 '개천벽지開天闢地'의 줄임말이다. 이 천지개벽은 시공이 최초로 형성될 즈음에 가볍고 맑은 양陽 기운은 위로 올라가 하늘이 되고[天開], 무겁고 탁한 음陰 기운은 가라앉아 땅이 되었다[地闢]는 동양의 천지 생성론에서 온 말이다. 서양문화의 '창조'에 대응되는 말이 동양문화의 '개벽'이다.

> "이제 온 천하가 대개벽기를 맞이하였느니라. … 후천은 온갖 변화가 통일로 돌아가느니라."[12]
> "선천에도 개벽이 있고 후천에도 개벽이 있나니 옛적 일[上古之事]을 더듬어 보면 다가올 일을 아느니라. 다가올 일[到來之事]을 알고 다가올 일을 알면 나의 일을 아느니라."[13]

증산 상제는 지금의 우주는 시간적으로 이미 성숙의 단계에 돌입하는 대격변기라고 그 현주소를 진단해주고 있다. 따라서 우주변화의 실상은 무엇이고, 우리는 지금 어디에 와 있는가라는 시간대를 묻는 것으로부터 증산도의 우주관은 성립한다. 시간과 공간의 틀 자체가 바뀌어 온갖 변화가 통일로 돌아가는 후천개벽은 선천과 후천의 교체를 뜻한다.

선천은 우주의 봄과 여름을 뜻한다. 선천개벽 이래 지금까지 우주는 상극의 원리가 인간과 만물을 지배해왔다. "상극은 문자적으로 서로 상相, 이길 극克으로서 '서로 극한다, 제어한다, 대립한다, 경쟁한다'는 뜻이다. 상극이 주는 긴장과 갈등은 변화와 창조의 힘으로 작용한다. 상극은 시공

----

12) 『도전』 2:42:1, 2:19:7
13) 『도전』 11:122:1-3

간 안에 존재하는 만물이 서로 대립하고 경쟁하며 발전하는 성장의 원리이다. 상극질서는 대립과 경쟁과 투쟁이 발전의 덕목인 것이다. 인류는 우주의 선천이라는 상극의 도가니 속에서 성장하며 문명을 발달시켜 왔다."[14]

> "선천은 상극相克의 운運이라. 상극의 이치가 인간과 만물을 맡아 하늘과 땅에 전란戰亂이 그칠 새 없었나니, … 상극의 원한이 폭발하면 우주가 무너져 내리느니라."[15]
> "선천은 억음존양抑陰尊陽의 세상이라."[16]

동서양 문명에서 태동한 모든 종교의 신관, 창조관, 인간에 대한 사고는 남성 중심, 하늘 중심으로 돌아가는 '억음존양'의 문화를 형성했다. 즉 선천은 음양의 부조화로 인해 양 중심의 문화로 흘러왔다. 특별히 선천의 상극질서 속에서 성장하여 오늘에 도달한 현대 산업사회의 기계문명은 지구촌 곳곳에 환경오염과 생태계의 파괴를 부추기고 있다.

종교 또한 인류 통합의 중심이 되어야 함에도 불구하고 오히려 타종교를 부정하거나 왜곡하여 극심한 분쟁을 일으키고 있다. 심지어 지금은 핵가족마저도 붕괴되어 사회 안정의 구심체를 잃은 지 오래이다. 자연과 문명과 인간이 총체적으로 망가지고 있다.

> "선천에는 상극의 이치가 인간 사물을 맡았으므로 모든 인사가 도의道義에 어그러져서 원한이 맺히고 쌓여 삼계에 넘치매 마침내 살기殺氣

---

14) 안경전, 『증산도의 진리』(대전: 상생출판, 2014), pp.342-343.
15) 『도전』 2:17:1-5
16) 『도전』 2:52:1

가 터져 나와 세상에 모든 참혹한 재앙을 일으키나니 …"[17]

상극의 이치로 인해 선천에는 원한의 기운이 하늘과 땅을 가득 메워 살기를 뿜어내고 있다는 것이다. 원한은 역사와 문명의 발전에 지대한 영향을 끼치는 힘으로 작용한다. 상극의 원한은 가정과 사회의 갈등과 분쟁을 비롯하여 국가 사이의 전쟁, 심지어 세계평화를 뒤흔드는 부정적인 동력원이 된다. 서로 경쟁하고 대립함으로써 생기는 원한의 충격은 인간과 신명계를 물들이고 천지에 쌓이게 된다. 그 보복으로 다시 원한은 눈덩이처럼 불어나는 악순환을 불러일으켜 세상을 온통 대혼란에 휩싸이게 만든다.

하지만 우주의 가을, 즉 후천이 되면 생장을 매듭짓고 성숙시키는 원리가 작동한다. 우주의 봄과 여름은 양陽이 흘러넘쳐 음陰이 모자란 시대라면, 가을의 질서는 음양이 조화된 정음정양正陰正陽의 세계이다. 정음정양은 선천의 상극질서에 의해 생겨났던 온갖 죄악과 고통을 비롯한 삶의 업장 등이 모두 해소되는 것을 뜻한다. 그것은 어둡고 어지러운 혼돈의 시대를 지나 광명의 황금시대, 진정한 조화의 시대가 열리는 조화선경의 세계를 가리킨다.

> "나의 도는 상생相生의 대도이니라. 선천에는 위무威武로써 승부를 삼아 부귀와 영화를 이 길에서 구하였나니, 이것이 곧 상극의 유전이라. 내가 이제 후천을 개벽하고 상생의 운을 열어 선善으로 살아가는 세상을 만들리라."[18]

---

17) 『도전』 4:16:2-3
18) 『도전』 2:18:1-3

가을우주의 새로운 질서는 상생이다. 우리는 상생의 의미를 단순히 '함께, 더불어 사는 공생共生' 정도로 이해한다면 곤란하다. 왜냐하면 상생은 선천의 닫힌 우주에서 후천의 열린 우주로 넘어가는 천지질서의 근본적 전환을 뜻하기 때문이다. "하늘이 이치에서 벗어나면 아무 것도 있을 수 없"듯이,[19] 뭇 생명체는 천지질서에서 벗어나 그 누구도 살 수 없다. 더욱이 지금은 대립과 경쟁, 모순과 투쟁이라는 분열·팽창의 선천시대를 끝맺고 우주의 여름에서 가을로 넘어가는 후천시대로 접어들고 있는 것이다.

---

19) 『도전』 2:20:2

4 우주는 어떻게 움직이는가
- 생장염장과 방탕신도

증산도의 우주관은 『주역』에서 말하는 우주변화의 이치와 동일한 궤도를 걷는다. 증산 상제는 우주가 운동하는 기본질서, 즉 제1법칙인 우주창조의 근본원리가 '생장염장生長斂藏'이라고 밝혀 주었다.

> "나는 생장염장生長斂藏 사의四義를 쓰노니 이것이 곧 무위이화無爲以化
> 니라."[20]
> "내가 천지를 주재하여 다스리되 생장염장의 이치를 쓰나니 이것을
> 일러 무위이화라 하느니라."[21]

생장염장은 우주가 만물을 창조하는 근본 법도로서 낳고[生], 기르고[長], 성숙시키고[斂], 휴식하는[藏] 4개의 리듬을 가지고 운행하는 과정을 가리킨다. 우주는 질서를 유지하려는 생물학적 의미의 '항상성'을 지니고 있는데, 이것이 바로 우주창조의 필연법칙인 생장염장이다. 모든 생명이 태어나 성장하여 열매를 맺고 저장하는 전체 과정이 바로 생장염장인 것이다.

생장염장은 생명의 율동상을 표현한 하늘의 이치이다. 그것은 전 우주에 작용하는 질서의 총화로서 하늘의 으뜸가는 보편적 원리를 의미한다. 우주가 일정한 원칙을 지키면서 운행할 수 있는 까닭은 생장염장의 리듬으로 변화하기 때문이다. 이는 우주변화의 본성, 우주가 일정한 시간대에

---

20) 『도전』 2:20:1
21) 『도전』 4:58:4

맞추어 자기 정체성을 확인하는 생명패턴의 정보라 할 수 있다.

천지만물은 크게 보면 음과 양의 과정으로 변화하는데, 구체적으로는 생장염장의 네 마디로 순환한다. 인간의 역사를 비롯하여 하루와 일년이라는 시간 속에서의 모든 변화는 생장염장의 이치에 따라 무궁토록 순환하는 것이다.

따라서 아침과 저녁, 낮과 밤이 번갈아 바뀌는 하루의 시간질서도 생장염장이요, 초하루와 보름과 그믐이라는 일정한 주기를 가지고 반복하는 한 달의 시간질서도 생장염장이며, 4계절이 순환하는 1년의 시간질서도 생장염장이다. 그것은 자연의 질서인 동시에 인간 삶의 질서요, 문명과 역사를 꿰뚫는 보편 원리인 것이다.

또한 우주만물은 '방탕신도放蕩神道'라는 네 가지 특성을 가지고 변화한다. 생장염장이 창조성의 원리라면, 방탕신도는 사물의 변화현상을 쉽게 설명할 수 있는 특징이다. 방탕신도는 사물의 변화를 이해하는데 생장염장보다 훨씬 구체적이다.

> "방탕신도放蕩神道는 천지변화의 큰 법도와 기강[統]이니라. 봄기운은 만물을 내어놓는 것[放]이고, 여름기운은 만물을 호탕하게 길러내는 것[蕩]이요, 가을기운은 조화의 신[神]이며, 겨울기운은 근본인 도[道]이니라. 내가 주재하는 천지 사계절 변화의 근본 기강은 기[氣]로 주장하느니라."[22]

천지만물을 싹틔우려는 속성을 지닌 봄의 '방放', 만물을 왕성하게 흩어지게 하는 속성을 지닌 여름의 '탕蕩', 만물을 신묘하게 조화시키려는 속성을 지닌 가을의 '신神', 만물을 본래의 근원적 질서로 환원하려는 속성을

---

22) 『도전』 6:124:9

지난 겨울의 '도道'가 바로 그것이다. 이는 하늘이 걸어가는 길로서 천지만물의 변화정신이라 할 수 있다. 이처럼 생장염장과 방탕신도는 시간적으로는 춘하추동의 사계절로, 공간적으로는 동서남북의 사방위로 전개되는 것이다.

소강절은 낮과 밤으로 이루어진 하루의 질서를 넘어 해와 달의 규칙적 순환을 토대로 사계절이 둥글어가는 시간표를 만들어냈다. 추운 겨울은 만물이 소생하는 봄의 기세에 눌려 물러나고, 뜨거운 여름은 예측 가능한 기간 동안만 지속된다. 시원한 가을 아침은 겨울이 돌아온다는 예고편이다. 이러한 순환이 매년 반복된다는 사실을 깨달은 지혜로운 농부들은 봄에 작물을 심고 여름에는 김매고 가을에 열매를 거둔다.

5 후천개벽과 우주 1년

소강절의 『황극경세서皇極經世書』는 우주사의 시간표 작성으로부터 시작된다. 그는 우주 전체의 생장염장의 순환과정을 시간으로 계산하는 작업을 기획했다. 소강절은 우주를 자연의 시계에 따라 규칙적으로 움직이는 거대한 몸체로 간주하고, 그것을 수리철학으로 환원하여 우주변화의 시간대를 객관화시켰던 것이다.

지구는 스스로 하루에 한 번씩 자전하면서 태양을 한 바퀴 도는데 1년이 걸리고, 달은 지구를 한 바퀴 도는데 약 30일이 걸린다. 따라서 지구와 태양과 달이라는 3자의 입체적 운동의 주기성을 바탕으로 우리는 시간의 흐름을 객관화할 수 있는 것이다. 지구는 하루에 360도의 자전운동을 통해 하루라는 시간대를 형성하고, 이것이 1년 360일 동안 계속 순환하여 1년 4계절의 변화도수인 360도 × 360일 = 129,600도를 빚어낸다.

소강절은 우주가 한 번 문을 열었다 닫는 커다란 주기를 129,600년으로 삼아 선후천 이론을 수립했다. 선천이 다하면 후천이 시작되고, 후천이 다하면 다시 다음의 선천이 시작되는 순환 주기 속에서 서로 번갈아가며 머리와 꼬리가 되어 끊임없이 지속된다는 것이다. 선후천의 시간적 시스템은 1원元 = 12회會, 1회會 = 30운運, 1운運 = 12세世, 1세世 = 30년年으로 이루어진다. 증산도 사상에서 말하는 우주 1년을 소강절의 '원회운세설元會運世說'과 결합하여 도표로 만들면 다음과 같다.

지구 1년의 구성		우주 1년의 구성	
년年	12달	원元	129,600년[12會]
월月	30일	회會	10,800년[30運]
일日	12시간	운運	360년[12世]
시時	1시간	세世	30년

　우주는 129,600년이라는 생장염장의 순환궤도를 계속 도는 살아 있는 거대한 생명체이다. 우주 1년에서 129,600년을 주기로 한 번 운동을 마치고 다시 새로운 주기로 접어들 때를 기준으로 보면 앞의 절반은 선천 세상이며, 다음 절반은 후천 세상이다. 그런데 문제는 선후천운동이 자연에만 국한되지 않는다는 것에 있다. 그것은 자연과 인간과 사회와 역사의 진행 방향, 그리고 인류문명의 흥망성쇠에까지 침투하여 우주 1년의 시간대라는 물결을 타고 연출되는 장엄한 드라마를 연출한다.

　만물은 선후천의 원리에 의해 생성변화한다. 1년에서 동지로부터 하지에 이르는 6개월은 선천이요, 하지에서 동지에 이르는 6개월은 후천이다. 한 달에서 초하루로부터 보름까지가 선천이라면, 16일부터 그믐까지는 후천이다. 하루에서 자시子時부터 사시巳時까지가 선천이고, 오시午時부터 해시亥時까지는 후천이다. 이처럼 순간에서 영원의 차원까지를 관통하는 원리가 바로 선후천인 것이다.

　증산도 사상은 인류가 출현하여 지금까지 살아 온 세상을 선천이라 하고, 앞으로 다가올 세상을 후천이라 말한다. 선천과 후천은 129,600년을 하나의 주기로 삼는데, 증산도는 이 129,600년을 '우주 1년'이라 부른다. 안운산 태상종도사님은 도생들을 가르치기 위한 방법으로 '지구 1년'에 빗대어 '우주 1년'을 쉽고 간략하게 설명해주었다. 태상종도사님의 어

우주의 변화 원리

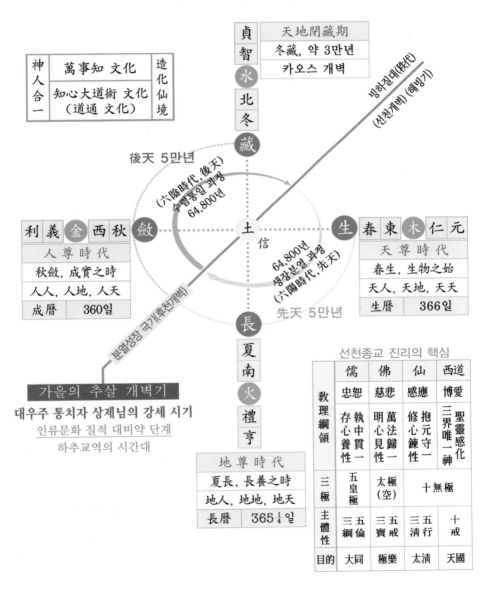

록집인 『천지의 도, 춘생추살』의 23~29쪽에는 다음과 같은 내용이 나온다.

"지구년이란 지구가 태양을 안고 한 바퀴 돌아가는 주기 - 즉 1년 - 를 말한다. 지구년에는 봄, 여름, 가을, 겨울의 사계절 질서가 무한적으로 반복되면서 만물이 생성된다. 이 지구년과 같은 이치로 대우주 천체권에는 낳고, 기르고, 거두고, 쉬는 거대한 주기가 있는데, 이것을 우주년이라 한다. 우주년도 지구가 태양을 안고 한 바퀴 돌아가는 것과 똑같은 방법으로 큰 1년, 큰 춘하추동 사계절의 질서로 돌아간다. 지구년은 하루에 360도를 도는데, 여기에 1년 360일을 곱하면 지구의 1년 시간법칙은 360×360해서 12만9천6백도로 돌아가게 된다. 이와 마찬가지로 대우주 천체권이 한 바퀴 돌아가는 주기년은 360 × 360 해서 12만9천6백 년이 된다. 우주 1년인 12만9천6백년 가운데 봄과 여름에 해당하는 6만4천8백 년을 선천이라 하고, 가을과 겨울에 해당하는 6만4천8백 년을 후천이라 한다."

우주 1년의 최종 결론은 후천개벽이다. 후천개벽은 우주의 여름과 가을이 교체되는 시기에 일어난다. 지금은 선천이 후천으로 뒤바뀌어 가을개벽으로 다가가는 막바지 징검다리, 즉 여름의 끝자락에 와 있다. 이때에는 우주운행의 중심축[天地에서 地天으로]이 뒤집어져 새 하늘과 새 땅이 열리는 과정에서 엄청난 변국이 수반된다.

"선천의 모든 악업惡業과 신명들의 원한과 보복이 천하의 병을 빚어내어 괴질이 되느니라. 봄과 여름에는 큰 병이 없다가 봄·여름의 죄업에 대한 인과응보가 가을에 접어드는 환절기換節期가 되면 봄여름의 죄업에 대한 인과응보가 큰 병세病勢를 불러일으키느니라."[23]

전혀 이름조차 알 수 없는 병겁은 선천의 상극질서가 빚어낸 여러 형태의 모순과 인간들의 모든 악행, 신명들의 보복으로 그 원인을 돌릴 수밖에 없는 괴질이 아닐 수 없다. 대병겁은 신명이 일으킨다. 병겁의 실체는 가을 기운을 타고 내려온 신명들의 심판인 셈이다. 따라서 후천개벽의 실상은 시간질서가 바뀌는 현상과 함께 신명들에 의한 병겁심판으로 드러난다고 할 수 있다.

환절기의 "난은 병란病亂이 크기"[24] 때문에 "동서양 전쟁은 병病으로써 판을 고르게"[25] 하여 신천지의 세상으로 진입하기 위한 불가피한 절차이다. 그것은 영성으로 가득 찬 신도세계를 주재하는 최고신의 주재로 이루어진다. 우주 1년이 가치중립의 우주원리라면, 주재자는 실제로 천지도수를 뜯어고치는 인격적 존재이다. 신도우주의 주인공은 우주 1년의 질서를 주재하는 인격신이다. 인격신은 우주질서를 주재할 뿐만 아니라 인류구원이라는 숭고한 목적에서 신도를 통치하고 개입시킨다. 이것이 바로 천지개벽이 일어나는 궁극적 원인인 동시에 결과라는 점에서 증산도 우주관의 압권이다.

---

23) 『도전』 7:38:2-3
24) 『도전』 7:34:4
25) 『도전』 7:32:4

6 신도로 열리는 후천개벽

증산도의 진리체계는 '이理·신神·사事'의 원리로 이루어져 있다. 이理는 현실의 밑바탕이 되는 우주변화의 이법을, 신神은 이법세계와 현실세계의 매개자 역할을 한다. 신이 중간에서 매개하여 이법이 인간의 현실에 구현되는 사건이 바로 사事이다.

우주는 신성神性으로 가득 차 있다. 만물 속에 깃들어 있는 영성의 실체가 바로 신神이며, 신의 질서를 신도神道라 부른다. 따라서 우주에 가득 찬 신성의 현현顯現이 곧 천지만물인 것이다. 인격신과 자연신은 우주를 꽉 메꾸고 있다. 자연신과 천지기운의 되먹힘이라는 작용이 신의 세계의 지극한 경계인 것이다. 신은 어디에 국한되지 않고(non locality),[26] 곳곳에 존재한다. 신은 시공간의 경계를 넘어 언제 어디서든지 존재한다. 증산 상제는 신도의 편재성을 다음과 같이 밝혀주었다.

"천지간에 가득 찬 것이 신神이니, 풀잎 하나라도 신이 떠나면 마르고 흙 바른 벽이라도 신이 떠나면 무너지고, 손톱 밑에 가시 하나 드는 것도 신이 들어서 되느니라. 신이 없는 곳이 없고 신이 하지 않는 일이 없느니라."[27]

신은 수많은 얼굴로 존재한다. 얼굴 있는 신이 있고 얼굴 없는 신도 있

----

26) 『주역』은 '神无方, 易无體'라고 했다. 신은 특정한 공간에 내재하는 것이 아니기 때문에 일정한 실체가 없다. 신은 인간의 감각으로 포착될 수 없는 보편적 존재이다.
27) 『도전』 4:62:4-6

다. 이 세상에 겉으로 드러난 모든 것은 신의 작용이다. 각양각색으로 존재하는 신의 역할과 기능은 무한할 수밖에 없다.

자연과 인간계에서 벌어지는 모든 사건과 현상들은 신명계의 매개작용을 통해 이루어진다. 우주의 이법과 신명계를 소통시키는 열쇠는 천명天命이다. "천하의 모든 사물은 하늘의 명이 있으므로 신도에서 신명이 먼저 짓나니 그 기운을 받아 사람이 비로소 행하게 되는니라"[28]는 말처럼, 어떤 일이 현실화되기 전에 먼저 신명계에서 그 일이 선행하여 일어나며, 신명계에서 일어난 일은 어떤 조짐을 통해 인간에게 지각되기도 한다. 현실에 존재하는 모든 생명체는 신도의 손길로 태어나며, 신도와의 끊임없는 교섭을 통해 생명을 유지한다. 신도는 천지인 삼계에 두루 편재한다. 다만 선천은 닫힌 세계였던 까닭에 신명계가 그 기능을 충분히 발휘하지 못했을 따름이다. 따라서 물리적 대변국을 수반하는 천지개벽도 신도의 개입 없이는 불가능하다.

> "천지개벽을 해도 신명 없이는 안 되나니, 신명이 들어야 무슨 일이든지 되는니라. 파리 죽은 귀신이라도 원망이 붙으면 천지공사가 아니니라."[29]

신명은 특히 천지개벽공사의 아주 큰 몫을 담당한다. 천지개벽의 전제조건은 신도의 정리사업으로부터 시작된다. "지금은 천지도수天地度數가 정리整理되어 각 신명의 자리가 잡히는 때"[30]이기 때문에 모든 생명체는 우주의 가을철에 이르면 신도의 조율로 성숙되어 결실을 맺는다.

---

28) 『도전』 2:72:2-3
29) 『도전』 4:48:1-4
30) 『도전』 4:9:3/5:287:1

"이 때는 천지성공시대라. 서신西神이 명命을 맡아 만유를 지배하여 뭇 이치를 모아 크게 이루나니, 이른바 개벽이라."[31]

"신도神道는 지공무사至公無私하니라. 신도로써 만사와 만물을 다스리면 신묘神妙한 공을 이루나니 이것이 곧 무위이화니라."[32]

"가을기운은 조화의 신神이다."[33]

신도는 서신西神이 천지를 경영하는 독특한 방법이다. 즉 우주를 다스리는 경영자가 최고신이라면, 세계에 대한 최고신의 독특한 경영방식이 바로 신도인 것이다. 수많은 자연신과 인격신으로 이룩되는 다신多神이 천지의 구석구석에 널리 퍼져 존재하는 어떤 개체적 신이라면, 그러한 신들은 천지를 가득 메워 신명계를 형성한다. 이 세상을 가득 메운 신명은 천상계와 지상계와 지하의 신명계를 연결시켜 생명 활동을 부추긴다. 신이 없으면 천지는 생명력을 잃을 수밖에 없다.

따라서 우주는 거대한 천지 신명계의 연합체이며, 상제上帝는 나머지 모든 신들을 새로운 창조적 전진으로 이끄는 최고신이다. 증산 상제는 선천 상극역사를 매듭지어 천지의 새 판을 짜고, 천지인 삼계를 가득 메운 인간과 신명의 원한을 풀어 병든 천지를 건지기 위해서는 "모든 법을 합한 신통변화와 천지조화의 신권을 써야 한다"고 강조했다. 이런 연유에서 가장 먼저 천상의 신도세계를 바로잡고 통일하여 조화정부造化政府를 조직하였다. 조화정부란 우주의 삼계대권을 쓰는 조화주 상제가 세계를 경영하는 사령탑인 것이다.

그러면 상제가 천지인 삼계의 통일을 실현하려는 목적은 무엇인가? "내

----

31) 『도전』 4:21:1-2
32) 『도전』 4:58:3
33) 『도전』 6:124:9

가 삼계대권을 주재하여 조화造化로써 천지를 개벽하고 불로장생不老長生의 선경仙境을 건설하려 하노라. 나는 옥황상제玉皇上帝니라."[34] "모든 것이 나로부터 다시 새롭게 되"[35]도록 하는 데에 있다. 그것은 기존의 관념론적 사상가나 종교가들이 외쳤던 도덕적 가르침이 아니다. 천지개벽은 오직 상제만이 직접 우주를 뜯어고쳐 재조정하는 사업을 뜻한다.

이 땅에 몸소 강림한 상제에 의해 상극질서라는 낡은 옷을 벗어던지고 마침내 새롭게 태어나는 신천지가 탄생되는 것이다. 우주의 여름철에서 가을로 접어드는 이때, 성숙된 인생을 살지 않는다면 참다운 인간이 될 수 없다. 가을개벽의 정신을 깨닫고 그 뜻을 이루려는 인간만이 신천지의 주인공이 될 수 있는 것이다.

가을이 되면 우주는 선천 봄여름에 낳아 길러온 다양한 문화를 성숙된 하나의 문화권으로 통일시키고, 결실문명으로 인간 참열매, 즉 참인간 종자를 추수한다. 증산도 안경전 종도사님은 인간농사가 우주변화의 진정한 목적이라고 다음과 같이 말했다.

"인간농사! 이것이 우주가 끊임없이 생장염장으로 순환, 변화하는 존재 이유이다. 나아가 우주가 인간농사 짓는 목적은 바로 가을철에 인간생명을 추수하고 성숙한 문명을 내기 위해서이다. 천지는 가을철에 '인간열매'를 추수함으로써만 그 뜻을 성취하는 것이며, 인간은 우주의 가을철에 결실문명을 만나 천지의 열매가 됨으로써만 천지와 더불어 성공하는 것이다."[36]

---

34) 『도전』 2:16:2-3
35) 『도전』 2:13:5
36) 안경전, 『개벽 실제상황』(서울: 대원출판, 2005), p.54.

7 후천개벽은 어떻게 오는가
– 윤력에서 정력으로

  우주는 어떻게 생겨나서 움직이는가? 인간은 왜 태어났으며, 무엇을 위해 사는가? 인생의 참된 가치는 무엇인가라는 질문은 궁극적으로 시간의 본성에 근거하는 까닭에 시간의 문제는 모든 철학자와 종교가들이 골치를 앓았던 불변의 화두였던 것이다. 시간 자체는 인간의 감각으로 포착되지 않는다. 다만 천체의 규칙적인 순환운동을 바탕으로 시간은 일정한 방향성을 지닌다는 것을 알 수 있다.

  인간이 얼마나 시간에 집착하는지 '시간'이라는 단어는 수많은 영어 단어 가운데 가장 많이 사용되는 명사가 되었다. 심리학적 시간관의 최고 권위자인 짐바르도Zimbardo(1933-현재)는 흥미로운 연구 결과를 내놓았다. 짐바르도에 따르면, 인터넷 검색창에 '시간'이라는 단어를 넣으면 70억 개가 넘는 결과가 뜬다. 반면 돈이라는 단어로는 30억 개가 넘지 않으며, '섹스'라는 단어는 10억 개가 넘지 않는 결과를 얻을 것이다.[37] 실제로 세계에서

우주 시공의 삼력 변화	원력原曆	선천 윤력閏曆		정력正曆
	변화의 모체	생력生曆	장력長曆	성력成曆
발견자	김일부金一夫	당요唐堯	우순虞舜	공자孔子
변화 도수	375도	366도	365¼도	360도
윤도수	(15도) 15일×12시 = 180 = 99+81	(6도) 6일×12시 = 72	(5¼도) 5×12+¼×12 = 63	(0도)

우주 창조의 삼력 변화 원리

---

37) 필립 짐바르도·존 보이드/오정아, 『타임 패러독스』(서울: 미디어 윌, 2008), pp.66-67.

가장 많이 쓰이는 영어 단어의 순위를 매기면, 시간 관련 단어들이 10위 안에 세 개나 들어 있다.

1. 시간(Time)
2. 사람(Person)
3. 해(Year)
4. 길(Way)
5. 날(Day)
6. 것(Thing)
7. 남자(Man)
8. 세계(World)
9. 삶(Life)
10. 손(Hand)

우리는 흘러가는 시간의 강물을 과거, 현재, 미래로 구분하여 변화를 깨닫는다. 하지만 시간은 실체가 없기 때문에 아무런 자취를 남기지 않는다. 그럼에도 시간의 흐름은 천체의 물리적 순환운동과 함께 일정한 방향성을 갖고 앞으로 나아간다. 이 방향성의 결론이 바로 '우주 1년'이다. 우주 1년은 선천과 후천으로 구성된다. "김일부金一夫는 내 세상이 오는 이치를 밝혔으며, … 일부가 내 일 하나는 하였다"[38]는 말처럼 김일부는 선천과 후천으로 구성된 우주 1년이라는 거대한 캘린더 속에 숨겨진 이치를 풀어놓았다.

세상의 모든 캘린더는 달이 찼다가 이지러지는 주기 혹은 계절의 규칙적 교대와 태양의 운행에 의해 이루어지는 밤과 낮을 토대로 삼았다. 그러

38) 『도전』 2:31:5-7

므로 자연의 시간표는 인간의 생존에 지대한 영향을 끼칠 수밖에 없다. 동양 최초의 체계적인 역법은 전국시대戰國時代에 성립한 사분력四分曆이다. 그명칭은 1년의 날수에 365¼일을 채택한 것에서 유래하였다. 거기에 윤달을 끼어 넣는 치윤법置閏法이 사용되었다. 19년 동안 7번 윤달을 삽입하는 이른바 '메톤meton 주기법[19歲 7閏法]'이 등장하였다. 이것에 의해 캘린더[冊曆: 달력]와 계절의 어긋남이 조정되었던 것이다. 동서양 문명사는 캘린더 제작의 고뇌와 경험을 통해서 발전되어 왔다고 해도 과언이 아니다. 정확한 캘린더를 만들기 위해서는 고도의 수학(대수학과 기하학)과 천문학이 동원되었던 것이다.

하지만 우리는 캘린더 구성법칙인 역법曆法과 캘린더 구성의 근거인 역리曆理를 확연하게 구분해서 이해해야 할 것이다. 김일부는 캘린더 구성의 메카니즘에 대해 본질적 물음을 던지고 해답을 제시했다. 캘린더의 두 얼굴인 정력正曆과 윤력閏曆의 구분이 그것이다. 그는 왜 음력과 양력의 차이가 생기는가(음양의 불균형)라는 시간의 밑바닥까지 훑어서 그 수수께끼를 파헤쳤다.

현실적으로 지구에 4계절이 생기는 까닭은 지축경사 때문이다. 지축이 기울어진 채로 지구가 태양을 안고 공전하는 궤도는 타원형이다. 지구의 공전주기는 365¼일이며, 달이 지구를 한 바퀴 도는 시간은 대략 29.5일이다. 그것이 12번 반복하면 29.5 × 12 = 354일이다. 360일을 기준으로 태양력 365¼일과 태음력 354일을 비교하면 대략 전자는 플러스 6일, 후자는 마이너스 6일쯤 된다. 태양력과 태음력의 불일치로 말미암아 생기는 생활의 불편 때문에 세계의 모든 문화권에서는 태양력과 태음력을 혼용해 사용했던 것이다.

김일부는 우주사가 캘린더 구성근거 자체의 변화에 의거한다고 전제하였다. 그는 우주변화의 한 싸이클을 4개의 시간대로 구분하여 시간성의 내부구조를 밝히고, 후천에는 1년 360일의 도수가 정립됨은 논증했던 것이다. 즉 원력原曆(김일부가 밝힌 375도) → 윤력閏曆(요임금이 밝힌 1년 366일) → 윤력閏曆(순임금이 밝힌 1년 365¼일) → 정력正曆(공자가 밝힌 1년 360일)로 전개된다. 원력 375도는 우주 1년 4계절이 첫 출발하는 시공변화의 기점이며, 선천 시간개벽의 근원이 된다. 한마디로 천지일월의 수레바퀴를 돌리는 동력원에 시간의 꼬리(6일 또는 5¼일)가 붙고 떨어지는 과정이 현실적으로 전개된 것이 곧 캘린더의 역사라는 것이다.

김일부는 『정역正易』을 저술하여 새로운 달력을 선포했다. 그것은 천지가 새로운 시간질서로 전환한다는 것을 밝힌 이론이다. 문자적으로 '정역'은 올바른 변화를 뜻한다. 정역이란 천지가 창조적 변화를 통해 올바르게 바뀌어 새로운 세상이 온다는 것이다. 김일부는 「대역서大易序」에서 『정역』은 달력, 즉 시간의 문제라고 선언한다.

> "역이란 책력을 뜻한다. 책력이 없으면 성인도 없고, 성인이 없으면 역도 없다."[39]

이 말은 『주역』이 시간의 꼬리가 붙은 윤력閏曆을 말했다면, 『정역』은 시간의 꼬리가 떨어진 무윤력無閏曆[正曆]이라는 뜻이다. 정역 연구자 이정호는 "정역은 한마디로 후천역後天易이며, 미래역未來易이며, 제3역第三易"[40]이라고 말했다. 『주역』은 과거역이고 『정역』은 미래역이다. 김일부가 말하는 역曆은 캘린더 구성근거를 의미하기 때문에 과거의 주역은 물러나고 미래의 정역으로 전환한다는 것이다. 지나온 세상이 선천이며, 앞으로 다가오는 세상은 후천이다. 따라서 후천의 새로운 역曆의 원리, 곧 새로운 시간질

---

39) "易者는 曆也니 無曆이면 無聖이오 無聖이면 無易이라"
40) 이정호, 『正易과 一夫』(서울: 아세아문화사, 1985), p.325.

서의 변화를 들여다본 것이 정역사상이라 할 수 있다.

정력은 미래의 후천에 사용될 캘린더다. 이는 윤력에서 정력으로의 전환을 통해 새로운 시간질서가 정립되는 초역사적인 사건을 뜻한다. 결국 새로운 시간의 차원에서 천지질서와 문명질서를 비롯하여 인간 삶의 모든 것을 새롭게 점검해야 한다는 것을 엄청난 문제를 던진 것이라 할 수 있다.

> "정미년(1907) 12월에 정토칠봉淨土七峰 아래 와룡리臥龍里 문공신文公信의 집에 계시며 대공사를 행하시니라. 며칠 동안 진액주津液呪를 수련케 하시고 당요唐堯의 '역상일월성신경수인시曆象日月星辰敬授人時'를 해설하시며 '천지가 일월이 아니면 빈 껍데기요, 일월은 지인至人이 아니면 빈 그림자라. 당요가 일월이 운행하는 법을 알아내어 온 누리의 백성들이 그 은덕을 입게 되었느니라."[41]

윤력에서 정력으로의 전환은 시공질서의 재조정으로 나타난다. 그것은 천체의 궤도가 수정되어 일어나는 지축정립으로 현실화되는 것이다. 정력 360일 세상은 음양이 조화된 정원궤도를 형성한다. 하지만 선천의 봄과 여름의 윤력(366일의 생生, 365¼일의 장長) 세상은 음양의 균형과 조화가 깨져 타원궤도로 운행한다. 지구의 타원궤도는 자전축이 23.5도 기울어져 있기 때문에 생기며, 이것은 천체의 정립과 경사의 반복운동 때문에 일어나는 것이다.[42]

----

41) 『도전』 5:196:1-4
42) 안경전, 『증산도의 진리』(대전: 상생출판, 2014), pp.310-314.

8 후천은 음양의 균형이 이룩되는 조화선경

후천개벽은 천체의 정립으로부터 비롯되는데, 자연의 혁명은 시간의 근본적인 변화로 완결된다. 후천의 시간표는 천간지지의 새로운 질서로 나타난다. 선천에는 하늘의 정사가 자子에서 열렸으나, 후천에는 땅의 정사로 바뀌어 축표에서 열린다[天開於子, 地闢於丑, 人起於寅].[43] 그러니까 선천에서 시간의 모체였던 자궁子宮은 후천이 되면 새롭게 변화한다. "후천은 축표판이니라."[44] 이는 한마디로 선후천의 교체는 판의 변화[正陰正陽]로써 이루짐을 밝힌 것이다.

"동서남북에서 욱여들어 새 천지를 만들리니 혼백魂魄 동서남북이라. 이 일은 판밖에서 이루어져 들어오는 일인즉 그리 알라."[45]
"내 일은 판밖의 일이니라. 가르쳐도 모를 것이요, 직접 되어 보아야 아느니라."[46]
"이 때는 모름지기 새 판이 열리는 시대니라."[47]

선천판이 후천판으로 바뀌는 이유는 그 작동방식(후천의 順度數와 선천의 逆度數)이 완전히 다르기 때문이다.[48] 결국 후천개벽이란 이제까지의 시공의

---

43) 『도전』 5:359:2-4
44) 『도전』 2:144:4
45) 『도전』 6:40:3-4
46) 『도전』 6:73:5
47) 『도전』 3:11
48) 『正易』「十五一言」, "化翁親施監化事", "아아! 축궁이 왕성한 기운을 얻으니, 자궁은 자리에서 물러나는구나[嗚呼라 丑宮이 得旺하니 子宮이 退位로다]."

운행질서의 구성 틀[板]이 바뀌는 것을 의미한다.

시공의 판 변화를 겪어야만 윤력이 정력으로 바뀌고, 지축의 정립도 가능하다. 판의 변화는 구체적으로 캘린더 구성의 변화를 가져온다. 그것은 축판丑板의 정립에 따른 '묘월세수卯月歲首'의 등장으로 나타난다. 이는 자연의 극적인 변화를 통해서만 직접 체험할 수 있다. "내 세상에는 묘월卯月로 세수를 삼으리라. 내가 천지간에 뜯어고치지 않은 것이 없으나 오직 역曆만은 이미 한 사람이 밝혀 놓았으니 그 역을 쓰리라."[49] '묘월세수'는 억지로 양력과 음력을 끼워 맞춘 인위적 시스템이 아니다. 그것은 하추교역기夏秋交易期에 시간의 질적 변화를 통해서 일어나는 최종 결과인 것이다. 이는 중국의 하夏나라 때부터 비롯된 선천의 '인월세수寅月歲首'가 후천의 '묘월세수卯月歲首'로 전환되는 원리를 가리킨다.

묘월세수라는 후천 축판丑板의 열림은 양력과 음력이 하나로 통일되는[正陰正陽] 것을 뜻한다. 이는 역법의 인위적 개정을 통해서 이루어지는 현상이 아니기 때문에 앞으로는 양력과 음력을 억지로 짜 맞추는 번잡스런 일도 없어진다. 캘린더와 계절의 변화가 근원적으로 일치되는 것이다. 그것은 후천에서의 근본적인 역법 개정과 생활 시간표(캘린더)의 개혁으로 연결된다. 자연의 변화와 역사의 진행은 모두 시간의 범위 안에서 이루어지는 까닭에 '역易 = 역사[歷] = 캘린더[曆]'이라는 등식이 성립한다. 그러니까 캘린더의 극적인 전환은 사회와 역사와 문명의 잣대 역할을 할 것이다.

이는 기존의 사상가들이 부르짖던 시간의 존재근거는 무엇인가라는 사유를 넘어서는 조화造化의 개벽 시간관이다. 또한 그것은 동양의 특유한 역법 개정의 변천사를 요약한 체계가 아니라, 해와 달의 운행이 정상화되는 이치를 밝혀 그에 대한 대응방안을 일깨우는 거대 담론인 것이다. 그 핵심은 시간의 질적 변화를 통해 천지가 성공한다는 후천개벽이다. 특히

49)『도전』5:21:4-5

시간의 꼬리인 윤력이 떨어져나가 정음정양正陰正陽의 세계가 도래하여 인간농사가 마무리된다는 후천개벽의 시간관인 것이다. 그것은 동서양의 고전적 시간관에 종지부를 찍는 혁명이라 할 수 있다.

> "(후천에는) 하늘이 나직하여 오르내림을 뜻대로 하고, 지혜가 열려 과거 현재 미래와 시방세계十方世界의 모든 일에 통달하며 수화풍水火風 삼재三災가 없어지고 상서가 무르녹아 청화명려淸和明麗한 낙원의 선세계仙世界가 되리라. 선천에는 사람이 신명을 받들어 섬겼으나 앞으로는 신명이 사람을 받드느니라. 후천은 언청계용신言聽計用神의 때니 모든 일은 자유욕구에 응하여 신명이 수종드느니라."[50]

시간질서의 근본적 전환을 통해 드러나는 후천개벽의 특징은 무엇인가? 후천개벽은 지축정립의 자연개벽, 인류가 일구었던 역사의 근본 틀이 바뀌는 문명개벽, 참다운 인간으로 새롭게 태어나는 인간개벽을 통과하여 조화선경이 현실로 구현된다. 그것은 상생의 신천지, 새로운 환경의 신문명, 신인간의 삶을 살아가는 조화의 세상이다.

한마디로 후천은 모든 갈등이 해소되어 각종 모순과 대립이 통일되고, 만물이 완성되어 인류의 희망이 지상에 실현되는 조화선경이다. 또한 신명과 인간이 합일하고, 과학과 종교와 정치의 통일이 이루어져 투쟁과 반목이 소멸되고, 인간의 영성이 극도로 밝아지는 영성문화가 활짝 열린다.

'후천은 온갖 변화가 통일로 돌아간다'는 말을 반대로 표현하면, 선천의 변화는 성장과 분열 위주의 상극세상이었다는 뜻이다. 하지만 상극이 상생으로 바뀌는 후천은 죄악이 소멸되기 때문에 "만국이 상생하고 남녀가 상생하며 윗사람과 아랫사람이 서로 화합하고 분수에 따라 자기의 도리

---

50) 『도전』 7:5:5-9

에 충실하여 모든 덕이 근원으로 돌아가는 대인대인大仁大義의 세상"[51]으로 변한다. '만국이 상생'한다는 것은 지구촌에 무극대도가 펼쳐져 새로운 통일 문명권이 세워진다는 것이며, '대인대의의 세상'은 사회적으로 도덕적 가치가 온전히 구현되는 세계를 뜻한다.

선천의 닫힌 우주에서는 마음 문이 닫혀 자기 중심으로 살 수밖에 없었다. 여기서 온갖 갈등과 모순, 대립이 싹텄으며 급기야 원과 한을 낳기에 이르렀다. 그러나 후천에서는 마음의 문이 열려 인간이 온 우주와 교감하며 만물의 신성과 대화하는 고도의 영성문화가 열린다. 언제 어디서나 인간과 인간, 인간과 신명이 서로 의사소통을 하기 때문에 시공을 초월한 새로운 영적 커뮤니케이션 대혁명이 일어나는 것이다. 이것이 바로 '만사지萬事知 문화'다.[52]

이밖에도 지축정립과 함께 새로운 차원의 시공간으로 접어들면 인간의 생리구조 역시 큰 변화를 맞는다. 유전자를 비롯한 신체의 구조와 사물을 바라보는 인식의 폭과 경계가 한없이 깊고 넓어진다. 더 나아가 수행을 통한 마음개벽과 비약적인 의학의 도움을 받아 몸개벽이 이루어져 죽음의 공포에서 벗어날 수 있다. 인류가 꿈꾸어 왔던 장생불사가 현실로 다가와 각종 질병과 노화로부터 해방되어 누구나 장수문화를 누린다.[53]

---

51) 『도전』 2:18:4-5
52) 안경전, 『개벽 실제상황』(서울: 대원출판, 2005), p.484.
53) 『도전』 11:299:3, "후천선경에는 수壽가 상등은 1,200세요, 중등은 900세요, 하등은 700세니라."

9 후천 선문명, 간방에서 열리다

조화선경의 심장부는 어디일까? 이러한 물음은 조화의 세상이 돌아가는 방식은 무엇인가라는 우주관을 비롯하여 세계의 중심은 어디인가의 문제로 직결된다. 그것은 한류韓流의 본적지 한반도를 중심으로 욱여들고 있다는 사실과 맞물려 있다. 예컨대 가정은 아버지, 회사는 사장, 국가는 대통령을 중심으로 조직이 유기적으로 움직이는 것과 마찬가지로 후천 문명의 센터는 바로 간방艮方의 한국이며, 이 간방을 중심으로 조화선경이 이루어진다는 것을 함축한다.

'간방'은 우주의 신비로운 탄생과 시공간에 얽힌 수수께끼가 직결되어 있다.[54] "'천지天地가 간방艮方으로부터 시작되었다' 하나 그것은 그릇된 말이요, 24방위에서 한꺼번에 이루어진 것이니라"[55]는 대목은 시간과 공간이 처음 열리는 우주사의 최초의 시작점을 밝힌 말이다. 이는 아득한 어느 시점에서 무극의 생명막이 태극으로 화하고, 시공이 열려 하늘과 땅이 태어나는 극적인 경계를 지적한 말이다. 근래의 연구 성과에 의하면, 무無에서 탄생한 아기우주(baby universe)가 급격한 팽창(inflation)과 대폭발(Big Bang)의 과정을 거쳐 오늘날의 우주로 성장했다고 한다.

빅뱅 우주론은 태초의 뜨거운 불덩이가 폭발하면서 생겨난 우주가 왜 빅뱅을 일으켰는가라는 근본 물음에 답할 수 없었다는 점에 문제가 있다. 바로 이러한 난제를 안고 있던 빅뱅 우주론을 극복하고, 우주가 무無에서

---

54) 『도전』 6:83:3에 대한 측주는 "우주는 조화정신의 본성으로부터 '문득 열린 것'이며, 우주에는 자연질서의 창조주 하느님이 아니라 우주질서의 통치자 하느님, 개벽장 하느님이 계신다"고 말한다.
55) 『도전』 6:83:3

생겨났다는 '무에서의 우주창생론'을 제시한 사람이 바렌킨(Vilenkin: 1949-현재)이다. 그는 '무無'란 아무 것도 없는 완전한 무, 절대무가 아니라 '시간과 공간과 에너지가 부단히 요동치며 살아 있는 무無'라고 말했다.[56] 무無는 생명창조의 버팀목으로서, 그 안에서 시간은 창조와 변화를 가능하게 하며, 공간은 풍부한 우주가 가능토록 한다.[57]

증산도 우주관의 입장에서 보면 선천개벽은 음양이 불균형한 억음존양으로 성장하고 발전하는 것이며, 후천개벽은 금화교역을 거쳐 정음정양의 세계가 이루어지는 천지성공, 즉 조화선경을 뜻한다.

> "신축년 이후로부터는 세상 일을 내가 친히 맡았나니, 사절기四節氣는 수부에게 맡기고 24방위는 내가 맡으리라. 동서남북에서 욱여들어 새 천지를 만들리니 혼백魂魄 동서남북이라. 이 일은 판 밖에서 들어오는 일인즉 그리 알라.[58]
> "상제님께서 천지공사를 마치시고 말씀하시기를 '상씨름으로 종어간終於艮이니라.'"[59]

증산도에서 말하는 선후천론은 우주사宇宙史와 시간사時間史를 관통한다. 전자는 복희괘伏犧卦 → 문왕괘文王卦 → 정역괘正易卦로의 세 단계의 과정을 거쳐 우주가 완성되며, 후자는 원력原曆 → 윤력閏曆 → 정력正曆으로의 세 단계의 전환을 통해 1년 360일의 시간질서가 완결되는 것을 의미한다. 그리고 '간방에서 끝맺는다[終於艮]'는 개념은 '간방에서 끝맺고 다시 간방에서 시작한다[終於艮始於艮]'는 말의 준말이다. 이는 복희팔괘도의 건괘乾卦

---

56) 안경전, 『증산도의 진리(제 3강 증산도 우주론)』(서울: 대원출판, 2001), pp.12-13.
57) K.C 콜/김희봉, 『우주의 구멍』(서울: 해냄, 2002), pp.27-32.
58) 『도전』 6:40:1-4
59) 『도전』 5:415:1

50 증산도의 문화와 사상

로부터 출발한 선천이 문왕팔괘도의 간괘艮卦에서 끝맺고, 곧이어 정역팔괘도의 간괘에서 새로운 천지가 열려 만물이 재창조되는 것을 뜻한다. 왜냐하면 선천의 동북방이 후천의 동방으로 바뀜은 지축정립을 시사하기 때문이다.

공자는 인류의 궁극적인 구원문제를 『주역』「설괘전」에서 결론지었다. 그는 유가의 이상인 대동사회가 간방에서 이루어지는 천도의 이법을 다음과 말했다.

"간은 동북방을 가리키는 괘이다. 만물의 끝매듭을 이루는 것이요 새로운 시작을 이루는 까닭에 '간방에서 하늘(하느님)의 말씀[글 logos]이 완수된다'고 말하는 것이다."[60]
"만물을 끝맺고 다시 시작하는 것은 간괘의 이치보다 성대한 것이 없다. … 능동적으로 변화하여 이미 만물을 이룬다."[61]

'간'은 문왕괘에서는 동북방, 정역괘에서는 동방이다. 간방은 만물의 변화가 매듭지어지고 새로운 시작이 이룩되는 신성한 공간이다. 그것은 하늘(하느님의 섭리 또는 상제님의 조화권능)의 '말씀'이 간방에서 완성된다는 뜻이다. 증산 상제는 서양의 초강대국 혹은 문명화된 국가를 제쳐두고 동북아의 조그마한 한반도에 강세했을까? 『주역』의 이론에 따르면, 조선은 지구의 동북방에 해당하는 간방艮方이다. '간'은 시작과 결실을 의미하는 생명의 열매를 상징한다. 열매는 '초목의 열매', '인간의 성숙', '문명의 완성'

---

60) 『주역』「설괘전」 5장, "艮, 東北之卦也, 萬物之所成終而所成始也, 故曰成言乎艮."
61) "終萬物始萬物者莫盛乎艮 … 能變化 旣成萬物也."(『주역』「설괘전」 6장) 김일부는 「설괘전」 5장은 문왕팔괘도를, 「설괘전」 6장은 정역팔괘도의 원리를 설명한 것으로 인식한다. 똑같은 간방일지라도 문왕괘에서 동북방이지만, 우주진화의 완결을 상징하는 정역괘의 간방은 동방이다.

을 포괄한다. 지정학상으로 볼 때, 한반도는 기존의 역사와 문명을 마감하고 새 시대와 새 문명을 여는 지구의 중심이다.

"이것을 간도수艮度數라 하는데, 다시 말하면 천지병의 근본적인 해결책이 간방인 동북아 조선(한국)에서 나온다"[62]는 것이다. 간방에서 새롭게 열리는 신천지는 선천의 온갖 갈등과 부조화가 해소되어 인류의 소망이 이루어지는 조화선경, 지상선경의 세계이다. "한반도는 지구의 핵, 중심자리다. 동방 조선 땅에서 지금까지의 인류역사가 종결되고 가을철 새 역사가 출발한다. 선천 성자들의 모든 꿈과 소망이 한반도에서 성취된다. 이것이 바로 '간도수'의 결론이다."[63]

---

62) 안경전, 『생존의 비밀』(대전: 상생출판, 2009), p.144.
63) 안경전, 『개벽 실제상황』(서울: 대원출판, 2005), p.163.

10 후천 선문명 건설의 주체는 누구인가

후천개벽으로 새롭게 열리는 조화선경은 인간의 행위와 실천을 통해 그 열매를 맺는다. 후천개벽은 자연질서의 대변혁만을 말하는 차원에 그치지 않는다. 선천에서 인간은 최선의 노력으로 일을 다하고 그 결과는 하늘에 맡긴다는 '진인사대천명盡人事待天命'이라는 말이 통용되었다. 하지만 후천 개벽기에는 인간의 능동적 참여가 더욱 필요하다. 증산 상제는, "선천에는 모사謀事는 재인在人이요 성사成事는 재천在天이라 하였으나, 이제는 모사는 재천이요 성사는 재인이니라"[64]고 하였다. 이는 후천개벽의 시간대에 들어선 지금, 인간이 개벽사업에 적극적으로 동참해야 비로소 후천개벽이 완수된다는 사명감을 일깨운 말이다.

인본주의 입장에서 출발한 유교 역시 인간을 위대한 존재로 규정했다. 하지만 유교는 인간의 존엄성을 선언하는 수준에 그치고 말았다. 학술의 주제 또는 구원의 중심을 하늘이나 땅에 두었던 까닭에 실제로 선천의 인간은 존귀한 존재로 대접받지 못했다. 선천은 상극이 지배하는 세상이었기 때문이다. 그러나 우주의 가을철은 더 이상 어떤 신이나 영험한 존재가 인생사를 해결해주는 것이 아니라, 인간이 주체가 되어 천지 안의 문제를 끌러내야 하는 인존시대人尊時代인 것이다.

"천존天尊과 지존地尊보다 인존人尊이 크니 이제는 인존시대니라. 이제 인존시대를 당하여 사람이 천지대세를 바로잡느니라."[65]

---

64) 『도전』 4:5:4-5
65) 『도전』 2:22:1-2

'인존'의 문자적 의미는 인간이 가장 존귀한 존재라는 뜻이다. 우주의 봄은 인간이 하늘을 높이 받든 천존의 세상이며, 우주의 여름은 인간의 삶이 땅의 환경에 따라 좌우되는 지존의 세상이라면, 우주의 가을개벽을 거치면서 펼쳐지는 후천에는 인간사의 모든 고민거리가 완전히 해결되는 인존시대이다.

"봄여름의 천존·지존 시대가 지나고 가을 개벽기에는 진정한 의미의 인존 문화가 열린다. 인간이 구원의 진리를 실현하여 인류를 건지고, 살아 있는 인종이 됨으로써 가을 우주의 주체로 거듭난다. 인간이 도의 실현자인 도체가 됨으로써 천지일월의 아들과 딸, 가을 신천지 진리의 화신이 되는 것이다."[66]

인존의 궁극적 의미는 천지가 꿈꾸는 천지성공을 일구어내는 실질적인 주체라는 뜻이다. 인존시대를 맞이하여 인간은 스스로의 힘으로 지상선경을 이루어 복락을 누릴 권리가 있다. 왜냐하면 인간은 가을개벽의 대업을 매듭지을 수 있는 자격이 있기 때문이다. 인간은 천지의 목적을 완결지어야 할 책무와 인간역사를 매듭지어 조화선경의 문명을 여는 위대한 일꾼인 것이다. 일꾼은 천지의 뜻을 대신하는 천지의 대역자로서 하늘과 땅, 인간과 신명의 이상을 성취하는 역사의 주인공이다.

"대인을 배우는 자는 천지의 마음을 나의 심법으로 삼고 음양이 사시로 순환하는 이치를 체득하여 천지의 화육에 나아가나니, 그런 고로 천하의 이치를 잘 살펴서 일언일묵一言一黙이 정중하게 도에 합한 연후에 덕이 이루어지는 것이니라."[67]

"대장부가 천하창생 건지는 공부를 해야지, 어찌 저 혼자 도통하려

---

66) 안경전, 『증산도의 진리』(대전: 상생출판, 2014), p.795.
67) 『도전』 4:95:11-12

한단 말이냐. 헛공부니라."[68]

"천지를 믿고 따라야 너희가 잘 살 수 있으니 천지 알기를 너희 부모
알듯이 하라."[69]

후천선경은 저절로 오지 않는다. 인간이 후천의 선문명仙文明을 능동적으
로 건설하고 마무리 지어야 하는 절차가 남아 있기 때문이다. 자연개벽은
만물이 새롭게 탄생하려는 우주의 몸짓인 것처럼, 조화선경을 건설하는
인간 역시 자신의 모든 것을 새롭게 탈바꿈해야 할 것이다. "일꾼은 천지
의 자녀요 사역자로서 하늘의 지고한 뜻과 인간 역사의 꿈을 이루고 후천
지상선경의 새 문명을 이끌어가는 주체"[70]이기 때문이다.

인간은 가장 먼저 마음을 새롭게 바꾸는 심법개벽에 힘써야 한다. 특히
천하사를 맡은 일꾼은 천지의 마음을 깨달아 후천선경을 건설하고자 하
는 웅대한 기개를 갖추어야 한다. "천하사는 지금까지 인간이 태어나고 자
라온 봄·여름 생장의 선천 우주를 문닫고 모든 인간의 생명과 영혼, 마음
과 생각이 성숙되어 하나로 조화되는 대통일의 가을천지 문화권의 시간대
를 맞아, 후천 오 만년 조화선경을 이 땅과 현실세계에 건설하는 것을 말
한다."[71] 왜냐하면 천하사를 책임진 일꾼은 성聖과 웅雄을 겸비하는 사람이
어야 한다. 일꾼이야말로 성인의 지혜와 영웅의 기개를 갖추어 인류의 생
사를 거머쥔 실질적인 천지의 대행자인 것이다.

선후천 교체의 막바지에 도달한 지금, 천지는 인간이 성숙하여 열매 맺
기를 원하고 있다. 가을개벽의 천지는 인간이 되돌아갈 고향으로서 인간

---

68) 『도전』 3:117:11
69) 『도전』 11:114:1
70) 안경전, 앞의 책, p.797.
71) 증산도 교육부, 『증산도 기본교리(2)』(서울: 대원출판, 2007), p.119.

이 없으면 천지도 아무런 의미가 없다. "꽃 중에서 인간 꽃이 제일"[72]이듯이, 인간은 천지의 하나밖에 없는 위대한 열매인 것이다.

따라서 후천개벽에 대한 철저한 준비가 없으면 개벽은 하등의 가치와 의미가 없다. 일꾼은 후천개벽의 의미를 찾아 실천하고, 후천의 선경세상을 건설하는 주체로서 개벽 실제상황을 전혀 모르는 모든 사람을 후천으로 인도하는 역사의 주체라고 할 수 있다.

---

72) 『도전』 8:2:6

11 맺는 말

전 세계 곳곳이 기상이변으로 아우성치고 있다. 거센 폭풍우와 긴 무더위가 곧 기후위기라고 장담할 수는 없다. 변덕스런 날씨는 과거에도 없지 않았기 때문이다. 그것이 한 번이라면 우연일 수도 있으나 두 번 일어나면 반복이고, 세 번 일어나면 경향이라 부른다. 계속 반복하여 일어나면서, 날로 심각해지는 지금의 지구촌 날씨는 기후위기라고 평가해도 틀리지 않을 것이다.

날씨가 변화하면서 사계절이 빚어내는 기후는 항상성과 지속성이 있다. 왜냐하면 의식주를 비롯해 인류가 창출한 역사와 문명, 모든 생존 기반은 기후 환경에 맞춰져 있기 때문이다. 날씨의 지속성이 사라진 기후위기는 문명의 위기를 넘어 인류 삶의 위기와 직결되어 있다. 미국 로런스 버클리 국립연구소의 기후 과학자 찰스 코벤 박사는 "지구 평균 온도의 급격한 상승은 거주지 결정뿐만 아니라 출산과 같은 삶의 주요한 문제를 결정하는 핵심요인으로 작용할 것"이라고 지적했다. 또한 과학 학술지 네이처는 뼈를 깎는 수준의 강도 높은 탄소배출 억제와 지구온난화 억제 조치를 취하지 않으면 기후변화는 자칫 지구의 여섯 번째 대멸종을 가져올 것"이라고 경고했다.[73]

현재의 기후위기는 단순한 환경보호 운동이나 탄소배출의 감량으로 해결될 성질의 것이 아니다. 그것은 자연과 문명과 역사의 근본 차원에서 일어나는 후천개벽의 실상을 고려하지 않은 겉보기 진단에 불과하기 때문이다.

---

73) 서울신문, 2021.11.2.

동서양의 수많은 영능력자를 비롯한 예언자들은 우주의 근본 틀이 바뀌어 새로운 질서가 탄생할 것이라고 말했다. 하지만 그들은 자연과 문명과 역사가 총체적으로 변화하는 근본적 이유에 대해서는 명확한 대답을 못하고 있다. 오직 증산도 우주관만이 후천개벽의 실상은 물론 문명과 역사와 인류가 나아갈 길을 제시하고 있다.

　이제는 개벽문화가 전면에 나서야 할 때이다. 개벽문화는 원한보다는 해원, 상극보다는 상생, 말썽 많았던 윤력閏曆보다는 정음정양正陰正陽의 정력正曆 세상이 이루어지는 조화造化와 조화調和의 지상선경을 겨냥한다. 증산도 우주관은 선천시대에 극도로 분열되었던 숱한 종교와 사상과 문명이 하나의 열매 진리로 통합된 조화선경의 문화가 열리는 원리와 과정을 밝히고 있다. 한마디로 후천개벽의 눈으로 자연과 문명과 인간의 문제를 통합적 시각으로 미래를 내다보는 문화의 꽃이다.

≡ 참고문헌 ≡

1. 경전류
- 道典
- 周易
- 正易
- 皇極經世書
- 伊川擊壤集
- 周易本義

2. 주역관련 도서

- 高懷民/신하령·김태완, 『象數易學』(서울: 신지서원, 1994)
- 금장태, 『조선유학의 주역사상』(서울: 예문서원, 2007)
- 南懷瑾/신원봉, 『역경강설』(서울: 문예출판사, 1998)
- 쏸잉케이·양이밍/박삼수, 『周易- 자연법칙에서 인생철학까지』(서울: 현암사, 2007)
- 廖名春·康學偉·梁韋弦/심경호, 『주역철학사』(서울: 예문서원, 1995)
- 이정용, 『易과 神學』(서울: 대한기독교서회, 1998)

3. 주역관련 외국도서

- 高懷民, 『邵子先天易哲學』(臺北: 荷美印刷, 1997)
- 今井宇三郎, 『宋代易學研究』(東京: 明治圖書出版社, 1960)
- 余敦康, 『周易現代解讀』(北京: 華夏出版社, 2006)
- 朱伯崑, 『易學哲學史(1, 2, 3, 4)』(北京: 北京大學出版社, 1988)
- Frank J. Swetz, 『Legacy of the Luoshu』(illinois: Carus Publishing Company, 2002)

4. 정역관련 도서

- 이정호, 『正易硏究』(서울: 국제대학출판부, 1983)
- ＿＿＿, 『正易과 一夫』(서울: 아세아문화사, 1885)
- ＿＿＿, 『원문대조 국역주해 正易』(서울: 아세아문화사, 1988)
- 한동석, 『宇宙變化의 原理』(서울: 대원출판, 2001)
- 한장경, 『周易·正易』(서울: 삶과 꿈, 2001)

5. 시간론 관련 도서

- 미다스 데커스/오윤희·정재경, 『시간의 이빨』(서울: 영림카디널, 2005)
- 소광희, 『시간의 철학적 성찰』(서울: 문예출판사, 2001)
- 스티븐 컨/박성관, 『시간과 공간의 문화사』(서울: 휴머니스트, 2004)
- 앤서니 애브니/최광열, 『시간의 문화사』(서울: 북로드, 2007)
- 움베르트 에코 외/김석희, 『시간박물관』(서울: 푸른숲, 2000)
- 피터 코브니·로저 하이필드/이남철, 『시간의 화살』(서울: 범양사, 1994)
- 필립 짐바르도·존 보이드/오정아, 『타임 패러독스』(서울: 미디어윌, 2008)

6. 일반서적

- 김병훈, 『율려와 동양사상』(서울: 예문서원, 2004)
- 김상일, 『수운과 화이트헤드』(서울: 지식산업사, 2001)
- 김일권, 『동양천문사상- 하늘의 역사/인간의 역사』(서울: 예문서원, 2007)
- 마이클 슈나이더/이충호, 『자연, 예술, 과학의 수학적 원형』(서울: 경문사, 2002)
- 야마다 케이지/김석근, 『주자의 자연학』(서울: 통나무, 1991)
- 안경전, 『개벽을 대비하라』(서울: 대원출판, 2004)
- ＿＿＿, 『개벽- 실제상황』(서울: 대원출판, 2005)
- ＿＿＿, 『천지성공』(서울: 대원출판, 2008)
- ＿＿＿, 『생존의 비밀』(대전: 상생출판, 2009)
- ＿＿＿, 『이것이 개벽이다(상, 하)』(서울: 대원출판, 2010)

- _____, 『증산도의 진리』(대전: 상생출판, 2014)
- 안운산, 『새시대 새진리』(서울: 대원출판, 2002)
- _____, 『상생의 문화를 여는 길』(서울: 대원출판, 2005)
- _____, 『천지의 도- 春生秋殺』(서울: 대원출판, 2007)
- 이창일, 『소강절의 철학』(서울: 심산, 2007)
- K.C. 콜/김희봉, 『우주의 구멍』(서울: 해냄, 2002)
- 프리초프 카프라/이성범 외, 『현대물리학과 동양사상』(서울: 범양사, 1985)

우주의 주재자主宰者 상제上帝

문계석

필자약력

문계석

　동국대학교 철학박사
　상생문화연구소 연구위원

　저서
　『아리스토텔레스의 철학』
　『철학의 길잡이』
　『서양의 중세철학』
　『철학의 근본문제』
　『서양 지성인과 만남』
　『우주의 교향곡 천부경』(공저)
　『시천주와 다시개벽』
　『우주자연의 순환원리』
　『아리스토텔레스의 실체와 형상』
　『정역도서』

1 들어가는 말

우리가 광활한 천체우주를 조밀하게 관망할 때 항상 느끼는 것은 신비로움과 벅찬 경이로움이다. 그것은 뭇 생명의 끊임없는 '창조'와 조화로운 '변화'에서 비롯한다. 학문의 주된 과업은 소위 '창조와 변화'의 법칙을 구명究明하는 것이다. 특히 학문의 꽃이라 불리는 철학은 무엇보다도 창조변화의 '근원根源'를 밝히는 것이 핵심이다. 왜냐하면 근원이 없다면 현실적으로 일어나는 창조변화를 인식하기란 불가하기 때문이다. 근원에 대한 사유 활동은 철학에서 '존재론적 탐구'라고 불린다.

'존재론적 탐구'에서 인간의 사유 활동은 근원의 존재를 하나의 두 측면, 즉 '물리적인 극'과 '정신적인 극'의 측면으로 구분하여 정의하기도 한다. 그런데 인류의 원형정신原形精神은 그 중심에 '신神'을 상정上程하고 있다. 왜냐하면 '신'을 만유의 존재근원으로 보기 때문이다.

'신'은 원초적인 본유관념本有觀念이다. 그렇기 때문에 인간은 우주자연에서 벌어지는 장엄함과 숭고함이란 곧 '신'의 연출로 인식하게 되는 것이다. 한마디로 현실적으로 일어나는 모든 창조변화는 '신'의 영명靈明한 작용의 결과로 드러나는 현상이라는 것이다. 이런 까닭에서 태고시절부터 오늘에 이르기까지 인류는 천체天體를 신성한 존재로 보고, 신성한 것이 자연 전체를 감싸고 있고, 현실적으로 존재하는 모든 것들이란 신들과 유사하며 신의 화현化現이라고 믿게 되는 것이다. 여기로부터 우리는 '신'의 존재를 인식하는 것이야말로 만물에 대한 진리를 올바르게 파악하는 것이라고 말할 수 있게 되는 것이다.

종교문화의 자궁으로 들어가 보면, 유일무이唯一無二한 존재근원은 '일신

'一神'으로 정의되고 있다. 전통적으로 서양문화권에서는 창조주로 '유일신 하나님(The God)'을, 동양 문화권에서는 천상의 임금님으로 '상제上帝'를 '일신'의 반열에 놓는다. 왜냐하면 서양 종교문화의 특징은 유일신 하나님 이 우주만물을 전적으로 창조했다는 '창조관'이 중심이고, 반면에 동양 종 교문화의 특징은 천상의 상제님이 우주만물의 변화질서를 주관하여 다스 린다는 '주재관'이 중심이기 때문이다.

'창조관'을 중심으로 하는 서구의 종교문화권에서 '유일신 하나님'은 독 존獨存하는, 절대적으로 완전한, 창조주創造主이다. 이 하나님은 태초太初에 자신의 의지에 따라 '무로부터' '시時·공空'을 비롯하여 우주만물을 '말씀 (logos)'으로 창조했다는 것이다. 그런데 창조 이후 하나님은 피조된 세계 를 초월해 있다는 입장이다. 왜냐하면 절대적인 완전성을 본성으로 하는 하나님은 '시·공'에 종속하는 불완전한 세계에 관여할 수 없기 때문이다. 따라서 '창조관'을 중심으로 하는 서구의 '유일신 하나님'은 주재관이 미 약하다.

반면에 '주재관'을 중심으로 하는 동양의 종교문화에서 천상의 '상제'는 만유를 관할하여 다스리는 최고의 주재자主宰者이다. 태고시절에 우주만물 과 신들을 주관하여 다스린다고 믿었던 '주재자 상제'의 주재권능은 후대 에 이르면서 퇴색하게 되고, 급기야 '상제'의 존재성마저 몰락의 위기에 접 어든다. 왜냐하면 문명의 진보에 힘입어 창조성의 문제가 부상하였기 때 문이다. 창조성의 문제를 해결하기 위한 방편으로 '주재성'의 주체는 곧 근원의 이법理法으로 대치代置되기에 이른다. 창조이법의 설정設定으로 '창 조관'의 입지가 구축될 수 있었지만, 상제의 '주재성'은 점차 그 설득력을 잃게 된 것이다.

그러므로 이 논문은 '창조관'과 '주재관'의 관점에서 동·서양의 신론을 검토하고, 양자를 종합 통일할 수 있는 신관이 증산도의 상제관에 있음을 모색摸索하는데 목적이 있다. 이 논의 과정을 간략하게 소개하면, 필자는 먼저 서양 종교문화의 근거가 되는 '창조관'과 동양 종교문화의 중심을 이루는 '주재관'을 소략하고, '창조관'과 '주재관'을 종합 통일하는 주체가 증산도의 상제관에 있음을 개괄적으로 밝혀볼 것이다. 다음으로 필자는 창조성과 주재성의 주체가 되는 지존무상한 상제는 삼계대권三界大權으로써 우주만물을 주재하여 새로운 세상을 여는 개벽장開闢長 하느님임을 소략해볼 것이다.

2 동·서양의 상제관上帝觀

1) 서양의 창조관創造觀

서양 종교문화에서 제시하는 창조관은 기독교의 신관이 독보적이다. 기독교의 유일신唯一神은 태초太初에 아무 것도 없는 '무無'에서 우주만물을 '말씀(logos)'으로 창조한 '창조주'이다. 창조주로서의 유일신은 전지全知하고 전능全能하고 무한無限하다는 의미에서 '완전한 인격자'라는 인식이 그 바탕에 깔려 있다. 다시 말하면 창조주 유일신은 전능한 존재로서 우주만물을 창조했고, 전지한 존재로서 창조된 인간과 긴밀한 관계를 맺음으로써 인간을 구제해줄 수 있고, 감각될 수 없는 무한한 존재로서 창조된 세계를 초월해 있다는 신앙으로 자리 잡았다. 이런 의미의 '창조주 유일신' 신앙관은 오래 전에 형성되어 온 관념이고, 오늘날 상당히 체계성을 가진 종교로서 서구에서 널리 받아들여지고 있다.

'창조주 유일신'은 먼저 '유일신' 관념이 정착되고, 여기에 '창조주' 관념이 들어와 합성된 개념이다. 먼저 '유일신' 관념이 어떻게 태동하여 서양 종교문화에 자리 잡게 되었는가를 보자.

'유일신'의 신앙은 히브리인(Hebrew)의 하나님에서 기원한다. 『성서』에 의거하면 히브리인의 하나님은 믿음의 조상 아브라함Abraham을 우르Ur에서 가나안Canaan 땅으로 이끌었다.[1] 그런데 가나안에는 이미 페니키아Phoenicia인, 블레셋인(Palestine), 히타이트Hittite인 등이 살고 있었고, 이들은 다양한 신들을 숭배하고 있었다. 이들 가운데 강력한 신을 꼽으라면, "'엘

----
1) *Holy Bible,* 「Genesis」, 12절 참조.

티', '바알Baal', '야훼Yahweh'"[2]이다. '엘'은 신과 인간의 아버지, 혹은 시간의
아버지란 뜻이지만, 셈족 언어로는 신들 중의 으뜸가는 신을 의미하며, 후
에는 자신의 민족을 염려하며 생사화복을 주관하는 신이었고, '바알'은 원
래 폭풍과 비의 신으로 다산多産과 풍요를 상징하며, 가나안 지역에서 널
리 숭배되었던 신이었다. 그리고 '야훼'는 하늘의 신, 혹은 부족신部族神이
었고, 후에 전쟁의 신으로 숭배되었다.

기원전 13세기 경의 출애굽 이후 모세Moses는 시나이Sinai 반도에서 '야
훼'로부터 받은 '십계명十誡命'을 통해 히브리인의 신앙공동체를 결성하게
된다. 신앙 공동체를 형성하는 결정적인 핵심이 바로 '유일신' 숭배이다.
'야훼'가 '유일신'으로 선택된 것이다. "너의 하나님은 나 야훼다. 바로 내
가 너희를 이집트 땅 종살이하던 집에서 이끌어 낸 하나님이다. 나 이외의
다른 신을 섬기지 마라."[3]는 이를 말해주고 있다.

원래 '야훼'는 부족신으로 블레셋인의 '다곤Dagon'과 싸우는 전쟁의 신이
었고,[4] 인간처럼 질투하고 시기하며 또 은총을 베풀기도 하는 그런 인격신
이었다. 가나안으로 들어온 히브리인들은 일찍이 자신들을 구원해 줄 강
하고 힘센 하늘의 신, '야훼'를 선택하게 된 것이다. 왜냐하면 그들은 광막
한 사막을 배경으로 처한 악조건의 자연환경과 타민족의 압박 및 탄압 속
에서 살아남아야 했기 때문이었을 것이다.

기원전 6~7세기경부터 히브리의 예언가들은 '야훼'가 히브리인의 하나
님일 뿐만 아니라 '유일신'이라고 가르친다. "이스라엘이여 들어라. 우리
의 하나님이신 주님은 한 분이시다. 그대의 마음과 영혼과 힘을 다하여 우
리의 하나님이신 주님을 사랑하라."[5]는 이를 말해주고 있다. 그리고 예언

---

2) 문계석, 『서양 지성인과 만남』, p.506.
3) *Holy Bible,* 「Deuteronomy」, 6장 5~6절.
4) Max Weber, *Ancient Yudaism*, pp.122~155 참조.
5) *Holy Bible,* 「Deuteronomy」, 6장 4~5절.

가들은 유일신 하나님이 천지만물의 "창조주(The Creator)"이며 역사와 인류의 심판자라고 끈질기게 가르치기 시작했다.[6]

사실 '창조주'라는 말은 슈메르Sumer나 바빌론Babylon 등지의 고대 근동지방에서 태동한 우주창조관이다. 이러한 사상이 기원전 6~7세기경 바빌론 포로기와 페르시아Persia 통치기간에 유대지방으로 들어갔고, 이 시기에 우주창조의 기원에 대한 바빌론 신화를 처음으로 접한 예언자집단은 '야훼'가 우주를 창조했다는 초보적인 안목을 갖게 된다. 이로부터 자신들이 고백했던 출애굽기의 야훼 하나님이야말로 우주만물을 창조한 초자연적 존재라는 사실을 고백하기 시작했던 것이다. 그 결과 이전에는 부족의 조상신에 지나지 않았던 '야훼'가 세계를 창조한 주권자로서의 위상을 갖추게 됨으로써 '창조주 유일신'으로 승격되었던 것이다.[7]

창조주 유일신 사상을 전제로 해서 기독교는 "태초에 하나님이 천지를 창조하시니라"[8]고 단언적으로 선언한다. 유일신이 '빛이 있으라' 말하면 그것이 생겨나고, '하늘, 땅, 태양, 달, 별들이 있으라'고 말하면, 그것들이 창조되어 질서 있게 운행하고, '생명들이 있으라' 하면 온갖 종류의 동식물이 존재하게 되었다는 것이다. 다시 말하면 유일신 하나님은 무시무종無始無終한 시점에서 우주만물을 "말씀(logos)"[9]으로 창조했다는 것이다. 이처럼 절대자 유일신의 창조는 절대적으로 아무 것도 전제되지 않은 상태에서, 즉 "무로부터의 창조(creatio ex nihilo)"[10]를 의미한다.

---

6) *Holy Bible,* 「Isaiah」, 40장 16~26절 ; 43장 10절 ; 44장 6절, 8절 ; 45장 12절, 21절 ; 「Amos」, 1장 3절 ; 2장 16절 ; 9장 5~8절 참조.

7) 문계석, 『서양지성인과 만남』, p.511 참조.

8) *Holy Bible,* 「Genesis」, 1장 1절.

9) *Holy Bible,* 「John」, 1장 2~3절 참조.

10) 물론 야훼가 천지만물을 창조했다고 기록되어 있으나 '무에서 창조했다'는 말은 없다. 오히려 신의 창조 이전에 이미 거기에 "혼돈"과 "공허"와 "흑암"이 있었다고 한다. 이로부터 「창세기」 2장에서는 신이 사람을 맨 먼저 창조했는데 흙으로 지었다고 한다. 이로부터 신이 무

‘무로부터의 창조’는 ‘무無’와 ‘시공時空’의 문제가 결정적이다. 하나는 태초에 유일신이 오직 자신의 의지에 따라 아무 것도 없는 ‘무無’에서 천지만물을 “말씀(logos)”으로써 창조했다는 것이다. 이는 창조 이전에 ‘혼돈(chaos)’이나 무질서한 “질료(hyle)” 같은 것이 있어서 유일신이 여기에다 ‘형상(eidos)’을 부여함으로써 천지만물을 창조했다[11]는 뜻이 아니다. 그렇지 않으면 어떤 방식으로든 ‘혼돈’이나 ‘질료’ 같은 이전의 존재를 전제해야 하기 때문이다. 만일 창조이전의 존재를 전제하게 되면 이는 유일신이 천지만물을 최초로 창조한 ‘창조주’라는 주장에 자체로 모순을 함의한다. 다른 하나는 ‘창조주’가 창조된 세계를 초월超越해 있어야 한다는 것이다. 이는 천지창조 이전에는 그 어떤 것도 절대적으로 없었기 때문에, 유일신이 변화에 대응하는 시간時間과 존재에 대응하는 공간時空조차도 창조했음을 함축한다. 이는 유일신이 창조된 세계에 들어오거나 관여할 수 없음을 의미한다. 왜냐하면 창조된 우주만물은 전적으로 시간과 공간에 종속하기 때문이다.

창조론에서 명백히 함축하고 있는 것은 창조주와 창조된 세계 간에 넘

에서 천지를 창조했다는 것을 반대하는 학자들도 있다. 왜냐하면 ‘공허’나 ‘흑암’ 등은 문자 그대로 아무것도 없다는 것을 의미하지 않기 때문이다. 그럼에도 ‘야훼’의 창조역사 이전에는 무슨 다른 존재가 있었다는 분명한 기록이 없기 때문에 기독교회에서는 무에서의 창조를 믿고 주장한다. “무로부터의 창조”라는 학술적인 근거는 『經外傳』Ⅱ 「마키아비」 vii, 28의 “ἐξ οὐκ ὄντων ἐποίησεν αὐτὰ ὁ θεός(신은 없는 것으로부터 그것들을 창조했다)”에서 나온 말이다. 그것을 기독교회에서는 신의 창조의 본질을 가장 적절하게 묘사하는 말로 간주하고 현재까지 사용하고 있는 것이다. 그래서 신은 그의 절대권을 가지고 ‘공허’나 ‘무’에서 우주만물을 “말”로 창조하셨다. 이로부터 신은 창조주創造主라 부르게 된 것이다(李種聖, 『神論』, p.164 참조).
11) 이런 의미의 창조설은 희랍의 철학자 플라톤Platon의 사고에 잘 나타나 있다. 태초에는 질서가 없는 무질서의 ‘혼돈’의 세계였다. 여기에서 그리스 신들의 제왕 제우스Zeus는 제작자 데미우르고스Demiourgos 신을 시켜서 혼돈의 무질서에 질서를 메김으로써 천지만물을 조성했다는 것이다. 질서의 원리는 다름 아닌 영원불변하는 “형상(eidos)”이다. 즉 ‘이데아’의 형상을 본떠서 현재의 우주만물이 만들어졌다는 것이다(Platon, *Timaeus*, 28c2~40a2 참조).

나들 수 없는 단절된 경계가 있다는 것이다. 왜냐하면 창조주 유일신이 자체로 영원불변한 완전한 인격자로 정의되기 때문이다. 이는 유일신이 시간·공간을 초월超越해 있어야 함을 함축한다. 왜냐하면 완전한 하나님이, 만일 창조된 시·공 안으로 들어오게 되면 한정성과 변화성에 종속하게 되고, 결국 무한성과 영원성이 파괴되어 완전한 인격자라는 의미가 사라지게 되기 때문이다. 역으로 말하면 창조된 우주만물은 시·공에 종속하기 때문에 모두가 잠시의 정지도 없이 변화하여 생멸生滅하는 고통을 수반하게 되지만, 완전한 유일신은 시·공을 초월해 있기 때문에 생멸의 고통이 전혀 없다는 것이다.

그러므로 완전하게 존재하는 창조주 유일신은 태초의 창조 이후 우주만물의 계속적인 생성변화에 직접 관여할 수 없다. 이는 창조주 유일신이 절대적인 존재이더라도 시·공 안에서 일어나는 끊임없는 창조변화가 지속될 수 있도록 주재할 수 없음을 함축한다. 그렇기 때문에 중세기의 신학자 토마스 아퀴나스(Thomas Aquinas, 1224~1274)는 아리스토텔레스의 형이상학을 끌어들여 태초에 창조가 일어난 이후에도 창조주 유일신이 지속적으로 우주만물의 창조변화에 관여할 수 있는 가능성을 제시하기에 이른다.[12] 즉 창조주 유일신은 영원으로부터 창조했기 때문에, 우주만물은 개별적인 형상의 의미에서 세대에서 세대를 거듭하면서 계속적으로 존재할 수 있게 됐다는 것이다.

그렇다고 세상을 초월해 있는 창조주의 문제가 무리 없이 모두 해결된 것은 아니다. 왜냐하면 창조주 유일신은 '시공'에 종속하는 인간 및 세상을 어떻게 구원救援할 수 있는가의 중요한 문제가 남아 있기 때문이다. 다시 말하면 기독교의 창조주 유일신은 인간에 대한 구세신앙이다. 이는 완

---

12) Thomas, *Summa Theologia*, pt.I, Q.46참조. 이러한 주장은 아리스토텔레스가 『형이상학』에서 세대에서 세대로 이어지는 '본질적인 형상'을 말하는 것이다.

전한 인격자로서의 유일신이 유한적인 인간과 친밀한 관계를 맺어야만 하고, '시공' 안으로 들어와 인간의 내면적인 삶에 침투하여 어떤 방식으로든 직접 관여해야만 함을 함축한다. 그래야만 인간에 대한 구원이 가능하기 때문이다. 그런데 완전한 창조주 유일신 하나님은 피조된 현실세계에 직접 들어올 수 없다.

이러한 문제를 해결하기 위해 유일신 하나님은 구세救世의 사역을 담당할 자를 세상에 보내야만 했다. 이분이 바로 '구세주(Kristos)'이다. 그럼에도 현실세계로 들어온 '구세주'는 창조주 하나님과 동격이라고 한다. 왜냐하면 '구세주'는 하나님의 "말씀(logos)"의 화신化身이기 때문이다. 이는 "세계가 창조되기 전에 이미 말씀이 있었다. 말씀은 하나님과 함께 있었고, 말씀이 곧 하나님이니라."[13]는 성경의 구절에서 확인할 수 있다. 다시 말하면 '말씀'의 화신은 유일신 하나님의 의지를 실현하는 대리자요, 심부름꾼이며, 제2의 신으로 하나님의 아들이라는 것이다. '말씀'의 화신은 하나님의 아들로 세계의 대사제이고, 고통을 겪는 인류를 구원하여 밝고 영원한 신의 세계로 인도하는 '구세주'이다.[14]

문제는 '구세주'가 진정 누구인가이다. 예수(Jesus)가 탄생한 이후 초기 기독교 문화권에서는 교리를 체계화하는 과정에서 3세기 동안 '예수가 하나님의 아들인가에 대해 끊임없는 논쟁을 계속하게 된다.[15] 그 논쟁은 아리우스Arius 교단과 아타나시우스Athanasiu 교단의 투쟁에서 그 정점을 이룬다. 결국 그리스도교회는 예수가 하나님의 아들이라고 받아들이게 되고, 그리고 시간과 공간의 제약 없이 언제 어디에서나 존재하여 인간에게 믿음을 일으켜 은혜를 주어 구원받을 수 있는 성령聖靈을 끊임없이 가르친다.

---

13) *Holy Bible*, 「John」 1장 1~2절.
14) 문계석, 『서양 지성인과 만남』, p.528 참조.
15) 문계석, 『서양 지성인과 만남』, pp.523-530 참조.

로마시대로 접어들자 그리스도교회는 325년 니케아 공의회에서 '진정한 실체가 하나이고, 위격에 있어서 셋이다(Una substantia tres personae)'라는 사상을 끌어들여 논쟁을 종식한다. 이것이 소위 '삼위의 하나님'으로 기독교의 '삼위일체三位一體 하느님'[16]이다. '삼위일체'는 '세 분의 하나님'이 각기 독립적으로 실재하는 하나님이 아니라, '위격에 있어서 세 분의 하나님'이라는 뜻이다. 세 위격의 하나님은 아버지 하나님[聖父], 구세주 아들 하나님[聖子], 피조물에 깃들어 있는 영적인 하나님[聖靈]으로 정착된다.

결국 서구의 기독교 문화권에서 말하는 '창조주 유일신' 관념은 '아버지 하나님'으로 전환되었음을 알 수 있다. 즉 '아버지 하나님'은 분명히 '하나의 실체'로 태초에 천지만물과 인간을 창조한 전지전능한 창조주 하나님이라는 것이다. "전능한 하나님이 말하기를, 나는 알파요 오메가라. 지금도 존재하고, 전에도 영원히 존재해 왔고, 장차 오시게 될 존재이다"[17], "'아버지 하나님'의 천명天命을 받고 지상에 내려와 사역한 아들(성자) 예수는 아버지가 여시는 '하느님의 왕국(the Kingdom of God)'을 선포"[18]하였다는 것이다.

2) 동양의 주재관主宰觀

태고시절의 동북아 지역에서 발생한 역사문화의 근원을 찾아 추적해보면, 의식의 진화가 시작된 시원始原의 인간은 원초적인 삶의 과정에서 자연에 대한 공포감恐怖感과 경외감敬畏感에 직면하여 살게 되었다는 사실이다. 이것이 발단이 되어 출현한 관념은 바로 범신汎神에 대한 원시적 본유관념

---

16) 문계석, 『서양 지성인과 만남』, pp.535-537 참조.
17) Holy Bible, 「The Revelation」 1장 2절 ; 4장 8절.
18) 安耕田 지음, 『甑山道의 眞理』, p.57.

本有觀念이다. 범신이란 자연적인 모든 것이 '신의 모습'이라는 뜻이다. 그래서 범신에 대한 신앙은 변화무쌍한 자연을 주관하는 존재가 바로 '신'이라는 믿음에서 출범한다.

그런데 원시 공동사회가 형성되면서 범신에 대한 믿음은 공동체적 삶의 질서秩序와 공생共生을 유지하기 위한 방편으로 점차 '유일신唯一神'에 대한 숭배의식으로 전화되기에 이른다. 왜냐하면 공동사회의 질서를 관리하는 최고의 지배자가 있듯이, 인간의 의식은 자연에서 활동하는 범신을 전적으로 지배하여 다스리는 '유일신'이 실존하는 것으로 믿었기 때문이다.

어느 때인지는 분명하지 않으나 원시 공동체사회가 국가단위의 사회에로 진입하면서 인간의 의식은 우주 삼라만상의 근원으로 '하늘[天]'에 대한 관념을 도입하게 된다.[19] 물론 이때의 '하늘'은 두려움과 경외심으로부터 형성된 본유관념으로, '지극히 높고 보다 더 큰 것이 없는[至高無上]' 최고의 존재를 가리킨다. 따라서 원시 공동체 사회가 국가단위의 사회로 전환되면서 통치자는 국가단위의 조직과 질서체제를 유지하기 위한 방안으로 '하늘'을 최상의 존재로 숭배하기에 이른다. 이는 질서 잡힌 국가단위의 사회를 이룩한 통치자가 우주자연을 관할하여 다스리는 최고의 주재권主宰權을 '하늘'에 두게 되었음을 함축한다. 이로부터 '하늘'은 현실적으로 무한한 허공과 같은 '자연적인 하늘[自然之天]'이기도 하지만 '주재지천主宰之天'이 된 것이다. 동양의 오래된 경전, 『시경詩經』이나 『서경書經』에 자주 등장하는 '하늘'은 곧 '주재지천主宰之天'임을 강하게 부각시키고 있다.

'주재'란 말은 '만물을 다스린다'[20]는 뜻이다. '주재'는 주체가 되는 '천'

---

19) 배옥영은 "하대夏代를 지나 은대殷代에서 구체적인 천 관념이 형성된 것을 발견할 수 있다. 은허殷墟의 많은 복사卜辭들 가운데, 천天·제帝·상제上帝·조祖 등의 문자들이 나타나지만, 그 점복占卜의 대상이 누구였는지, 범신汎神이었는지 아니면 상제의 신이었는지에 대한 확실한 근거는 없다."(배옥영, 『周代의 上帝意識과 儒學思想』, p.26)고 지적한다.
20) 崔東熙, 『西學에 대한 韓國實學의 反應』, p.161 참조.

이 '으뜸'이 되는 지고至高한 인격적 존재임을 함축한다. 왜냐하면 위격位格에 있어서 우주의 운행 및 자연현상의 모든 만물을 총괄하여 두루 다스리는 존재는 반드시 의식을 가진 '인격자'여야 하기 때문이다. 이로부터 우주만물을 맡아서 주관하는 '주재지천'과 범신을 총괄하여 다스리는 '유일신' 관념이 서로 밀접한 연관을 갖고서 하나로 통합되기에 이른다. 이것이 바로 '하늘'과 '신'이 결합된 '천신天神'의 관념이다. 국가단위의 사회를 이룬 당시의 통치자는 '천신'을 종교적 신앙의 대상으로 삼아 제천의식祭天儀式을 수행하게 됐던 것이다.

'천신'의 주신主神은 구체적으로 누구인가? 하늘의 주신은 바로 '으뜸이 되는 신(The High God)'이어야 한다. 왜냐하면 가치의 측면으로 보나 주재의 측면으로 보나 이보다 더 근원적이고 더 높은 호칭은 없기 때문이다. '으뜸이 되는 신'은 바로 '상제上帝'를 지칭한다. 왜냐하면 '상제'에서 '상上'은 '천상의', '하늘의'란 뜻으로 최고로 높은 곳을 말하고, '제帝'는 '하느님' 혹은 '으뜸이 되는 임금님'을 뜻하기 때문이다. 이에 대해 배옥영은 "해와 달, 별, 그리고 구름이나 바람 또는 우레와 같은 여러 신들은 상제인 하늘 다음으로 배향되었던 차신次神으로서…상제의 존재는 고대 원시신앙에서 무소불위無所不爲의 절대적인 지존의 인격신으로 인식되었다."[21]고 말한다.

따라서 '천신'의 정명正名은 '상제천上帝天'이다. '상제천'은 '천상의 하느님' 혹은 '하늘 임금님'이라는 뜻이다. 왜냐하면 "하늘[天]은 상제가 계시는 자리로서 상제를 가리키는 이름이 되는 것"[22]이고, '상제'는 "천상天上에서 가장 높은 곳에 계시는 분이기 때문에 위 상上자를 붙여 상제님으로 불

---

21) 배옥영, 『周代의 上帝意識과 儒學思想』, p.13.
22) 금장태, 「정약용의 천 개념과 천인 관계론」, 『한국 실학 사상연구』, pp.121-124 참조.

러온 것"[23]이기 때문이다.

'상제천'은 인간을 포함하여 만물을 관할하여 다스리는 무소불위無所不爲한 주재자主宰者이다. 여기에서 '상제上帝'의 '제帝'는 으뜸이 되는 천상의 '하느님'이고, '주재主宰'의 '재宰'는 일을 맡아 처리하는 통치자를 뜻한다. 갑골문자甲骨文字나 동양의 『시경』, 『서경』에서 보듯이, '상제천'은 '주재자'를 일컫는 오래된 명칭으로 사용되어 왔던 것이다. 특히 '상제천'은 상벌을 주관하며 감정과 의지를 드러내는 인격적 주재자의 모습으로 등장한다. 예컨대 『서경』에서 '상제가 하나라 걸 왕의 잘못을 책하고 상나라로 하여금 백성들에게 그것을 가르쳐 밝게 했다'[24]는 내용, '상제가 주나라의 문왕에게 상제의 법을 따르도록 종용하는 내용'[25]은 이를 말해주고 있다. 그래서 고대에 주재자로서의 '상제천'은 형성화시켜 표현하지는 않았으나 숭경과 제의의 신앙적 대상으로서 확고한 위치를 차지하고 있음을 알 수 있다.[26]

그런데 인류의식의 진화와 문명화가 진보하면서 '상제천'은 의미意味 분열이 나타나기 시작한다. 즉 '상제천'에서 상제의 '의지意志'가 떨어져 나오기 시작한 것이다. 이로부터 '상제'의 위격은 하늘[天]과 동격의 의미로 간주되면서도, 자연현상과 인간 만사의 길흉화복 등 만사를 주재하는 '상제천'의 '의지'가 곧 '천도天道'로 전환되기 시작한 것이다. 물론 유가의 효시라 불리는 공자孔子까지만 해도 '상제천'에 대한 본연의 의미가 견지堅持되고 있었지만, "오직 요堯만이 하늘을 본받았다"[27]고 말한 것은 '상제천'의 의미가 '천도'로 전환되었음을 시사示唆하고 있다. 다시 말하면 요가 본받

---

23) 안경전, 『상제님, 증산 상제님』, p.20.
24) "帝用不臧 式商受命 用協厥師"(『書經』 「仲虺之誥」)
25) "帝謂文王 予懷明德 不大聲以色 不長夏以革 不識不知 順帝之則"(『詩經』 「皇矣」)
26) 금장태, 「유교의 천(天)·상제관(上帝觀)」, 『신관의 토착화』, pp.121-124 참조.
27) "惟天爲大惟堯則之"(『論語』 「泰伯」)

은 하늘은 직접적으로 '천도'를 가리키는데, '천도'는 곧 만물의 주재 원리인 '상제천의 의지'를 대신한 것이다.[28]

'천도'에서 '천'은 상제를 대신하는 관념을, '도'는 상제의 '주재'를 대신하는 관념을 함축한다. 그래서 국가를 다스리는 주권자의 정치권력이 신권臣權과 관련을 맺으면서 '천도'는 백성을 다스리는 수단으로 변질된다. 이로부터 생겨난 관념이 '제천사상祭天思想'이다. "제천은 하늘에 대한 존엄성을 인식하고, 그러한 신의 의지를 계승하는 의식으로써 그 존재인 천天을 통하여 백성들에 대한 지배의 정당성을 얻고자 하였다. 그러므로 통치자들은 '상제천'의 의지를 계승하는 제천의식을 통해 백성들에 대한 지배와 통치자로서의 권위를 확립하였던 것이다."[29]

적어도 공자孔子까지만 하더라도 '천도'는 단순한 자연적인 하늘[自然之天]이 아니라 모든 도덕질서의 표상으로서 인간에게 덕성을 부여하고, 만물을 화육化育하는 '상제천'의 관념이었던 것이다. 그러나 공자 이후 중국의 춘추시대春秋時代를 거치면서 지극히 높고, 보다 더 존귀한 것이 없는 '상제' 개념은 퇴색일로의 기로에 놓이게 되고, 오히려 '천'의 관념이 확대되면서 '천도'는 다양한 관점으로 규정되기에 이른다.[30] 송대宋代에 이르자 '상제천'에서 상제란 관념이 떨어져 나가고 하늘[天]은 단순히 자연적인 하늘[自然之天]로 전락하게 된다. 즉 지고지순한 최고의 '상제천'은 단순히

28) "요는 희義·화和를 명하여 일월성신의 운행을 형상[曆象]하도록 하여 인간의 생활에 적용하도록 하였는데, 이것은 상제인 하늘을 대신하여 인간의 질서를 확립하고자 한 것이었다. 『서경』에서는 이를 '이에 희와 화를 명했다'라고 기록했다."(배옥영, 『周代의 上帝意識과 儒學思想』, p.27 참조)

29) 배옥영, 『周代의 上帝意識과 儒學思想』, p.14.

30) 우리가 바라보는 "물질지천物質之天", 인격적 하늘로서 "주재지천主宰之天", 맹자孟子가 "성공 여부는 하늘에 달려있다[若夫成功則天也]"고 할 때의 "운명지천運命之天", 순자荀子가 『천론天論』에서 말하는 자연의 운행을 지칭하는 "자연지천自然之天", 『중용中庸』에서 "하늘이 부여한 것이 성이다[天命之謂性]"고 한 "의리지천義理之天" 등이다.(勞思光 지음, 鄭仁在 옮김, 『中國哲學史-宋明篇』, p.61 참조)

'천도天道'[31]로 이해되어 문명사를 장식하기에 이른 것이다. 대표적인 인물은 주자朱子를 꼽을 수 있다.

주자는 자연천으로서의 '천도'를 궁극의 '리理' 또는 '태극太極'으로 보고, 만물의 화생을 '음양오행陰陽五行'의 도道로 설명한다. "하늘은 음양오행으로써 만물을 화생한다"[32]는 주장은 이를 말해주고 있다. 다시 말하면 주자는 '태극'이란 아무런 형체가 없지만, 자체로 동정動靜이 있어 음양陰陽의 '두 기운[二氣]'를 생하고, 음양의 기운이 서로 원기 왕성하게 교감하여 오행五行, 즉 '목木·화火·토土·금金·수水'의 기운을 생성하고, 오행에 따라 우주 만물이 생성변화한다는 입장이다.[33] 이는 '천도'에서 창조이법으로 취급되어 최고의 주재자로서의 '상제천'의 관념이 문명사에서 사라지고 있음을 함축한다.

그러나 '상제천'의 부활은 동방에서 '천주天主'의 관념으로 다시 역사의 문전에 나타나게 된다. 결정적인 계기는 서구의 기독교가 동양 문화권으로 유입되면서 부터다. '천주'는 마테오 리치(Matteo Ricci, 1552~1610)-중국 명으로 이마두利瑪竇-가 가톨릭Catholic에서 말하는 창조주 하나님(Deus)을 한자로 번역한 이름이다. 그는 『천주실의天主實義』에서 '천주'와 '상제'는 같은 존재의 개념이라고 말한다. "내 나라의 천주는 즉 중국말로 상제이다 … 내 천주는 옛 경전에서 상제라 호칭한다."[34]. "천주께서는 인간과 만물을 주재하시니 오직 그 뜻이 정하신 대로 이루어진다."[35]고 함은 이를 말해주고 있다. 즉 가톨릭에서 말하는 '천주'는 『시경詩經』, 『서경書經』, 『주역周易』,

---

31) "易有太極 太極生兩儀"인데, '양의兩儀'는 음양동정을 가리킨다. "일음일양지위도一陰一陽之謂道"는 '하늘의 도[天道]'를 함축한다.

32) "天以陰陽五行化生萬物"(朱熹, 『中庸章句』, p.2)

33) 金榮一 지음, 『丁若鏞의 上帝思想』, p.149 참조.

34) "吾國天主 卽華言上帝 … 吾天主 乃古經書所稱上帝也"(Matteo Ricci, 『天主實義』上卷)

35) "天主主宰人物 惟其旨所置之"(Matteo Ricci, 『天主實義』, p.228)

『중용中庸』 등의 옛 경서에서 말하는 '상제'와 같지만 이름이 다를 뿐이라는 것이다.

천주교天主教가 한국에 유입되자 한국의 실학자들도 '천주'가 곧 '상제'임을 주장한다. 성호星湖 이익李瀷(1681~1763)은 "천주는 유가에서 말하는 상제이다"[36]라고 했고, 이에 대해서 이항노李恒老(1792~1868)는 상제를 "천지를 맡아 다스림을 일컬어 제帝라 하고, 만물을 맡아 다스림을 일컬어 신神이라고 하는 것이다."[37]라고 규정을 내린다. 다산茶山 정약용丁若鏞의 천관은 인격적 주재성을 강조하여 '천'을 '상제'라고 부른다. "주재하는 천이 상제이다. 그것을 천이라고 부르는 데는 나라의 군주를 나라님이라고 부르는 점과 같다."[38]는 이를 말해주고 있다. 여기에서 '주재'는 "의지적으로 다스린다"는 뜻이다.

정약용이 말한 천은 곧 어떤 인격적인 존재, 즉 '상제천'이라는 것이다. 다시 말해서 정약용은 천의 존재가 신령하고 밝다는 것을 형체를 초월한 존재임을 의미하지만, 그럼에도 동시에 지각이 있는 존재임을 뜻한다. 따라서 만물을 주재하는 상제의 조화는 절대적인 힘을 보이는 것이어서 어떤 것도 잠시라도 그것을 벗어나서 존재할 수 없음을 의미한다.[39] 이와 같이 '천'이 주재자로서의 지위를 갖는다는 사실은 곧 '상제천'의 부활이라고 볼 수 있다.

주재자로서의 '상제천'은 동학東學에서 극명하게 등장한다. 동학을 창시한 수운水雲 최제우崔濟愚는 '상제'와 '천주'를 동일한 인격적 주재자로 간주한다. 그가 말한 '천주'는 두 측면으로 분석할 수 있겠는데, 하나는 외재적-객관적인 실재로서 주재자이고, 다른 하나는 내재적-주관적인 실재로

---

36) "天主者 卽儒家之上帝"(李瀷, 『星湖僿說』「跋天主實義」)
37) 李恒老, 『華西雅言』
38) "天之主宰爲上帝 其謂之天者 猶謂王爲國"(丁若鏞, 『與猶堂全書』 第二集)
39) 金榮一 지음, 『丁若鏞의 上帝思想』, p.153 참조.

서의 상제이다. 전자는 "상고로부터 지금까지 봄과 가을이 서로 갈마들고, 네 계절이 성과 쇠에 의하여 바뀌는 것이 옮기지도 아니하고 바뀌지도 아니하니, 이 역시 한울님 조화의 흔적이 천하에 밝게 나타나는 것이다."[40]에서 확인할 수 있고, 후자는 천상의 '상제'로부터 직접 천명天命과 신교神敎를 받게 되는 그 유명한 '천상문답天上問答' 사건에서 확인할 수 있다. 천상의 상제님은 최수운에게 "두려워 말고 겁내지 말라. 세상 사람들이 나를 상제라 이르거늘 너는 어찌 상제를 모르느냐"[41]라고 반문하고, 그런 후에 "본주문本呪文"을 내린다. 본주문은 "시천주 조화정 영세불망 만사지"[42] 13자로 일명 '시천주 주문'이다. 여기에서 '시천주'란 천주를 극진히 모신다는 뜻이다. 따라서 천주는 바로 하늘의 원 주인으로 실재하는 주재자 상제를 일컫는다.

3) 창조관과 주재관을 통일한 증산도의 상제관上帝觀

서양의 종교문화를 이끌어온 유일신 하느님의 '창조관'과 천상의 상제님이 우주만물을 주관하여 다스리는 '주재관'은 어떻게 종합 통일될 수 있는가? 이는 증산도의 신관神觀을 바탕으로 하는 상제관에서 그 해답을 찾을 수 있다.

우선 최초의 우주자연이 어떻게 해서 존재하게 됐는가를 보자. 서양의 창조관이 제시하는 것처럼, 우주자연은 전지전능全知全能한 창조주 유일신唯一神이 있어서 그 의지에 따라 "말씀(Logos)"으로 창조된 것이 아니다. 현대의 과학자 호킹S. Hocking(1942~2018)이 제시하였듯이, '무한우주에는 창

40) "盖自上古以來 春秋迭代 四時盛衰 不遷不易 是亦 天主造化之迹 昭然于天下也"(尹錫山 註解, 『東經大全』「布德文」, p.3.)
41) "勿懼勿恐 世人謂我上帝 汝不知上帝耶"(崔濟愚, 『東經大全』「布德文」; 『도전』 1:8:13)
42) "侍天主 造化定 永世不忘 萬事知"(崔濟愚, 『東經大全』「呪文」; 『도전』 1:8:17)

조주가 설 자리는 없다'[43]는 것이다. 오히려 그는 현대과학의 우주론에서 통용되는 "대폭발설(big bang theory)"[44]을 전제한다. 이는 우주가 스스로 열린 '개벽우주開闢宇宙'임을 함축한다.

개벽우주에 대해서 증산도는 "태시太始에 하늘과 땅이 '문득' 열리니라. 홀연히 열린 우주의 대광명 가운데 삼신이 계시니, 삼신三神은 일신一神이요 우주의 조화성신이니라. 삼신께서 천지만물을 낳으시니라. 이 삼신과 하나 되어 온 우주를 다스리는 통치자 하느님을 동방의 땅에 살아온 조선의 백성들은 아득한 예로부터 삼신상제三神上帝, 삼신하느님, 상제님이라 불러오니라."[45]고 정의한다.

태초太初에는 아무 것도 없는 암흑뿐인 카오스chaos 상태였다. 여기에서 '태시太始'[46]에 '문득' 대광명의 우주가 처음 열린 것이다. 즉 시원개벽으로 원시 우주의 '대광명'이 출현한 것이다. 그 '대광명'은 현대 과학의 용어로 말하면, 시·공 조차도 없는 엄청난 밀도를 지닌 "우주알(cosmic egg)"[47], 즉 "인플라톤Inplaton"[48]이 급팽창하면서 발생한 원시우주의 탄생이다. 이것을 『환단고기』는 "광대한 빔에 광명이 있으니 이것이 신의 형상이요, 광대한

---

43) 우주가 출발점을 가지고 있는 한, 우리는 창조자가 있다고 상상할 수 있다. 그러나 만약 우주가 진정한 의미에서 완전히 자기 충족적이고 어떠한 경계나 가장자리도 가지고 있지 않다면, 그 우주에는 시작도 끝도 없을 것이다. 우주는 그저 존재할 따름이다. 그렇게 된다면, 과연 창조자가 설 자리는 어디인가?(Steaven Hocking, *A Brief History of Time*, 김동광 옮김, 『그림으로 보는 시간의 역사』, pp.144-180 참조)

44) Paul Davis, *God and New Physics*, 유시화 옮김, 『현대 물리학이 발견한 창조주』, p.33.

45) 『도전』 1:1:1~4

46) 『列子』「天瑞篇」2장은 "故曰 有太易 有太初 有太始 有太素 太易者 未見氣也 太初者 氣之始也 太初者 形之始也 太素者 質之始也"라고 기록하고 있다. 이는 초기 우주의 탄생과 형성의 시간적 과정을 4단계로 기술한 것이다. 여기에서 태시는 최초에 어떤 형체가 갖추기 시작하는 시점임을 함축한다.

47) Paul Davis, *God and New Physics*, 유시화 옮김, 『현대 물리학이 발견한 창조주』, p.33, p.62 참조.

48) 『Newton』(2010, 10월호), pp.24-37 참조

기가 장존하니 이것이 신의 조화라"[49]고 기술한다. 여기에서 '대광명'은 창조의 근원으로 신이고, '광대한 기氣'는 천지간에 가득한 창조의 바탕이다. 따라서 우주의 대광명은 모든 창조변화의 발원지가 되는 "영원한 생명과 빛의 본원"[50]으로 볼 수 있고, 이로부터 '신과 기의 조화'로 천지만물이 쏟아져 나오게 된 것이다.

'대광명'은 형이상학적인 용어로 말하면 '일신一神(One spirit)'이다. '일신'은 자체로 어떤 고정된 특성이나 아무런 형체가 없는 근원으로 '조화신성造化神性'이다. '조화신성'은 기능성의 관점에서 볼 때 논리적으로 '창조성'과 '주재성'으로 분석된다. '창조성'과 '주재성'은 대대관계待對關係이다. 이는 동양철학의 전통에서 '일태극一太極'을 정적인 측면의 음陰과 동적인 측면의 양陽으로 분석하는 이치와 같다. '창조성'은 현실적인 우주만물의 창조 근원이고, '주재성'은 질서를 잡아가는 다스림의 근원이다. 증산도에서는 '조화신성'의 '창조성'을 '원신元神(Primordial God)'으로, '주재성'을 '주신主神(Sovereign Ruller of Universe)'[51]으로 정의한다. 그래서 천지우주는 '원신'과 '주신'의 역동적인 활동이 전개되고 있는 신성한 장場이라 말할 수 있다.

'원신'은 가장 원초적인 존재로 우주를 관통해 있는 창조의 '본체本體'가 되는 신이다. '본체'로서의 '원신'은 현상계에서 일어나는 작용으로 보면 세 손길로 드러나기 때문에 '삼신三神'으로 말한다. 여기에서 '삼신'은 각기 독립적인 개체로 존재하는 신을 의미하는 것이 아니라, '일신'이 현상계의 실제적인 창조 작용에 있어서 '세 손길의 추동력으로 작용함'을 뜻한다. 한마디로 본체와 작용이 하나라는 뜻에서 '일신즉삼신一神卽三神'이다. 이를

---

49) "大虛有光 是神之像 大氣長存 是神之化"(안경전 역주, 『桓檀古記』『太白逸史』「蘇塗經典本訓」, p.500)
50) 안경전, 『개벽 실제상황』, p.234.
51) 안경전, 『甑山道의 眞理』, p.404 참조.

『삼신오제본기』는 "삼신일체三神一體"[52]라고 기술하고 있다. 달리 말하면 '한몸[一體]'은 창조의 근원으로 '일신'이고, '삼신三神'은 현상계에서 세 신성이 작용하여 우주만물을 뽑아내는 창조주이다.

세 신성으로 작용하는 삼신은 구체적으로 '조화造化', '교화敎化', '치화治化'의 신성으로 분석된다.[53] 신교문화에서 볼 때 '조화의 신성'은 대덕大德으로써 우주만물의 창조를 주장主掌하는 신이고, '교화의 신성'은 대혜大慧로써 창조된 것들을 육성하고 가르침을 주장하는 신이고, '치화의 신성'은 대력大力으로써 그것들이 온전하게 성숙할 수 있도록 질서 있게 조율을 주장하는 신이다. 따라서 우주만물의 끊임없는 창조변화는 삼신의 손길이 매 순간 작동하여 그 존재목적을 향해 지속적으로 진화해가는 과정이다. 그래서 하늘이든, 땅이든, 사람이든, 무수하게 많은 동식물이든, 심지어 풀잎하나 모래알하나이든, 우주안의 모든 것에는 삼신이 깃들어 존재하게 된다고 말할 수 있다. 이런 의미에서 본다면, 창조주로서의 신은 세계를 떠나 있는 초월적 존재가 아니라 세계 안에서 활동하는 내재적 존재임을 알 수 있다.

반면에 '주신'은 '원신'의 짝으로[54] 대대적관계待對的關係이다. '주신'은 의지를 가지고 일정한 영역의 질서를 잡아가는 주체主體가 되는 신이다. '주신'은 주로 인간의 감정과 의지를 가지기 때문에 인격신人格神이다. "사람에게는 혼魂과 넋[魄]이 있어 혼은 하늘에 올라가 신神이 되어 제사를 받다가 4대가 지나면 영靈도 되고 혹 선仙도 되며, 넋은 땅으로 돌아가 4대가 지나면 귀鬼가 되느니라."[55]고 하였듯이, 인격신은 개벽 이래 사람으로 살

---

52) "三神一體之爲庶物原理 而庶物原理之爲德爲慧爲力也"(安耕田 譯註, 『桓檀古記』「三神五帝本紀」, p.304 참조)
53) 안경전, 『甑山道의 眞理』, pp.214~215 참조.
54) 안경전, 『甑山道의 眞理』, p.238 참조.
55) 『도전』 2:118:2~4

다가 천상으로 돌아간 신명神明이다. 천지간에는 무수한 인격 신명들이 존재하게 되고, 점차 각양각색의 인격신명들을 관할하여 질서를 잡아가는 주신이 등장하게 된 것이다. 한마디로 신들의 세계에도 점차 '지상신至上神'이 나오게 됐던 것이다.[56]

'지상신'의 관념은 어떻게 형성된 것일까? 인류는 의식의 진화와 더불어 역사시대로 진입하게 되면서 문명화의 길로 접어들게 됐다. 문명화의 길에는 각 민족별로 혼란된 문화의 질서를 바로 잡아 다스리는 통치자가 등장한다. 심지어 탁월한 능력을 겸비한 통치자는 여러 종족을 하나로 통일하여 다스린 제왕帝王도 있다. 이에 대응해서 신명세계에는 인간으로 왔다간 문명신도 있고, 각 민족의 창세기 하느님 노릇을 하고 있는 지방신[57]도 있고, 통일제국을 건설했던 제왕신도 있다.

문명신이든 지방신이든 제왕신이든, 거기에는 주신이 있다. 주신은 일정한 영역을 관장管掌하여 다스리는 인격신명으로 천상계, 지하계, 인간계에서 품계에 따라 주재활동을 한다. 그런데 중요한 사실은 신명계에 각 민족의 지방신과 과거의 성자 및 원시의 신성들을 총체적으로 관할하여 주재하는 '최고의 주신'이 실재한다는 것이다. '최고의 주신'은 인격신명들 가운데 도격道格과 위격位格에 있어서 '지극히 존귀하고 더 이상의 상위가 없다[至尊無上]'는 의미에서 '지상신'이다. 동양문화의 전통에서는 '지상신'을 유일무이唯一無二한 '상제上帝'라 불렀다.

'상제'는 최고의 주신으로 '창조성'과 '주재성'을 함의한다. 왜냐하면 '상제'는 조물주 삼신자체가 스스로 하나의 인격체로 온전하게 화현化現한 존

---

56) 何新, 洪熹 역, 『神의 起源』, p.148 참조.

57) 유대민족이 하느님으로 모시는 주신은 중동지방에서 일어난 지방신으로 여호와Yahweh이며, 일본민족이 하느님으로 모시는 천조대신은 일본의 주신主神이다. 중국 한족漢族의 주신主神은 반고이고, 동방 한민족의 국조신은 단군왕검이다.(안경전, 『甑山道의 眞理』, p.392 ; 안경전, 『천지성공』(2022), p.176 참조)

재이기 때문이다. 이에 대해서 이맥李陌은 "천상계에 문득 삼신이 계셨으니 이분은 곧 한 분 상제님이시다. 주체는 일신이나 각각의 신이 따로 있는 것이 아니라 작용으로만 삼신이다"[58]라고 하였고, 창조 근원인 원신(삼신)과 한 몸이 되어 우주만물을 주재한다고 말한다.[59] 이런 의미에서 '상제'의 정명正名은 "삼신일체상제三神一體上帝"[60]이다. '삼신일체상제'는 서양의 창조관과 동양의 주재관을 통일한, "만물을 다스리시는 유형의 실제적인 조화주 하나님"[61]으로 말할 수 있게 된다.

'삼신일체상제'는 삼신의 조화권능을 온전히 발휘하기 때문에 지존至尊의 신위에 오를 수 있었고, "천하에 예의상 둘째가 될 수 없는"[62], 위격에 있어서 더 이상의 상위가 없는 존재이기 때문에 하늘, 땅, 인간을 총체적으로 관할하여 다스리는 우주의 주재자이다. 우주의 주재자 '삼신일체상제'는 유가儒家에서 말하는 지존무상한 '상제'요, 서양 기독교에서 말하는 '십자가의 도'를 주재하고 계신 아버지 하느님이다.[63] 또한 '삼신일체상제'는 "나는 알파요 오메가라. 이제도 있고 전에도 있었고, 장차 올 자요 전능한 자라."[64]고 하신 그 하나님이다.

---

58) "自上界 却有三神 卽一上帝 主體則爲一神 非各有神也 作用則三神也"(안경전 역주, 『환단고기』『太白逸史』「三神五帝本紀」)
59) 이에 대해 이맥은 "天之宮 卽爲光明之會 萬化所出 天之一神 能體其虛而乃其主宰也"(『환단고기』『太白逸史』「蘇塗經典本訓」)이라고 말한다.
60) 안경전 역주, 『환단고기』『太白逸史』「大秦國本紀」
61) 안경전, 『개벽 실제상황』, p.241.
62) 『도전』9:67:4
63) 안경전 지음, 『甑山道의 眞理』, p.191 참조.
64) Holy Bible, 「The Revelation」 1장 8절.

3 상제님은 우주의 주재자主宰者

1) 이법의 주재자

동양의 사유에서 형이상학적 진리의 보고寶庫는 통상 주나라 시대에 정리된 '역易'으로 알려져 있다. "생겨나고 생겨나는 것을 역이라고 한다."[65]고 하였듯이, '역'은 존재가 시간계열 속에서 나타나는 창조변화를 함축한다. 왜냐하면 '생겨나고 생겨나는 것[生生]'은 그 자체가 변화變化를 의미하기 때문이다. 변화는 크게 실체實體의 변화와 형질形質의 변화로 구분되는데, 일반적으로 전자의 경우는 본질本質이 바뀌는 것이고, 후자의 경우는 속성이 바뀌는 것을 의미한다. 동양철학에서의 전통은 이러한 변화를 "한번 음하고 한번 양하는 도"[66], 즉 음양陰陽의 교체交替에 따른 '도道'로 규정한다. 따라서 역의 근본 문제는 음양의 교체에 따른 '변화의 도[變化之道]'이다.

'변화의 도'는, 무형의 것이든 유형의 것이든, 우주만물이 걸어가는 이치理致요 '길[道]'이다. 이는 시공時空에서 우주자연이 '생生·장長·염斂·장藏'의 네 단계로 벌어지는 이법理法이다. '생·장·염·장의 순환이법'은 현상계에서 벌어지고 있는 생명의 창조변화에서 확인할 수 있다. '생'의 이법은 우주만물이 창조되어 생겨나는 탄생을 뜻한다. 요컨대 농부가 콩씨를 뿌리면 콩이 나오고, 볍씨를 뿌리면 벼가 생겨난다. '장'의 이법은 낳은 것들이 분열하여 커가는 성장을 뜻한다. 요컨대 싹이 튼 콩은 여러 줄기로 분열하여

---

65) "生生之謂易"(金東九 發行, 『周易』 「繫辭 上」 四章, p.363.
66) "一陰一陽之謂道"(金東九 發行, 『周易』 「繫辭 上」 四章, p.362.

성장한다. '염'의 이법은 분열 성장한 것들이 열매를 맺어 수렴 통일한다. 요컨대 콩이나 벼가 성장의 극점에 이르면서 꽃이 피고 씨가 여물면 농부는 이들을 결실하게 된다. '장'의 이법은 다음의 탄생을 준비하는 과정으로 저장이다.

그러므로 현상계에서 일어나는 우주만물은 '저장된 것에서 끊임없이 생겨나고[生]'[67], 생겨난 것은 분열·성장하고[長], 성장한 것은 결실하여 매듭이 지어지고[斂], 결실된 것은 다음의 탄생을 준비하기 위해 휴장[藏]하는 과정으로 순환하게 되는 것이다. 이러한 순환이법은, 거시적인 것이든 미시적인 것이든, 물리적인 것이든 정신적인 것이든, 우주자연에서 발생하는 모든 것들에게 전적으로 적용되는 가장 보편적인 법칙이다. 이와 같이 '생·장·염·장'의 '네 단계로 순환하는 '변화의 도'는 일상적으로 생生·성成·소消·멸滅의 법도라고도 하고, 불가에서는 성成·주住·괴壞·공空으로 표현하고, 단순한 마음의 창조변화에 적용할 때는 생生·주住·이異·멸滅의 단계로 언급하기도 한다.

그러한 '변화의 도'는 어디에서 출원하는가, 즉 '도'에 대한 소자출所自出은 어떻게 규정할 수 있는가? 중국 한漢나라 때 동중서董仲舒(기원전 170?~120?)는 "도의 큰 근원은 하늘에서 나온다."[68]고 하여 '천도天道'를 말하고, 반면에 한민족의 정통 역사 경전 『환단고기』에는 "도의 큰 근원은 삼신에서 출원한다."[69]고 하여 '신도神道'를 말한다. 전자의 경우는 우주만물의 존재 근원을 하늘[天]이라는 객체적인 측면에서 파악한 것이고, 후자의 경우는 삼신三神이라는 주체적인 측면에서 파악한 것이다.

'천도'든 '신도'든 아무튼 '변화의 도'는 자체로 아무런 형체도 없고 명

---

67) 증산 상제님은 이를 압축하여 "生有於死 死有於生(삶은 죽음으로부터 말미암고 죽음은 삶으로부터 말미암느니라)"고 하신다.(『도전』 4:117:13) 참조.
68) "道之大源出於天"(안경전, 『개벽 실제상황』, p.257 재인용)
69) "道之大源 出乎三神也"(안경전 역주, 『桓檀古記』 『太白逸史』 「三韓管境本紀」, p.394)

확히 규정된 인식도 없지만, 거시적이든 미시적이든, 물리적인 세계이든 정신적인 세계이든, 일체의 것들이 출원하는 소이연所以然이다. 그렇기 때문에 '변화의 도'는 모든 창조변화를 포함하지 않는 바가 없다.[70] 달리 말하면 '변화의 도'는 전체로서 전일全一하다. 전일하기 때문에 전체는 부분을 수용하고, 부분은 전체를 반영한다. 따라서 '변화의 도'를 벗어나 있는 것은 천지간에 아무 것도 없다는 것이다.

문제는 그러한 '변화의 도'를 관장管掌하여 주재主宰하는 주체主體가 없어도 우주만물이 '생·장·염·장'의 순환이법에 따라 자동적으로 진행되느냐이다. 이에 대해서 동양의 성리학性理學적 전통은 '천도론'을 내세웠고, 서구의 신학神學은 계몽주의 사조思潮를 지배했던 "이신론理神論(Deism)"[71]을 제기했다. '이신론'에 의하면, 완전한 유일신 하느님은, '말씀'으로 세계를 창조한 뒤로는 초연한 입장으로 물러나서 현실세계의 창조변화에 전혀 개입하지 않고, 우주만물이 영원한 창조법칙에 따라 저절로 운행되도록 내버려두었다는 것이다. '천도론' 또한, '시계제작자(watchmaker)'가 법칙에 따라 만들어 놓은 시계처럼 기계적으로 돌아가듯이, '음양의 교체'에 따라 현실세계의 창조변화가 자동적으로 일어나게 됨을 주장하게 된다.

그러나 '천도론'이나 '이신론'은 어떤 독단적인 맹점盲點을 함의하고 있

---

70) "도는 원래부터 대상으로 있는 것도 아니고 명칭도 없다. 대상으로 있는 것은 도가 아니고 명칭이 있는 것 역시 도가 아니다. 도는 항상인 도가 아니지만 때를 따르는 것이 도의 귀한 바이고, 명칭은 항상인 이름이라고 하지 않지만 백성을 편안하게 하는 것이 명칭의 열매 맺는 바이다. 더 이상 밖이 없을 만큼 크고 안이 없을 만큼 작음까지도 도는 포함하지 않는 바가 없다."(안경전 역주, 『桓檀古記』, pp.394-395 참조)

71) '이신론'은 허버트(E. Herbert(1583~1648)가 1624년에 출간한 저서 『진리론(De Veritate)』에서 공식적으로 처음 주장했고, 당시 사조인 영국 경험주의 사고에 힘입어 꽃을 피우게 된다. 영국 경험주의는 우주자연이 합리적인 질서를 유지하는 창조주가 분명히 존재한다고 믿고 있지만, 창조주가 현실세계와 무관하다는 '이신론'을 제창한다. '이신론'의 사조는 계몽주의 시대에 등장한 신학으로 볼 수 있겠는데, 통상 이성종교 내지는 자연종교라 불린다.(문계석, 『서양 지성인과 만남』, 558쪽 참조)

다. 왜냐하면 이는 자연에 대한 '기계론적인 패러다임(mechanical para-digm)'에 빠질 위험이 있기 때문이다. 그렇게 된다면 '이신론'에서 만일 시계가 고장이라도 날 겨우, 이는 시계제작자가 현실세계를 초월해 있기 때문에, 시계가 더 이상 이법에 따라 자동적으로 돌아갈 수 없게 되거나, '천도론'에서 우주만유가 천도를 벗어나 운행될 경우 이를 주재할 방도가 없게 된다. 따라서 우주만유가 '생·장·염·장'의 순환이법에 따라 끊임없이 창조변화해 갈 수 있도록 주관하여 주재하는 주체主體가 필연적으로 요청된다.

이런 맹점을 보완할 목적으로 '천도론'을 주창한 성리학性理學의 거장巨匠 주자朱子는 "사람들은 다만 주재主宰라는 말로써 천제天帝를 설명하려 하면서 형상이 없는 존재라고 말하고 있으나 아마도 그렇지 않을 것이다."[72], "통치자 하느님 제帝는 우주의 창조원리인 리理를 맡아 다스리시는 분이라, … 이 주재 자리가 세상에서 이르는 옥황대제玉皇大帝와 같나니 … 배우는 자 모두 능히 답할 수 없도다."[73]라고 말한다. 다시 말하면 하늘에는 우주만물의 창조변화정신을 주재하는 주재처가 있고, 여기에 머물면서 우주만물이 '생·장·염·장'의 순환이법에 이탈되지 않도록 마름질하여 주재하는 우주의 원 주인主人이 실재한다. 그 원 주인은 바로 '하늘 임금[天帝]'이다.

'하늘 임금'은 천상의 주재처에 거주하면서 창조변화의 이법을 맡아 다스리는 유일무이唯一無二한 최고의 우주 주재자이다. 이분을 한민족 전통의 신교문화권에서는 "삼신상제三神上帝, 삼신하느님, 상제님"[74]이라 불러왔고, 한민족의 역사 혼은 담은 역사경전에서는 "삼신일체상제三神一體上帝"[75]라

----

72) 『朱子語類』券 79, 46組
73) 『도전』 1:5:4(『詩經』 「大雅」 "皇矣")
74) 『도전』 1:1:4
75) 안경전 역주, 『환단고기』 『太白逸史』 「大秦國本紀」

호칭했다. 서구 기독교 문화권에서는 '커다란 흰 보좌에 인간으로 모습으로 앉아 계신 인격적 하느님(The God)'[76]으로 말했고, 동학東學에서는 이 분을 무극대도無極大道로써 조화선경시대를 여시는 천주天主, 또는 상제라 불렀다. 증산도에서는 '삼신상제'를 새로운 개벽세상을 열기 위해 인간으로 화신化身한 '증산 상제甑山上帝'로 호칭한다.

그러므로 '증산 상제'는 우주만물을 주재하여 다스리는 지고지순한 우주의 통치자이다. 이는 "내가 천지를 주재하여 다스리되 생장염장生長斂藏의 이치를 쓰나니 이것을 일러 무위이화니라. 해와 달이 나의 명命을 받들어 운행하나니 하늘이 이치理致를 벗어나면 아무 것도 있을 수 없느니라."[77]고 선언하신 말씀에서 확증할 수 있다. 우주만물을 다스리는 증산 상제님의 주재방식은 '무위이화無爲以化'이다. '무위이화'란 억지로 함이 없이 변화토록 한다는 뜻으로 신도神道로써 다스림을 함축한다. "신도神道는 지공무사至公無私하니라. 신도로써 만사와 만물을 다스리면 신묘神妙한 공을 이루나니 이것이 곧 무위이화니라."[78]는 이를 말해주고 있다.

'증산 상제'님은 천지의 원 주인으로 우주만물을 관장하여 다스리는 무상無上의 주재자이다. 무상의 우주 주재자는 천지天地로 몸을 삼고 일월日月로 눈을 삼아 우주의 삼라만상을 통치한다. 이는 다음의 성구에서 확인할 수 있다.

한 성도가 여쭈기를 '해가 선생님의 명을 받고 멈췄다가 또 명을 기다려서 가니 어찌된 영문입니까?' 하니 상제님께서 말씀하시기를 '이를 보고 너희들의 신심信心을 돈독히 하라. 해와 달이 나의 명에 의하

----

76) *Holly Bible*, 「revelation」, 20장 4절, 11절 참조.
77) 『도전』 2:20:1~3
78) 『도전』 4:58:4

여 운행하느니라.' 하시니라. 한 성도가 다시 여쭈기를 '해와 달이 차고 기우는 것은 자연의 이치가 아닙니까?' 하니 '이치가 곧 하늘이요 하늘이 곧 이치이니, 그러므로 나는 사私를 쓰지 못하노라.' 하시니라. 또 말씀하시기를 '나는 천지일월天地日月이니라.' 하시고 '나는 천지天地로 몸을 삼고 일월日月로 눈을 삼느니라.' 하시니라.[79]

2) 증산 상제는 삼계대권三界大權의 주재자

증산 상제는, "나는 천하에 예의상 둘째가 될 수 없느니라."[80]고 하였듯이, 천지의 원 주인으로 위격位格에 있어서 유일무이唯一無二한 하느님이다. 증산 상제는 또한 '근원의 삼신과 일체가 되는 상제[三神一體上帝]'[81]이기 때문에, 서구에서 말하는 절대적으로 완전한, 현실을 초월해 있는 '유일신 하나님'이 아니라 세계에 직접 관여하는 내재적인 하느님이다. 증산 상제는 본래 천상의 보좌에서 하늘의 조정 대신들을 거느리고 우주 삼계三界의 정사를 섭리하는 인격적 천주天主, 즉 우주만물을 주관하여 다스리는 지존무상至尊無上한 우주 통치자이다.

증산 상제의 그러한 통치대권은 어떻게 소지所持하게 됐는가? 그것은 선천개벽으로 열린 천상의 신명계와 지상의 인간계가 복잡한 문명화로 접어들면서 모든 주재 권한權限이 '삼신일체상제'에게 임되었기 때문이다. 그러한 주재 권한은 '삼신일체상제'가 가진 본성상의 권능權能에 있을 것이다. 그것은 신권神權, 조화권造化權, 도권道權으로 압축된다. '신권'은 '근원의 삼신과 일체'이므로 시공時空의 제약을 받지 않기 때문에, 언제 어디에서나

---

79) 『도전』 4:111:10~15
80) 『도전』 9:67:4
81) 안경전 지음, 『甑山道의 眞理』, p.404 참조.

존재하는 무소부재無所不在의 존재권[全在權]이다. '조화권'은 뭇 생명의 창조 근원인 '삼신의 화현化現'이므로 무엇이든 간에 타자他者로 변형할 수 있는 능력을 구비하고 있기 때문에, 통시적通時的이고 공시적公示的으로 무엇이든지 자유자재로 할 수 있는 화권化權이다. '도권'은 무상無上의 대도로써 신명들을 통어統御하기 때문에, 우주만물을 신도神道로써 주재하여 다스리는 통치권統治權이다.

신권, 조화권, 도권을 소지한 삼신상제는 신미辛未(1871)년에 우주의 정사를 천상의 조정에 명하여 다스리도록 하고, 신교神敎의 종주국인 동북아 간방의 조그마한 조선 땅에 인간의 몸으로 직접 화신化身하셨다.[82] 인간으로 오신 증산 상제는 31세가 되던 신축辛丑(1901)년에 무상無上의 도통을 하시고, 이후로는 '신권, 조화권, 도권'으로 우주만물을 주재하여 통치하시게 된다. "내가 세상에 내려오면서 하늘과 땅의 정사政事를 천상의 조정[天朝]에 명하여 다스리도록 하였으나 신축년 이후로는 내가 친히 다스리느니라."[83]는 이를 말해주고 있다.

인간으로 화신하신 증산 상제는 "모든 것이 나로부터 다시 새롭게 된다."[84]고 선언하신다. 이는 삼계우주를 개조하기 위해 무극대운無極大運을 여시고, 하늘과 땅을 뜯어 고치는 천지공사天地公事를 하셨다는 의미에서, 증산 상제가 "무극상제無極上帝"[85]임을 뜻한다. 여기에서 '무극'이란 권능에 있어서 한계가 없는, 무엇이든지 해낼 수 있는 조화권능을 함축한다. 따라서 무극상제는 '천지공사'를 행하시기 위해 우주 주재자의 위격에서 '삼계의 권한'을 직접 주재한다. "무상의 대도로 천지대신문天地大神門을 여시니 이로부터 삼계대권三界大權을 주재主宰하시어 우주의 조화권능을 뜻대로 행

---

82) 『도전』 1:11:3~5 참조.
83) 『도전』 4:3:6~7
84) 『도전』 2:13:5
85) 『도전』 1:11:6

하시니라"[86]는 이를 말해주고 있다.

증산 상제는 '삼계대권'의 주재자이시다. '삼계대권'이란 무엇을 지칭하는가? '삼계'는 천상계, 자연계, 인간계를 말한다.[87] 하늘, 땅, 인간은 삼계우주를 구성하는 근본 틀이다. '대권'이란 삼계우주를 주재하여 다스리는 통치권한이다. "나는 생장염장生長斂藏 사의四義를 쓰나니 이것이 곧 무위이화無爲以化니라."[88]고 하였듯이, 증산 상제의 통치는 '생장염장'의 이법理法에 따라 삼계를 '무위이화'로 다스리는 것이다. 여기에서 '무위이화'란 억지로 애쓰지 않아도 조화권능을 뜻대로 행한다는 뜻이다. 이는 증산 상제가 '신도神道'로써 삼계를 주재하는 방식이다.

문제는 '삼계대권'의 주재자이신 증산 상제가 왜 '신도'로써 우주만물을 다스리는가이다. 이에 대해서 증산 상제는 "나의 일은 무위이화無爲以化니라. 신도神道는 지공무사至公無私하니라. 신도로써 만사와 만물을 다스리면 신묘神妙한 공을 이루나니 이것이 곧 무위이화니라."[89]고 했다. 또한 "크고 작은 일을 물론하고 신도神道로써 다스리면 현묘불측玄妙不測한 공을 거두나니, 이것이 무위이화無爲以化니라."[90]고 했다. 다시 말하면 우주에서 일어나는 만사와 만물을 다스림에 있어서 신도는 지극히 공적公的이고, 신묘神妙한 공을 이루기 때문에, '신도'로써 삼계를 다스림은 최상의 방책이라는 것이다.

그러므로 '신도'로써 삼계를 주재함은 우주만물의 창조변화가 자연의 법도에 따라 자동적으로 진행되는 것이 아니라, 증산 상제가 신명神明들에

----

86) 『도전』 2:11:3~4
87) 삼계 우주의 근본정신은 '천도天道', '지도地道', '인도人道'로 분석된다. '천도'의 근본정신은 '원형이정元亨利貞'이고, '지도'는 '동서남북東西南北, 춘하추동春夏秋冬'이고, '인도'는 '인의예지仁義禮智'이다.(『도전』 2:22, "우주의 변화원리" 도표 참조)
88) 『도전』 2:20:1
89) 『도전』 4:58:2~4
90) 『도전』 4:5:2~3

게 명命하여 우주만물을 다스린다는 뜻이다. 천지간에는 신명들로 가득하
다. 신명들은 각기 맡은 바를 관장管掌하여 자연의 법도에 따라 운행되도
록 주관主管한다. 증산 상제는 이 신명들에게 명하여 우주만물을 다스리는
것이다. 이는 "비구름의 운행도 또한 그것을 맡은 '신명의 명'을 따르는
것"[91]이고, "천지개벽을 해도 신명이 없이는 안되나니 신명이 들어야 무슨
일이든지 되느니라. 그때그때 신명이 나와야 새로운 기운이 나오느니
라."[92]에서 극명하게 확인할 수 있다.

증산 상제가 신명을 불러 명命하심은 두 방식으로 집약된다. ① 하나는
신명을 직접 소환하여 명하는 방식이고, ② 다른 하나는 신부神符를 써서
신명에게 명하는 방식이다.

①의 용례 : "상제님께서 잠시 후에 방문을 여시더니 공중에 대고 한 신
명을 불러 말씀하시기를 '내가 날을 잡아 신장들의 기운을 보기 위하여 힘
을 겨루어 볼 터이니 준비해라. 시원찮게 하면 못쓰느니라. 새겨들어라.'
하시니라. 이에 그 신명이 여쭈기를 '그리하소서. 날은 삼월 삼진날로 받
을까요?' 하니 '그래라.' 하시고 또 말씀하시기를 '장소는 여기까지 올 것
없이 옥거리 사정으로 오너라.' 하시니 그 신명이 그곳을 알지 못함을 아
뢰거늘 상제님께서 꾸짖어 말씀하시기를 '너는 신명이 되어서 그것도 모
르느냐. 그래 가지고 어떻게 천지 일을 할 것이냐, 이놈아! 신명이라도 똘
똘해야 된다. 바삐 가서 서둘러라.' 하시매 절을 하고 물러가더라."[93]

②의 용례 : "상제님께서 말씀하시기를 '해와 달의 운행이라도 내가 명
만 내리면 운행을 멈추느니라.' 하시니라. 창조의 집에 이르시어 벽력表霹
靂表를 묻으시니 즉시 우레가 크게 일어나며 천지가 진동하거늘 곧 거두시

---

91) 『도전』 4:50:3
92) 『도전』 4:48:1~2
93) 『도전』 5:366:12~17

고 이튿날 구릿골 약방으로 가시니라."[94]

이와 같이 삼계대권의 주재자이신 증산 상제는 천지의 주인으로서 신명들에게 명하여 천지를 다스리신다. 심지어 ②의 용례에서 보듯이 증산 상제는 '해를 멈추게 할 수 있는 권능', 즉 자연의 운행이법까지도 바꿀 수 있는 주재권능을 소지하고 있다. 이는 증산 상제가 우주 전체를 관할하여 통치하는 절대권능의 주재자임을 말해주고 있다.

증산 상제의 주재권능은 조화주造化主로서 삼계를 개조하여 지상낙원의 새 세상을 여는 데에 역사役事한다. 이에 대해 증산 상제는 "이제 온 천하가 큰 병[大病]이 들었나니 내가 삼계대권을 주재하여 조화[造化]로써 천지를 개벽하고 불로장생不老長生의 선경仙境을 건설하려 하노라."[95]고 선언한다. 다시 말하면 증산 상제는 선천개벽先天開闢으로 열린 천지 우주는 총체적으로 병이 들어서 파탄의 일로에 있다고 진단하고, 인류역사의 과거와 현재와 미래를 총체적으로 인식하여 문명의 방향과 역사의 운명이 최선最善의 길로 나아가도록 우주사적인 새로운 프로그램을 짰다. 이것이 바로 새로운 천지우주가 열리도록 집행하신 천지공사天地公事, 즉 가을 대 개벽 공사開闢公事이다.

3) 우주의 개벽장開闢長 하느님

인간으로 오신 삼신상제는 '개벽장 하느님'이다. 하느님께서 자신의 신원을 '개벽장'으로 밝힌 이유는 "시속에 어린아이에게 '깨복쟁이'라고 희롱하나니 이는 개벽장開闢長이 날 것을 이름이라. 내가 삼계대권三界大權을 주재主宰하여 천지를 개벽하고 무궁한 선경의 운수를 정하고 조화정부를

---

94) 『도전』 3:277:6~7
95) 『도전』 2:16:1~2

열어 재겁災劫에 싸인 신명과 민중을 건지려 하나니"[96]에서 찾을 수 있다. 문제는 증산 상제가 왜 '개벽장'인가이다. 결정적인 까닭은 선천개벽으로 열린 우주의 상극질서를 마감하고, 상생의 무극대도로써 후천 대개벽의 우주를 열기 때문이다.

"태시太始에 하늘과 땅이 문득 열리니라."[97]에서 보듯이, '개벽'은 우주창조宇宙創造의 대전제이다. 이는 "우주생명의 대변화 운동으로 하늘과 땅이 새로운 질서로 열림"[98]을 의미한다. 즉 시원개벽으로 우주만물은 한 순간의 멈춤도 없이 매 순간마다 창조적으로 새롭게 드러내면서 진화하여 왔다. 창조적 변화의 기본정신은 『주역周易』에서 밝힌 바와 같이 천도天道의 상象으로 "원형이정"[99]이다. 이 정신에 입각하여 우주만물은 "생장염장生長斂藏"[100]의 이법理法에 따라 순환해 온 것이다.

'생·장·염·장'의 순환이법은 시간계열의 변화과정으로 볼 때 4단계로 분석할 수 있다. 이는 지구 1년에서 보여주는 '춘春·하夏·추秋·동冬'의 사계절四季節에 대응한다. 봄은 만유의 생명이 우후죽순雨後竹筍 탄생誕生하는 시간의 열림이고, 여름은 분열하여 성장成長하는 시간의 열림이고, 가을은 여름철 성장의 극점에서 열매를 맺어 수렴收斂하는 시간의 열림이고, 겨울은 다음 봄의 새로운 탄생을 위해 수장守藏하는 시간의 열림이다. 지구 1년이 4단계의 시간질서로 순환하듯이, 거시적인 우주 1년도 4단계의 시간질서로 순환한다. 북송北宋 때 소강절邵康節(1011~1077)은 우주 1년의 시간 단위를

---

96) 『도전』 4:3:2~4
97) 『도전』 1:1:1
98) 안경전 지음, 『甑山道의 眞理』, p.262.
99) "元亨利貞"은 『周易』 건괘乾卦에 나오는 말로 천도天道의 상象이다. 『소학小學』에는 "元亨利貞 天道之象, 仁義禮智 人性之剛"으로 말한다. 자연의 변화지도變化之道로 말하면, 사시사철 생장염장으로 말할 수 있다.
100) 『도전』 2:20:1

"원회운세元會運世"[101]로 정립한 바 있다.

　지구 1년이 초목농사를 지어 거두는 주기라면, '우주 1년'은 천지가 인간을 내고 가꾸어 거두는 주기라는 것이다. 달리 말하면 "우주 1년은 상제님께서 우주를 다스리는 신년神年(Divine Year)의 주기이며, 또한 천지 대자연의 역사가 1회 운행하는 대주기(Grand cycle)의 역사"[102]이다. '우주의 봄철이 되면 지구에는 새로운 인간이 출현하고, 여름철에는 다양한 종족으로 갈라져 각색의 문명을 꽃피우고, 가을철이 되면 지난 봄 여름에 분열성장한 문화를 추수하여 통일문명을 형성하게 되고, 겨울철에는 지구도 빙하기를 맞아 일체의 생명활동이 정지되는 긴 휴식기로 접어들게 된다.'[103]는 것이다.

　'생·장·염·장'의 순환이법을 우주 1년에 그대로 적용해서 말해볼 수 있다. 우주의 봄 개벽으로 만유의 생명이 새롭게 탄생하는 질서가 열리고, 여름 개벽으로 분열하여 성장하는 질서가 열리고, 성장의 극점에서 가을 개벽으로 수렴 통일하여 결실하는 질서가 열리고, 겨울 개벽으로 다음의 봄을 위해 만유의 생명이 폐장하는 질서가 열린다는 것이다. 증산도에는 우주 1년에서 만유의 생명이 탄생하고 성장하는 봄 여름철의 시간대를 선천先天이라 하고, 여름철 말기의 극점에서 수렴통일하여 결실하고 폐장하는 가을 겨울의 시간대를 후천後天이라고 한다. 달리 표현하면 우주의 봄철과 여름철에 '생生·장長'의 질서가 열림은 전반기의 선천개벽先天開闢이고, 우주의 가을과 겨울철에 '염斂·장藏'의 질서가 열림은 후반기의 후천개벽後天開闢이다.

　선천개벽으로 탄생한 우주자연은 '상극相克의 운運'이 지배적이다. 왜냐

101) 안경전 지음, 『甑山道의 眞理』, p.38.
102) 안경전 지음, 『甑山道의 眞理』, p.38.
103) 안경전 지음, 『甑山道의 眞理』, p.36.

우주의 변화 원리

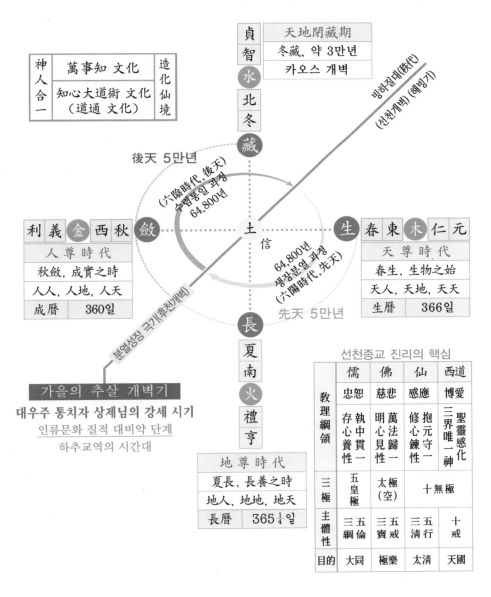

하면 만유의 생명이 생장을 위해서는 '상극'의 질서가 필연적이기 때문이다. 여기에서 '상극'이란 '서로 이기려고 경쟁한다'는 뜻이다. 경쟁이 지나치면 분란투쟁으로 이어진다. 상극의 질서에서 생장하는 우주만물은 각기 서로 경쟁과 분란투쟁을 거치면서 성장의 가도로 진입하게 되는데, 인류의 문명사 또한 예외가 아니다. 선천우주에서 인류는 생존을 위해 경쟁과 투쟁을 거치면서 정신문명의 진화와 더불어 물질문명을 비약적으로 발전시켜왔던 것이다. 그러나 '상극의 운'에서 태동한 우주자연은 그 극점에 이르면 삼계三界의 혼란으로 치닫게 된다. 이에 대해 증산 상제는 "이 문명은 다만 물질과 사리事理에만 정통하였을 뿐이요, 도리어 인류의 교만과 잔포殘暴를 길러 내어 천지를 흔들며 자연을 정복하려는 기세로 모든 죄악을 꺼림 없이 범행하니 신도神道의 권위가 떨어지고 삼계三界가 혼란하여 천도와 인사가 도수를 어기는지라."[104]고 지적한다.

우주 삼계가 혼란해진 결정적인 까닭은 누적된 원한怨恨 때문이다. 즉 선천 '상극의 운'에 갇혀서 살아온 만유의 생명은 전적으로 원한으로 점철될 수밖에 없었고, 이로 인해 천지간에는 원한이 누적되어 가득할 수밖에 없었던 것이다. 그래서 증산 상제는 "선천은 상극相克의 운運이라. 상극의 이치가 인간과 만물을 맡아 하늘과 땅에 전란戰亂이 그칠 새 없었나니, 그리하여 천하를 원한으로 가득 채우므로 이제 이 상극의 운을 끝맺으려 하매 큰 화액禍厄이 함께 일어나서 인간 세상이 멸망당하게 되었느니라. 상극의 원한이 폭발하면 우주가 무너져 내리느니라."[105]고 진단한다.

선천의 말기에는 상극의 질서에서 맺힌 원한이 폭발하게 된다. 이는 지구촌에 닥쳐오는 인류의 재앙災殃, 즉 지구촌에서 벌어지는 대지진, 화산폭발, 이상기후, 끊임없는 전쟁, 알 수 없는 병겁病劫이 이를 말해주고 있다.

----

104) 『도전』 2:30:9~10
105) 『도전』 2:17:1~6

이러한 악재惡材[106]는 모두 '상극의 운'을 끝맺으려는 과정에서 점진적으로 나타나는 징후들이다. 다시 말하면 현하의 대세는 생장의 시기에서 염장의 시기로, 선천의 묵은 세상에서 후천의 새 세상으로 바뀌는, 가을개벽이 임박한 시기이다. 가을개벽은 생장을 매듭짓는 결실의 추수기로서 새 세상으로 전환하는 후천개벽이다. 후천개벽은 부분적인 변화가 아니라 기존의 질서가 전면적으로 바뀌는 가을 대 개벽이다. 온 천하가 가을 운수의 시작으로 들어서는 후천개벽은 우주만물이 전면적인 파국으로 치닫게 된다는 것이다.

삼계우주의 주재자 증산 상제는 인존 천주로서 '개벽장 하느님'이시다. '개벽장 하느님'은 후천 개벽기에 닥쳐오는 전면적인 파국을 막고 인류를 구원하기 위해 천지를 대대적으로 개조하는 전무후무한 공사를 행하시게 된다. 그 의의에 대해 '개벽장 하느님'은 "이제 온 천하가 대개벽기를 맞이하였느니라. 내가 혼란키 짝이 없는 말대末代의 천지를 뜯어고쳐 새 세상을 열고 비겁否劫에 빠진 인간과 신명을 널리 건져 각기 안정을 누리게 하리니 이것이 곧 천지개벽天地開闢이라. 옛일을 이음도 아니요, 세운世運에 매여 있는 일도 아니요, 오직 내가 처음 짓는 일이니라."[107]고 말한다.

그러므로 '개벽장 하느님'은 천도天道와 신도神道를 거두고, '삼계대권三界大權'을 주재하여 천상계, 자연계, 인간계의 기존 질서를 새롭게 개편하는 작업을 수행했다. "이제 천지도수天地度數를 뜯어고치고 신도神道를 바로잡아 만고의 원을 풀며 상생의 도道로써 선경의 운수를 열고 조화정부를 세

---

106) "선천에는 상극의 이치가 인간 사물을 맡았으므로 모든 인사가 도의道義에 어그러져서 원한이 맺히고 쌓여 삼계에 넘치매 마침내 살기殺氣가 터져 나와 세상에 모든 참혹한 재앙을 일으키나니, 그러므로 이제 천지도수天地度數를 뜯어고치고 신도神道를 바로잡아 만고의 원을 풀며 상생의 도道로써 선경의 운수를 열고 조화정부를 세워 함이 없는 다스림과 말없는 가르침으로 백성을 교화하여 세상을 고치리라."(『도전』 4:16:2~7)
107) 『도전』 2:42:1~5

워 함이 없는 다스림과 말 없는 가르침으로 백성을 교화하여 세상을 고치리라."[108]고 하였듯이, 증산 상제의 개벽공사는 바로 천지신명들과 더불어 지상선경의 새 판이 열리도록 선천 상극 세상의 틀을 완전히 뜯어고쳐 후천 상생의 대도세계를 여는 것이다.

증산 상제의 가을 대개벽공사는 '개벽장 하느님'으로서 신명계의 질서를 바로 잡아 선천의 과정에서 쌓이고 쌓인 원억寃抑을 풀어주시고, 극도의 혼란으로 치달은 선천 상극의 운로를 매듭짓고, 후천가을의 상생의 운로를 열어 인류가 성공하는 지상 선경의 세계를 물샐틈없이 구축하셨다. '개벽장 하느님'으로서 하늘도 뜯어고치고, 땅도 뜯어고치고, 인간세계도 뜯어고치는 9년 동안의 천지공사는 자연과 문명과 인간을 포함한 뭇 생명과 신명세계를 함께 구원하는 일이다. 우주구원의 법방으로 짜 놓은 가을 대개벽의 천지공사는 원시반본原始返本의 정신을 바탕으로 하고, 해원解寃·상생相生·보은報恩을 그 실천 이념으로 한다.

---

108) 『도전』 4:16:4~7

4 맺는 말

삼계우주는 선천 여름철 성장의 질서에서 가을철 수렴통일의 질서로 바뀌는 대개벽기를 맞이하게 되고, 인간과 만유의 생명은 선천의 상극질서에서 누적된 원한怨恨으로 가득하여 전멸지경에 이르게 된다. 이에 하늘의 조정 대신들을 거느리고 삼계대권으로써 우주만물을 주재하시는 하늘 임금님, 즉 삼신상제는 "이마두가 원시의 모든 신성神聖과 불타와 보살들과 더불어 인류와 신명계의 큰 겁액劫厄을 구천九天에 있는 나에게 하소연하므로"[109] 화신化身하여 인간으로 오셨다. 인간으로 화신한 삼신상제를 증산도에서는 증산 상제로 호칭한다.

삼계대권으로써 우주만물을 무위이화無爲以化로 통치하시는 증산 상제는 9년 동안 가을천지 개벽공사를 보신다. 이는 소위 3대 가을 대개벽공사로 압축된다.

증산 상제는 맨 먼저 하늘 세계, 즉 선천 신명계의 질서를 바로 잡아 천상 신명 조화정부를 결성하신다. 신명 조화정부란 신도神道의 무궁한 조화로써 우주사宇宙史를 다스리는 정부란 뜻으로, 삼계를 통치하는 우주문명의 사령탑이다. 만일 신명세계의 질서가 혼란하고 무질서하면, 이것이 인간세계에 그대로 반영되어 온갖 위기와 무질서와 갈등이 일어나기 때문이다.

다음으로 증산 상제는 크게 분류하여 3대 개벽공사, 즉 자연개벽自然開闢, 문명개벽文明開闢, 인간개벽人間開闢 공사를 보신다. 자연개벽은 선천 봄 여름철에 만연한 상극의 운을 끝맺고, 후천 가을철 '상생의 운'을 열어놓는 것

---

109) 『도전』 2:30:11

으로 상극의 질서에서 상생의 질서로의 전환이다. 문명개벽은 선천 상극의 질서에서 누적된 원한으로 만유생명이 진멸의 화액에 직면하게 되었기 때문에, 상극이 낳은 원한을 총체적으로 해소하는 것이다. 총체적인 원한의 일소一掃는 세계 정치질서와 도정을 바로잡음으로 이루어진다. 인간개벽은 원한이 투사되어 발생하는 전쟁戰爭의 병란兵亂과 괴질의 병란病亂이라는 환란을 극복하여 후천의 대인대의大人大義한 신인류로 거듭나게 하는 것이다.

그러므로 삼계대권으로써 우주만물을 다스리는 천지의 원 주인, 증산 상제는 인류가 후천 대개벽을 극복할 수 있도록 상생의 대도를 내려주셨다. 이것이 바로 증산 상제의 무극대도無極大道이다. 이에 대해 동학의 창도자 수운 최제우는 증산 상제의 강세로 대도진리가 나오게 됨을 노래했다. "만고 없는 무극대도無極大道 이 세상에 날 것이니 너는 또한 연천年淺 해서 억조창생 많은 사람 태평곡 격양가를 불구에 볼 것이니 이 세상 무극대도 전지무궁 아닐런가"[110]는 이를 말해주고 있다. 그러므로 증산 상제님의 대도진리는 "선천 상극질서 속에서 천·지·인 삼재三才를 새롭게 태어나게 하고 하늘과 땅을 선경仙境 낙원으로 단장하여 인류의 숭고한 성인 시대를 여는 가을철 성숙의 무극대도이자, 선천 모든 종교의 이상을 실현해 주는 후천 상생의 대도"[111]이다.

110) 水雲 崔濟愚, 「夢中老少問答歌」
111) 安耕田 지음, 『甑山道의 眞理』, p.859.

≡ 참고문헌 ≡

1. 경전

- 『甑山道 道典』
- 『周易』
- 『正易』
- 『書經』
- 『詩經』
- 『東經大全』
- 『論語』
- 『列子』
- Holy Bible

2. 단행본

- 김재홍, 『周易』(『周易』 소통의 인문학 上), 대전: 상생출판, 2014
- 金榮一, 『丁若鏞의 上帝思想』, 서울: 景仁文化社, 2003
- 勞思光, 鄭仁在 옮김, 『中國哲學사-宋明篇』, 서울: 탐구당, 1987
- 문계석, 『서양 지성인과 만남』, 대전: 상생출판, 2018
- 배옥영, 『周代의 上帝意識과 儒學思想』, 서울: 다른생각, 2003
- 丁若鏞, 『與猶堂全書』第二集
- 尹錫山 註解, 『東經大全』, 서울: 동학사, 1998
- 안경전, 『상제님, 증산 상제님』, 서울: 대원출판, 1990
- 안경전 역주, 『桓檀古記』, 대전: 상생출판, 2012
- 안경전, 『甑山道의 眞理』, 대전: 상생출판, 2015
- 안경전, 『개벽 실제상황』, 서울: 대원출판, 2005
- 안경전, 『천지성공』, 서울: 대원출판, 2010
- 李種聖, 『神論』, 서울: 대한기독교출판사, 1995
- 이용주 역, 마르치아 엘레아데, 『세계종교사상사』 1권, 서울: 이학사, 2005

- 李瀷, 『星湖僿說』
- 李恒老, 『華西雅言』
- 朱熹, 『中庸章句』, 명문당: 서울, 1976
- 崔東熙, 『西學에 대한 韓國實學의 反應』, 서울: 高麗大 民族文化硏究所, 1988
- 水雲 崔濟愚, 「夢中老少問答歌」
- 수운 최제우, 『용담유사』
- 何新 지음, 洪憙 역, 『神의 起源』, 서울: 동문선, 1990
- 허탁, 이요성 역주, 『朱子語類』 1, 서울: 청계, 1998
- Steaven Hocking, *A Brief History of Time*, 김동광 옮김, 『그림으로 보는 시간의 역사』, 서울: 까치, 1998
- Paul Davis, *God and New Physics*, 유시화 옮김, 『현대 물리학이 발견한 창조주』, 서울: 정신세계사, 1998
- Platon, *Timaeus*
- Thomas, *Summa Theologia*
- Matteo Ricci, 『天主實義』, 서울: 韓國敎會史硏究所, 1972

3. 잡지

- 『Newton』, 2010.10월호, 서울: 뉴톤코리아

조선시대 탈성리학적 지식인들의 담론, '상제上帝'

– 다산 정약용, '상제로 돌아가라' –

강영한

이 글은 필자가 집필 중인 가칭 『동북아 문명을 읽는 코드, 상제 - 동북아 상제문화 빅 히스토리 -』(미출간)의 일부분을 정리한 것이다.

필자약력

강영한

경북대학교 사회학과 졸업
문학박사(종교사회학 전공)
현재 상생문화연구소 연구위원

저서
『잃어버린 상제를 찾아서-동학-』(공저)
『동방 조선의 천제天祭』
『전쟁으로 보는 세계 정치질서-오선위기 형국의 세 판 전쟁-』
『보천교 다시보다』(공저)
『이 땅에 온 상제, 강증산』(공저) 외
『동북아 문명을 읽는 코드, 상제 - 동북아 상제문화 빅 히스토리 -』 (가칭)
집필 중

1 들어가는 말: 상제문화 빅 히스토리 언저리의 다산 정약용

시간은 흐른다. 이는 모든 것은 변한다는 의미를 함축한다. 그러한 변화는 물질문화는 물론 정신문화도 마찬가지다. 흔히 기독교를 서양 문명의 창이라고 하는데, 논자는 동북아 문명에서 정신문화의 키워드는 하늘, 상제라고 본다.

동북아 사람들은 문명 발생 초기부터 하늘, 천, 상제를 지향하고, 그 가르침에 의존하는 삶을 살았다. 『환단고기』나 홍산문화, 시·서나 〈갑골문〉 등에는 동북아에서 처음으로 문명을 연 사람들의 하늘을 향한 삶의 흔적이 다양하게 담겨있다. 환국, 배달, 조선으로 이어지는 한韓민족과 요·순에 이어 하夏·은殷·주周로 이어지는 한漢민족은 모두 비록 그 호칭은 천, 천신, 상제, 삼신, 삼신상제, 삼신일체상제三神一體上帝 등으로 달랐지만, 같은 존재인 상제를 향한 다양한 의례의 실천은 물론, 받들고 모시는 삶을 살았다. 이러한 하늘은 흔히 인격적 존재로 천지만물을 주재하고 통치하는 지고신으로 간주되었다.

하늘에 대한 인식은 시간이 흐름에 따라 바뀌었다. 중국 역사에서 은대殷代에 전형적이었던 인격신 상제는 주대周代를 거치며 천天으로 대체되고, 춘추 시대에 들어서는 인격신 천을 중심으로 하는 신중심주의적 사상이 쇠퇴하였다. 특히 서주 말부터는 하늘을 원망하고 비난하는 분위기가 형성되더니, 공자에 의해 인간중심주의적 사상, 인본주의가 싹트면서 상제·하늘은 서서히 역사의 뒤안길로 밀려나기 시작했다. 그러나 이러한 공자를 비판하며 전국 시대에는 묵자가 나타나 은대의 상제 모습을 재건하였고, 진·한·당대를 거치면서는 황제들이 태산에서 하늘에 제사를 올리며 하늘을 받드는 천제天祭 전통이 이어졌다.

그러나 송대에 이르러 상황은 급변하였다. 불교와 도교 사상을 수용하여 성리학이 체계화되면서 유학은 일대 변신을 하였는데, 신유학은 인격적 존재로서 만물을 주재하는 지고신으로서의 하늘·상제의 모습을 간직하였던 원시 유교의 모습을 거의 버렸다. 주자학에서는 하늘을 우주의 근원적 원리, 만물의 보편적 법칙을 의미하는 리理로 대체하고, 천즉리天卽理라 하여 하늘을 관념적 추상적인 이치·법칙으로 여김으로써 원시 유교의 특징적인 인격적 초월적 존재인 상제·하늘의 모습을 폐기하였다. 물론 주자가 하늘·천을 그런 맥락에서 말하기도 하였으나 그것은 주자학에서 주변적인 것일 뿐이다.

상제가 잊히는 이러한 모습은 우리 역사에서도 마찬가지다. 삼성조三聖祖 시대에 삼신상제는 세상일을 다스리는 통치자로 사람들의 기도에 반응하고 감정을 지닌, 인격적 존재로 여겨졌다. 상제는 삼신의 조화와 삼신에 내재된 자연의 이법을 주관하여 천지만물을 낳고 다스리는 우주의 주재자요 통치자 하느님이다. 상제는 삼신과 하나 되어 천상의 호천금궐에서 온 우주를 다스리는 하늘님이다. 이 하늘님을 동방 조선의 사람들은 아득한 옛날부터 삼신상제, 삼신하느님, 상제라 불렀는데, 이러한 상제를 향한 천제 전통은 수천 년 간 유지되었다. 동방 조선은 상제를 받들어온 인류 제사 문화의 본고향이다.[1]

그러나 이러한 한민족의 상제문화 전통도 환국, 배달, 조선의 삼성조 시대가 지난 후 열국 시대 이래 크게 변화하였다. 특히 고려 말에 들여온 주자학이 새로운 왕조 조선의 지배 이념으로 채택되면서 사정이 많이 달라

----

1) "동방의 조선은 본래 신교神教의 종주국으로 상제님과 천지신명을 함께 받들어 온, 인류 제사 문화의 본고향이니라."(『증산도 도전』 1:1:6). 증산도 도전편찬위원회 편찬, 『증산도 도전』, 서울: 대원출판, 2003.

졌다. 육경보다 사서를 중시하고 공자보다 주자를 중시하는 조선사회에서 천은 상제가 아니라 리理로 간주됨으로써 고경에 보이던 상제 모습은 잊혀져갔다. 심지어 천제는 천자국의 전유물이므로 제후국인 조선에서는 거행하면 안 된다는 주장도 강하였다. 그러면서 주자학 지식인들은 사회 변동에 능동적으로 대처하지 못한 채 점차 유교 사상을 교조화 하고 주자를 절대시하는 경향을 낳았다. 이러한 사상적 환경에서는 우주 주재자, 지고의 인격적 존재인 상제가 드러날 수 없었다. 그 결과 주자학 만능주의의 조선에서 상제문화는 거의 빛을 잃었다.

이런 와중에 조선 후기에 이르러 주자학을 비판하며 고경에 관심을 가진 일군의 지식인들이 등장하였다. 그들은 주자 중심의 경전 해석을 반대하고 주자학적 사유 체계에 의문을 제기하며 주자학의 절대성을 무너뜨릴 작은 단초를 마련하였다. 그들은 주자학적 정통이 확립된 시기에 그런 틀을 벗어나 고대 경전, 육경으로 돌아가려는 고학적 학풍을 일으켰다. 이러한 일군의 학자들을 탈주자학 지식인이라 한다면, 그 대표적인 인물은 미수 허목(1595~1682), 백호 윤휴(1617~1680), 그리고 다산 정약용(1762~1836) 등이다.

그들은 공통적으로 고경을 중시하고 거기서 잠자던 상제를 일깨우며 상제를 재발견하였다. 탈성리학적 지식인들의 주요 담론은 상제, 천, 하늘이었다. 그들은 나아가 리를 중심으로 하는 관념적 철학적 논쟁보다 상제에 관심을 두었고, 당시 사회질서 개혁에 큰 관심을 가졌다. 특히 다산 정약용이 그 전형이다.

다산은 유교 경전에 대한 주희와는 다른 재해석은 물론 경세학, 즉 정치경제학·정치사회학에 관심을 두면서 당시 사회를 개혁하는데 상제가 절대 불가피함을 강조하였다. 비록 그가 상제를 종교화하거나 종교 공동체를 만든 것은 아니지만, 그 오랜 시간동안 잊힌 상제를 재발견하여 '상제로 돌아가라'는 메시지를 전하였다.

필자는 동북아 상제문화 빅 히스토리를 총체적으로 밝히는 데 큰 관심을 갖고 있다. 이 글은 그 일환으로 상제문화 빅 히스토리의 한 언저리를 차지하는 조선 후기 다산 정약용의 상제 사상을 밝히는 데 목적이 있다. 다산은 주자 이상으로 유교 사상을 재해석하고, 나아가 천즉리로 상징되는 주자 사상을 비판하기도 하였는데, 상제문화사에서 그의 기여는 바로 고경에 대한 주자의 주석을 바로 잡으며, 시대 상황과 관련하여 천즉리가 아니라 천즉상제임을 만천하에 들어낸 점이라 할 수 있다.

다산의 사상 체계에서 상제는 어떤 위상을 가질까? 다산에게 상제란 어떤 존재일까? 상제는 왜 절대 불가피한가? 상제는 인간에게 어떻게 작용하는가? 우리의 논의는 이러한 의문에 대한 답을 찾아가는 형식으로 이루어진다.

2 다산의 사상 체계에서 상제의 위상

1) 경학經學에 나타난 상제

다산은 자신의 사상이 수기修己[인격 수양]를 위한 육경사서의 경학經學과 치인治人[세상 다스림]을 위한 일표이서一表二書의 경세학經世學이 본말을 이룬다고 하였다.[2] 이로 보면 그의 사상 체계는 경학과 경세학으로 구성된다고 할 수 있다.

경학이란 경문을 자세하게 해석하는 연구 활동, 경문에 주석을 다는 지적 활동이다. 주자가 『사서집주』를 통해 유교 사상에 대한 자신의 생각, 이해, 해석을 밝힌 것도 바로 그 하나이다. 주자학이 주자의 유교 경전에 대한 주석을 바탕으로 체계화되었다는 맥락으로 보면, 주자학도 유교 경학의 하나이다. 그렇듯, 다산도 유교 경전에 대한 나름의 재해석을 통해 주자와는 또 다른 경학, 탈주자적 유교 사상을 발전시켰다. 그는 많은 경학 저술을 통해 주자 중심주의, 주자학에 대한 비판뿐만 아니라, 특히 『주역사전周易四箋』, 『중용자잠中庸自箴』, 『중용강의보中庸講義補』, 『심경밀험心經密驗』 등을 통해 상제를 향한 마음을 드러냈다.

그의 상제에 대한 의식을 가장 선명하게 볼 수 있는 경학 저술은 『중용

---

2) "육경六經과 사서四書로써 몸을 닦고 일표이서一表二書로 천하와 국가를 다스리니, 본말을 갖추었다. 六經四書, 以之修己, 一表二書, 以之爲天下國家, 所以備本末也."(『與猶堂全書』 文集 卷十六, 自撰墓誌銘(集中本)). 이하 『여유당전서』 원문과 번역은 한국고전번역원, 한국고전종합 DB ; 정약용, 『정본 여유당전서』, 다산학술문화재단, 2012 ; 전주대학교 호남학연구소 역, 『국역 여유당전서』 1~5, 여강출판사, 1986~1995 ; 정약용 저, 민족문화추진회 역, 『국역 다산시문집』 1~10, 1982를 참조하였다.

강의中庸講義』이다. 이것은 그가 주자학의 우산을 벗어나 새로운 경학 패러 다임의 세계를 연 출발점이었다. 그는 『중용』 읽기를 통해 상제의 존재와 인간의 심성을 해석하면서 인간의 행위를 감시하는 주재자로서 상제와 귀 신의 존재에 주목하였다. 그리하여 다산은 성리학에서 상대적으로 도외시 하였던 상제에 관심을 가졌고, 상제를 유교 사상의 핵심이라고 보았다.

『논어』와 관련한 글에서도 다산은 주자학, 성리학자들에 의해 오랫동안 제거되었던 원시 유교의 상제에 대해 말한다. 특히 그는 상제를 천과 동일 시하여, "천은 상제이다"[3]라고 한다. 또한 『맹자요의』에서는 "하늘의 주재 자는 상제이다"[4]라 하였다.

『주역』에 대한 새로운 시각을 통해서도 다산의 상제에 대한 인식을 엿 볼 수 있는데, 관련 대표적 저술은 『주역사전周易四箋』, 『역학서언易學緖言』이 다. 다산은 역易을 통해 상제천에 대한 주자와는 전혀 다른 생각을 피력하 였다. 다산에 의하면 역은 성인이 자연의 질서와 사물의 형상을 표상한 기 호 체계로, 성인이 하늘의 명을 청하여 그 뜻에 따르기 위함이다.[5] 역은 소 사상제紹事上帝의 점복占卜을 위한 것이며, 상제의 뜻을 알고 상제의 의지를 따르고 상제의 명을 받아들이기 위한 수단인 점占을 위해 만들어졌다는 것 이다. '역'은 하늘을 경외하고 천명을 받드는 방법으로 나왔다는 것이다.

흔히 사람들은 점을 치는 행위를 비판적으로 본다. 때로는 미신이니 뭐 니 하면서 부정적으로 낙인찍는다. 그러나 다산에 의하면 점은 비이성적 행위, 술수가 아니다.[6] 점은 개인이 어떤 목적을 달성하기 위한 수단으로

---

3) "天謂上帝也."(『與猶堂全書』「論語古今注」卷一, 八佾 中)

4) "天之主宰爲上帝."(『與猶堂全書』「孟子要義」卷二 盡心 第七, 盡其心者知其性章)

5) "역은 무엇을 위해 지어졌는가? 성인이 하늘의 명을 청하여 그 뜻에 따르기 위한 것이다. 易, 何爲而作也. 聖人所以請天之命, 而順其旨者也."(『與猶堂全書』「周易四箋」卷四, 易論)

6) "점 치는 법은 처음에는 천명을 받들어 백성의 삶을 이끌고자 하는데 있었다. 卜筮之法, 其 始也, 稟天命以前民用也."(『與猶堂全書』「易學緖言」卷四, 卜筮通義, 卜筮總義). "옛 사람은 천지 신명을 섬김으로써 상제를 섬겼다.(중용에서 '교사의 예는 상제를 섬기는 것이다'라고 하였

나 무언가를 얻어내기 위한 목적으로 행하는 것이 아니다. 단순한 호기심이나 이기적 목적으로 치는 것이 아니다. 복서, 점을 치는 행위는 천명을 알기 위한 행위이다. 다산은 상제에 대한 믿음이 없다면 점을 치지 말아야 한다고 본다. 상제의 명령을 따르겠다는 동기에서의 점이 아니라면 복서는 차라리 없애는 편이 낫다고 주장한다.[7]

만일 자신의 의지대로 일을 벌이거나 어떤 일을 행한 후 하늘의 뜻을 살피려고 점을 친다면, 그것은 하늘의 기밀을 엿보고 하늘의 의지를 시험하는 것이니, 큰 죄악이다. 다산은 이러한 경향이 춘추 시대부터 나타났다고 본다.[8] 춘추 시대에 이르러 점은 이미 문란해져 개인의 사적 목적으로 하늘의 뜻을 염탐하는 잡술로 전락되었다는 것이다.

이런 맥락에서 보면 다산의 경학은 본질적으로 상제, 천, 하늘을 재발견한 새로운 주석이다. 상제는 다산 경학의 핵심 코드이다.

2) 경세학經世學에 비친 상제

다산 사상 체계의 다른 한 축인 경세학은 경학을 기초로 세상과 인간을 다스리는 방법에 대한 가르침을 담고 있다. 경학이 인격 수양과 세상 다스

으니 또한 이러한 뜻이다) 그러므로 복서卜筮하여 하늘의 명령을 듣고자 하였다. 古人事天地神明, 以事上帝. (中庸曰, '郊社之禮, 所以事上帝, 亦此義.) 故卜筮以聽命."(『與猶堂全書』「易學緖言」卷四, 卜筮通義, 表記卜筮之義)

7) 김영우, 「다산의 복서역卜筮易 연구」, 한국실학학회, 『한국실학연구』 4, 2002, p.257.

8) "춘추 시대에는 이러한 점의 원칙이 이미 문란해져 자신의 운명을 점치는 것은 녹과 지위를 구하기 위한 것에 지나지 않았고 도모하는 일을 점치는 것도 의리에 합당한 것인지의 문제를 분별하지 않았다. 그리하여 천명을 받드는 취지가 드디어 사라지고 하늘의 뜻을 탐하는 생각이 우선하게 되니 백성을 현혹시키는 술수와 교묘하고 지리한 설들이 그 사이에 난무하게 되어 그것이 하늘과 신을 모독하는 잘못임을 깨닫지 못하게 되었다. 春秋之世, 此法已濫, 卜其身命者, 不出於榮祿位名之慕, 卜其謀議者, 不揆夫義利逆順之辨. 稟命之義遂晦, 而探命之志先躁, 則眩惑妖幻之術, 狡獪支離之說, 得以交亂於其間, 而不自覺, 其陷入於慢天瀆神之咎矣."(『與猶堂全書』「易學緖言」卷四, 卜筮通義, 卜筮總義)

림을 위한 이론적 토대였다면, 경세학은 당시 사회 현실에 대한 문제 의식과 개혁안을 담고 있다. 그의 경세학은 통치 체제는 물론, 경제, 행정, 법, 의례 등을 망라한 조선의 총체적 국가 개혁론이라고 할 수 있다.[9] 요순시대의 왕도정치로서의 왕정王政의 지향은 물론, 각종 사회 제도를 왕정에 맞게 개혁하려는 것이다.

다산은 자신이 살던 시대의 사회현실을 성찰하고 무엇을 어떻게 개혁하고 바로 잡아야 할지, 그 사상적 배경을 상제上帝에서 찾은 듯하다. 다산의 경세학과 관련한 사상에서 상제를 염두에 두고 밝히는 대표적인 사상은 왕권론이다. 당시 왕권은 상대적으로 약하였다. 다산은 왕이 바른 정치, 이상적인 정치를 하려면 왕권의 강화, 왕정의 확립이 절대 필요하다고 보았다.

다산은 왕권 강화를 정당화하기 위한 경학적 근거를 홍범구주洪範九疇의 황극皇極에서 찾는다. 다산은 하늘을 대신하는 지상의 왕권이 절대 강해야 하고, 군주를 정점으로 하는 정치의 확립을 정당화하는 이념을 왕의 위상을 대변하는 황극 사상에서 찾은 것이다. 다산은 종래의 상수학적 낙서洛書적 해석을 부정하고, 9주疇를 9개로 나눈 토지 구역[전구田區]으로 보는 새로운 주장을 하였다. 공전公田이 아홉 개의 밭 중앙에 있는 것처럼, 중앙에 있는 황극이 9주의 중심을 이룬다며, "홍범구주에서의 위상은 다섯째 황극皇極이 가장 높다. 먼저 황극을 세우고 난 뒤에라야 나머지 8주 반열의 차례를 정할 수 있다"[10]고 하였다.

---

9) 다산은 경세를 이렇게 설명한다. "경세經世란 무엇인가? 관제官制·군현지제郡縣之制·전제田制·부역賦役·공시貢市·창저倉儲·군제軍制·과제科制·해세海稅·상세商稅·마정馬政·선법船法·영국지제營國之制(도성을 경영하는 제도) 등을 시용時用에 구애되지 않고 경經을 세우고 기기紀를 베풀어 우리의 오랜 나라를 새롭게 하기로 생각하는 것이다. 經世者何也? 官制·郡縣之制·田制·賦役·貢市·倉儲·軍制·科制·海稅·商稅·馬政·船法·營國之制, 不拘時用, 立經陳紀, 思以新我之舊邦也."(『與猶堂全書』文集 卷十六, 自撰墓誌銘(集中本))
10) "洪範之位, 五皇極最尊. 先建皇極而後, 班次可定."(『與猶堂全書』「尙書古訓」卷四, 洪範)

그렇다면 강력한 왕권에 기반한 정치는 어떻게 가능할까? 왕정을 실현할 참 왕권은 어떻게 창출할 수 있을까? 다산은 현실적으로 새로운 왕권의 혁명적 창출보다는 변법變法을 통해서 중흥을 꾀하는 길, 즉 법제를 고쳐 점진적인 방법으로 왕정을 창출해 나가는 길로 들어서는 것이 최선이라는 인식을 피력하였다. 이른바 우선 법을 개혁하여 왕권을 강화하고 그 강화된 왕권을 통하여 왕정 실현의 길로 나아갈 수 있다는 것이다. 그러므로 왕정 실현은 법제를 개혁하는 일로부터 시작하여야 한다.[11] 다산은 이러한 바탕 위에서 정치 구조나 경제 제도는 물론 법률과 행정 체계, 생산 기술과 군사 제도에 이르기까지, 개혁 방법론은 물론 그 방향까지 제시하였다. 이러한 경세학을 대표하는 저술이 바로 『경세유표』, 『목민심서』, 『흠흠신서』 등이다.

이렇게 볼 때, 다산의 경학은 성리학이 정착시킨 완고한 패러다임을 청산하고 패러다임의 전환을 위한 이념적 모색의 일환이며[12], 그 중심에는 상제가 있다. 그리고 그의 경세학 관련 저서는 바로 상제를 축으로 정치, 사회, 법, 의례 등 사회제도의 총체적 개혁 청사진을 담고 있다. 이런 맥락에서 보면 다산 사상의 본령은 결국 상제·하늘이라고 할 수 있다. 다산의 사상에서 상제를 빼면 그야말로 앙꼬 없는 찐빵이요, 오아시스 없는 사막 꼴이다.

---

11) 김태영, 「경세유표에 드러난 다산 경세론의 역사적 성격」, 『퇴계학보』 제129집, 2011, pp.232-233.

12) 박흥기, 『다산 정약용과 아담 스미스』, 백산서당, 2008, p.104.

3 상제는 어떤 존재인가

1) 상제와 천天은 동일한 존재의 다른 호칭

시·서경에 의하면 상제와 천은 초인간적 믿음의 대상이다. 천지만물을 주재하는 초월적 존재이다. 상제는 인간 밖에서 인간의 모든 일에 관여하는 지고신至高神으로 인격적 존재로 그려진다.

유교 역사에서 이런 상제·천의 성격이 급격하게 바뀌어 형이상학화된 것은 송대宋代에 이르러서였다. 이른바 불교와 도교의 형이상학을 수용하여 철학화된 성리학·주자학이 성립되면서 상제나 천을 보는 시각이 대전환하였다. 송대 성리학자들은 불교와 차별성을 시도하는 가운데, 고대 유교의 인격적 천 개념을 배재시키는 방향으로 유교 사상을 재구성하였다. 그들은 우주의 근원으로부터 인간 및 만물의 생성과 소멸을 설명하고 인간 존재의 의미를 규정하는 등, 현실 세계의 실재와 그 의미를 소위 합리적으로 설명하는 작업에 집중하였다. 이러한 과정을 통해 원시 유교의 인격적 천을 대신하게 된 것이 성리학에서의 리理이다.[13] 성리학에서 리는 시공을 초월한 최고 원리로써 우주만물의 총체적 근원이며, 만물의 생성과 변화의 동인으로써 궁극적 원리이다. 그것은 철저하게 자연의 이치, 즉 우주의 이법, 우주의 원리이다.

그렇다면 다산은 하늘, 천, 상제를 어떤 관계로 보는가? 결론부터 말한

---

13) 차남희, 「천 개념의 변화와 17세기 주자학적 질서의 균열-허목과 윤휴의 천 개념을 중심으로-」, 한국사회사학회, 『사회와 역사』(구 한국사회사학회논문집) 70권, 2006, p.210.

다면, 그는 하늘·천을 상제와 같은 존재로 본다. "천은 상제이다"14, "하늘의 주재자는 상제이다."15, "상제를 혹은 천이라 칭하고 혹은 호천昊天이라고 칭하는 것은, … "16, "상제를 하늘이라 이르는 것은 … "17. 이런 여러 말을 고려하면 다산은 상제를 천과 동일시한다. 다산이 보기에 천과 상제는 동일한 존재의 다른 호칭이다.

다산이 천을 상제로 보는 배경은 무엇일까?

"하늘을 주재主宰하는 자는 상제이고 상제를 천이라 말하는 것은 국군國君[나랏님, 임금]을 국國[나라]이라 일컬어 감히 직접 가리켜 말하지 못하는 뜻과 같다."18

"상제를 혹은 천이라 칭하고 혹은 호천昊天이라고 칭하는 것은 마치 왕을 국國이라고도 하고 혹은 승여乘輿라고도 부르는 것과 같은 이치다."19

상제와 하늘, 즉 천을 동일시할 수 있는 것은 임금을 일컬을 때 나라 이름을 호칭하는 것과 같은 이치라는 것이다. 즉, 한 나라의 임금을 존중하여 직접 가리켜 말하지 못하고 그냥 나랏님, 국가, 조가朝家로 부르는 것과 같이, 주재자 상제도 마찬가지로 직접 지칭하지 않고 다스리는 공간으로

---

14) "天謂上帝也."(『與猶堂全書』「論語古今註」卷一, 八佾 中)
15) "天之主宰爲上帝."(『與猶堂全書』「孟子要義」卷二 盡心 第七, 盡其心者知其性章)
16) "上帝或稱天, 或稱昊天, … "(『與猶堂全書』「春秋考徵」四 凶禮, 先儒論辨之異)
17) "謂帝爲昊天, … "(『與猶堂全書』「春秋考徵」四 凶禮, 先儒論辨之異). "謂帝爲昊天者, … "(『與猶堂全書』「春秋考徵」一 吉禮, 郊 三)
18) "天之主宰爲上帝, 基謂之天者, 猶國君之稱國, 不敢斥言之意也."(『與猶堂全書』「孟子要義」卷二, 盡心 第七, 盡其心者知其性章)
19) "上帝或稱天, 或稱昊天, 猶人主之或稱國, 或稱乘輿."(『與猶堂全書』「春秋考徵」四, 先儒論辨之異)

서 천이라고 할 수 있다는 것이다.

그런데 다산은 상제를 일컫는 호칭이 여럿이라고 본다. 호천昊天, 황천皇天, 민천旻天, 창천蒼天 등이 바로 그것이다. 다산은 『주례』「대종백大宗伯」을 근거로, "호천昊天이 상제의 바른 이름[正號]이다"[20]라며, 상제의 이런 여러 호칭 가운데 호천상제의 '호천'이 상제의 정호正號라고 말한다.

2) 영명주재靈明主宰의 하늘

상제는 어떤 신격神格, 어떤 속성을 지녔을까? 그 결론을 지을 수 있는 말이 있다.

> "신이 생각하건대 고명배천高明配天이라고 할 때의 천은 저 푸르고 푸른 형체 있는 하늘을 말하고, 유천오목維天於穆에서의 천은 영명靈明하고 주재主宰하는 하늘을 말한 것입니다."[21]

이로 보면 상제는 영명성과 주재성을 속성으로 한다. '영명靈明', 그것은 선악을 판단하는 신령스러운 뛰어난 지각 능력과 밝은 지혜를 의미한다.[22] 도덕적 선악 판단을 위한 밝은 지혜를 뜻한다.[23] 그러므로 하늘이 영명靈明한 존재라는 것은 하늘이 도덕적 선악 판단을 위한 밝은 지혜, 그런 능력을 갖춘 존재라는 것이다.

----

20) "昊天乃上帝之正號也."(『與猶堂全書』「尚書古訓」卷一, 堯典 上)
21) "臣以爲高明配天之天, 是蒼蒼有形之天, 維天於穆之天, 是靈明主宰之天."(『與猶堂全書』文集 卷八, 中庸策)
22) 유권종, 「다산의 천관」, 『정약용』, 고려대출판부, 1990, p.105.
23) 김영주, 「다산 정약용의 상제천관에 관한 연구」, 동국대학교 대학원 박사학위논문, 2006, p.82.

상제는 또한 주재성을 속성으로 한다. 무슨 일이든 그것을 잘 하기 위해서는 일을 맡아 처리하는 존재가 필요하다. 천지 만물이 얼핏 보기에는 무질서하거나 저절로 변화하는 것 같지만 거기에도 만물을 주재하는 존재가 있다. 주재란 바로 만물을 자신의 뜻대로, 의지적으로 다스린다는 말이다. 그런 일을 맡아서 하는 존재가 주재자이다. 상제가 바로 그 주재자인 것이다. 상제는 자연, 우주 만물, 모든 생명, 모든 신들을 다스리고 감독하는 주재적 권능을 지녔다. 그러기에 주재자는 이를테면 인간의 선악행위에 대해 판단하고 그에 따른 상벌을 내리기도 한다.

물론 주자학에서도 주재라는 말을 쓴다. 그러나 그 주재는 형이상학적 차원에서의 주재성을 말한다. 어떤 의지적 인격적 존재가 만물을 두루 다스린다는 뜻이 아니다. 주재한다는 의미는 이치를 위주로 삼는다는 뜻으로 쓰인다.

성리학에서는 '천즉리'라 하여 하늘을 이치로 여기며, 궁극적 실재인 리가 인간을 포함한 만물 안에 다 같이 내재한다고 본다. 그러나 다산은 성리학의 천, 즉 리는 단순히 우주 운행의 법칙일 뿐이라고 보며, 나아가 "무릇 천하에 영靈이 없는 물物이란 주재가 될 수 없다. … 하물며 텅 비고 아득한 태허의 일리가 천지만물의 주재와 근본이 된다면 천지 사이에 일이 성취될 수 있겠는가?"[24]라 하여, 리로서의 천은 주재성을 지니지 못하기 때문에 궁극적 실재가 될 수 없다고 본다. 다산은 천지자연이 질서를 유지하며 운행하는 것은 모두 상제가 주재하고 있기 때문으로 본다. 해와 달·별이 돌고 사시가 어김이 없고, 바람·서리·비·이슬이 내려서 만물이 번성하는 것은 이 또한 (하늘의) 묵묵한 주재에 의한 것이다.

상제가 이렇게 영명성과 주재성을 속성으로 한다면 상제는 인격성을 속

---

24) "凡天下無靈之物, 不能爲主宰. … 況以空空蕩蕩之太虛一理, 爲天地萬物主宰根本, 天地間事, 其有濟乎?"(『與猶堂全書』「孟子要義」卷二 盡心 第七, 盡其心者知其性章)

성으로 할 수밖에 없다. 상제는 인격적 존재라는 것은 상제가 의지·감정을 지녔으며, 따라서 어떤 대상과 의사소통을 할 수 있다는 것이다. 상제가 지각 능력이 있고 사랑과 분노와 같은 감정도 지닌 존재, 상벌을 내리고 선악을 구별하는 존재라면, 상제는 인격적 존재일 수밖에 없다.

그러나 다산의 상제는 초월적 인격적 존재가 아니라는 견해도 가능하다. 즉 다산의 상제는 인간과 만물을 주재하는 외적 초월적 존재인 인격천이라기 보다는 윤리적 경외의 대상으로서의 도덕 법칙적 천으로 볼 여지도 있다. 수신修身 공부라는 면에서 보면, 그는 상제를 초월적 외재적 존재로 여기지 않는다.[25] 내재적인 것으로 보는 경향이 있다. 인간 밖에 따로 설정된 절대 존재가 아니라 도심으로 드러나는 엄정한 윤리적 감시자라는 것이다.[26]

그럼에도 불구하고 필자가 보기에 다산의 상제에 대한 상대적 강조는 초월적이며 인격적 존재로서의 상제이다.

3) 천지만물을 조화造化·재제宰制·안양安養하는 지고신

다산은 상제를 인간을 포함한 천지만물을 조화造化하고 재제宰制하고 안양安養하는 존재라고도 말한다.[27] 상제는 천지나 귀신 및 인간을 초월해 있으면서 그 모든 것을 조화, 재제, 안양하는 주체라는 것이다.

여기서 조화란 무엇일까? 다산은 "무릇 유형의 것이 무형의 것으로부터

---

25) 임부연, 「정약용이 발견한 '천명天命'과 '교제交際'」, 다산학술문화재단, 『다산학』 32권, 2018, p.15.
26) 박광철, 「다산 상제관의 경세론적 해석」, 『유교사상문화연구』 제76집, 2019, p.140.
27) "상제란 무엇인가. 상제란 하늘, 땅, 귀신, 사람 밖에 있으면서 하늘, 땅, 귀신, 사람, 만물을 조화造化하고 재제宰制하고 안양安養하는 존재이다. 上帝者何. 是於天地神人之外, 造化天地神人萬物之類, 而宰制安養之者也."(『與猶堂全書』「春秋考徵」四, 先儒論辨之異)

나오는 것을 일러 조화라고 한다"[28] 하여, 무형의 것으로부터 유형의 것이 나오는 것을 조화라 한다. 그런데 여기서 중요한 것은 '무형의 것으로부터 유형의 것이 나온다'는 말이 아무 생성 변화의 기미도 없는 무극無極에서 태극→음양→오행으로 분화되어 만물이 생성된다는 의미가 아니라는 점이다. 무극에서 태극으로 생성과 변화를 반복하면서 일률일려一律一呂하는 우주의 운동을 조화로 본 것이 아니다. 다산은 '만물을 낳는 주체가 제帝[帝者, 生物之主]'라는 왕필王弼의 말에 기대어, 바로 상제가 무형의 존재임을 밝힌다. 즉 상제가 유형의 만물을 낳는 무형의 주체라는 것이다. 이렇게 보면 결국 다산이 말하는 조화란 유형의 만물은 무형인 상제로부터 생성됨을 말한다. 상제가 곧 조화주인 것이다. 조화주로서 상제, 그것은 상제가 만물의 생성과 변화의 뿌리, 근본, 주체, 원인임을 말한다.[29]

상제의 조화는 사계절이나 해와 달의 운행과 같은 자연의 변화 모두를 아우름은 물론 이를 뛰어 넘는다. 그리하여 다산은 만물이 상제의 조화에 의해 이루어진 것이므로 조화를 떠나서 만물이 존재할 수 없음을 물속의 물고기에 비유한다. 물고기가 물속에 있으면서 헤엄치고 호흡하는 물을 떠날 수 없는 것과 같다고 한다.[30] 다산은 상제가 조화주로서만이 아니라 이에 더하여 만물을 다스리고 기르는 존재, 즉 재제하며 안양하는 존재라고도 본다.

나아가 다산은 상제를 세상의 수많은 신들 중 가장 높은 존재, 즉 최고신, 지고신으로 간주한다. 세상에는 수많은 신들이 있다. 상제, 일월, 성

---

28) "夫謂有形生於無形者, 造化之謂也. 今以太易爲生物之本, 可乎? 王弼云, 帝者, 生物之主. 緯家之說, 不足述也."(『與猶堂全書』「易學緒言」卷一, 漢魏遺義論)
29) "王弼云, 帝者, 生物之主."(『與猶堂全書』「易學緒言」卷一, 漢魏遺義論). 백민정, 『정약용의 철학』, 이학사, 2007, p.225, pp.175-176.
30) "萬物在上天造化之中, 如魚在水中, 游泳呼吸, 不能離水."(『與猶堂全書』「中庸自箴」卷二, 鬼神之爲德 其盛矣節)

신, 풍사, 우사 등의 하늘 귀신[천신], 사직, 오악五嶽, 산림, 천택川澤 등의 땅 귀신[地示], 선왕, 선공, 선비先妣 등 인귀가 그것이다. 이들 천신들을 '본래 형질이 없는 것으로서 상제를 보좌하는 신하'이다. 상제는 모든 것을 혼자 다스리지는 않는다. 상제는 이들에게 명령을 내려 세상을 다스린다. 상제는 모든 신들을 주재하고 그들은 모두 상제의 명을 받는다.

다산은 상제가 천지의 '모든 귀신 중 지극히 높고 위대한 존재'[31], '만물의 조상'이자 '백신百神의 종宗'[32]이라고 하였다. 그는 또한 "황천상제는 지극한 하나로서 둘이 없으며, 지극히 높아서 짝이 없다"[33], "호천상제는 유일무이하다"[34]며, 상제를 지극하고 유일무이한 존재, 지존의 존재라고 본다.

----

31) "천지의 귀신들이 빽빽하게 늘어서 있지만 그 가운데 지극히 높고 위대한 존재는 바로 상제입니다. 天地鬼神, 昭布森列, 而其至尊至大者, 上帝是已."(『與猶堂全書』「中庸講義補」卷一, 鬼神之爲德節)
32) "위대한 상제는 형도 없고 질도 없으나 매일 우리를 굽어보시고 천지를 통어하시니 만물의 조상[萬物之祖]이요 백신百神의 우두머리이다. 惟其皇皇上帝, 無形無質, 日監在玆, 統御天地, 爲萬物之祖, 爲百神之宗."(『與猶堂全書』「春秋考徵」一 吉禮, 郊 四)
33) "皇天上帝, 至一而無二, 至尊而無匹."(『與猶堂全書』「尙書古訓」卷六, 君奭)
34) "昊天上帝唯一無二."(『與猶堂全書』「春秋考徵」一 吉禮, 郊 三)

4 모든 길은 상제로 통한다

1) 세상, 썩고 병들다

1762년부터 1836년까지, 영조 시대부터 정조, 순조, 헌종 시대까지. 이 것은 한 자연인 다산 정약용이 살았던 때이다. 그가 살았던 시대는 나라 안팎의 요인으로 인해 조선이라는 몸이 큰 병[사회병]이 들어 방방곡곡에 서 신음소리가 그치지 않던 때다. 조선의 위기는 정치, 경제, 사회 그 어느 한 부분에 머물지 않고 총체적이었다.

「거시기 자른 것을 슬퍼하다[哀絶陽]」(1803)라는 시, 「여름날 술을 마시 다[夏日對酒]」(1804)라는 시를 비롯한 다산의 많은 시는, 수령과 아전들의 탐욕과 착취로 인한 삼정 문란의 실상은 물론, 궁핍한 민중들의 참담한 삶의 모습을 고발한다.

당시는 정치적으로도 파행적이었다. 파당 정치가 극에 달하여 사회적 분 열이 가속화되고 있었다. 다산은 당시 성리학자들의 붕당에 뿌리를 둔 사 대부 정치가 사회적 갈등과 분화를 조장하고 있음을 통탄해한다.

당시는 군신 간에 의義와 예禮가 사라진 것도 현실이었다. 왕에 대한 충 성심은 더 이상 없었다. 신하가 왕을 죽이려고 하고 왕 알기를 뭐 알듯이 하였으니 왕의 권위는 추락할 데로 추락하였다. 당쟁이 임금까지 부정하 는 상황까지 이르렀다. 왕의 나라가 아니라 신하의 나라였다. 군약신강君 弱臣强은 당시 조선이 안고 있던 비극의 출발점이었다.

다산이 보기에 당시의 지배 사상인 주자학도 문제가 많았다. 조선 사회 현실이 위기임에도 불구하고 주자학자들은 무엇하나 적극적 개혁을 위해

나서는 이 없었다. 지배집단은 위기를 돌파하기 위해 성찰은 고사하고 오히려 주자학 이념을 강화하는 방향으로 나아갔다. 그 결과 오히려 주자의 경전 해석만을 절대시하거나 주자학적 사유를 유일무이한 대안으로 여기는 경향이 나타났고, 사회질서는 더욱 폐쇄적으로 나아갔다. 조선 성리학계는 현실 대응에 둔감한 채 사상 논쟁에 빠져 경화된 모습을 감추지 못하였다.

이런 당시 사회를 다산은 이렇게 진단한다.

"세상이 썩은 지는 이미 오래이다."[35]
"가만히 생각해 보면, 대체로 털끝 하나인들 병들지 않은 게 없으니, 지금이라도 당장 고치지 않으면 기필코 나라가 망한 다음이라야 그칠 것이다."[36]

조선이라는 나라를 신체에 비교하여 머리카락 한 올 만큼 작은 것이라도 병들지 않은 것이 없으며, 즉시 손을 쓰지 않으면 나라는 망할 수밖에 없다는 것이다. 즉 조선을 병든 나라 병든 사회로 진단한다. 여기에 서학이라는 변수까지 더해졌으니, 그야말로 조선은 인간도 병들고 사회도 병든, 총체적 위기에 처해 있었다.

이런 상황에서 다산은 수많은 글, 각종 저술을 통해 조선사회가 직면한 당시의 모순을 생생하게 고발하고 비판한 것이다. 그러나 그는 단순한 고발·비판이나 위기를 진단하는데 그치지 않았다. 썩어빠진 조선 왕조 상황을 도저히 그냥 두고만 볼 수 없어, 그는 각종 법과 제도의 실질적 개혁을

----

35) "天下腐已久矣."(『與猶堂全書』文集 卷二十, 上仲氏)
36) "竊嘗思之, 蓋一毛一髮, 無非病耳, 及今不改, 其必亡國而後已."(『與猶堂全書』文集 卷十二, 邦禮艸本 序)

위한 청사진을 마련한다. 그것이 경세학 관련 저술인 1표2서로 나와 있는데, 여기에서 다산은 조선 사회에서 무엇이 문제이고, 어떻게 개혁해야 하는지 그 길을 제시한다.

2) 상제로 돌아가라

다산 사상의 특징 중 하나는 유교 경전에 대한 주자의 주석을 비판하는 경향이다. 주자는 천즉리니 성즉리니 하면서 고경에는 없는 새로운 사상을 발전시켰다. 그것은 주희 등에 의해 형이상학적으로 재편된 새로운 유교 사상이다. 그래서 우리는 이것을 흔히 신유학이라고 한다.

그런데 다산은 이런 새로운 유학에 일침을 가한다. 먼저 리理는 경전에 그 근거가 없다는 것이다. 다산은 리의 다양한 쓰임을 추적하여 리가 모두 맥리脈理[결], 치리[다스림], 법리[법을 다스림]의 가차의 글자로, 원리·법칙적인 것에 지나지 않을 뿐이지, 우주적 차원의 생성 문제에 관여하는 존재가 아니라고 한다. 그리하여 다산은 고경에서는 찾으려 해도 찾을 수 없는 리기론과 같은 공리공론에 매달려 현실을 직시하지 못하는 성리학 지식인을 비판한다.

다산은 리理의 주재성, 리의 주재 능력도 부인한다. 주자학이 형이상학적 실체이자 만물의 근원으로 떠받드는 리[理致]가 궁극적 실재가 될 수 없다는 것이다. 다산이 보기에, 리는 스스로 존재하는 것이 아니라, 다른 것에 의지하는 속성을 지녔다. 반면 기는 스스로 존재하는 것, 즉 자립자이다. 다산이 보기에, 리는 자립자인 기에 붙어있는 의존자일 뿐이다. 그리하여 다산은 리가 기를 주재할 수는 없다고 본다.

다산이 보기에 리는 또한 아무런 감정을 느끼지 못하는 무감각한 존재,

아무런 형체도 없는 무형이다.[37] 무릇 주재자는 지각 능력을 지녀야 하는데, 리에는 천하 만물들을 지배하는데 필요한 지각이 없다. 리에는 또한 주재자에게는 필수적인 영靈이 있어야 하는데 그런 것도 없다.[38] 감정도 지각도 영명함도 없는 리가 인간과 동물을 주재할 수는 없다. 텅 비어 있는 불가사의한 존재는 천지만물의 주재자가 될 수 없는 것이다. 다산은 리를 온갖 사물의 근본으로 내세우는 성리학의 설명은 터무니없는 조작이라고 본다.

다산은 리理의 인격성도 비판하였다. 인격적 존재는 사랑, 기쁨, 미움 등 감정을 지닌 인격체다. 이런 존재는 인간이 경계하고 삼가서 무서워하고 두려워할 수 있는 존재다. 그러나 리는 그런 존재가 아니라는 것이다. 다산이 보기에 리는 인격적 실체가 아니며, 감성과 지각 능력도 없는 무형에 지나지 않는다. 그러니 이런 리가 인간에게 특정 행위를 하게 하거나 그런 동기를 유발할 리는 없다.

다산은 또한 모든 존재의 근원이자 원천이 되는 '천'을 보편적 원리인 '리'로 규정하는 성리학을 비판했다. 성리학에서 천즉리라면 천이 인간의 모든 것을 살피고 선악에 따라 상벌을 주는데, 리는 그런 기능을 하지 못

---

37) "대저 리란 무엇인가. 리에는 사랑도 미움도 없고 기쁨도 노여움도 없는, 텅 비어있고 막막한 상태로서 이름도 형체도 없으니, 우리가 이를 품부 받아서 성이 되었다고 한다면 그것을 도道라고 말하기는 어렵다. 夫理者何物. 理無愛憎, 理無喜怒, 空空漠漠, 無名無體, 而謂吾人禀於此而受性, 亦難乎其爲道矣."(『與猶堂全書』「孟子要義」卷二 盡心 第七, 盡其心者知其性章)
38) "태극도상의 둥근 동그라미는 육경에 보이지 않는데, 이것이 영靈이 있는 물건인가? 아니면 아무런 지각도 없는 물건인가? 곧 텅 비어 생각할 수 없는 그러한 것인가? 무릇 천하에 형체 없는 물건이 주재자가 될 수는 없다. 그러므로 한 집안의 가장이 사리에 어둡고 어리석어서 지혜롭지 못하면 집안의 만사가 다스려지지 않고, 한 고을의 장長이 그러면 고을의 만사가 다스려지지 않는다. 하물며 아득히 텅 비어 있는 태극의 일리一理가 천지만물의 주재와 근본이 된다면, 천지간의 만사가 이루어질 수 있겠는가. 太極圖上一圓圈, 不見六經, 是有靈之物乎, 抑無知之物乎, 將空空蕩蕩, 不可思議乎. 凡天下無靈之物, 不能爲主宰. 故一家之長, 昏愚不慧, 則家中萬事不理, 一縣之長, 昏愚不慧, 則縣中萬事不理, 況以空蕩蕩之太虛一理, 爲天地萬物主宰根本, 天地間事, 其有濟乎."(『與猶堂全書』「孟子要義」卷二 盡心 第七, 盡其心者知其性章)

한다는 것이다. 그리하여 다산은 사람들의 행위에 어떤 영향력도 행사할 수 없는 성리학의 리를 비판한다.[39] 추상적 형이상학적인 리는 어느 누구도 두려워할 만한 것이 아니라는 것이다. 천을 리로 보아서는 실천적 행위를 유인할 수 없다. 리는 인간의 행위를 감시하거나 감독하여 선한 행위로 나아가게 할 수 있는 외적 강제력을 갖지 못한다. 다산은 특히 아무런 감응도 없는 형이상학적인 리를 근간으로 한 이론 체계로는 사람들로부터 자발적인 도덕적 삶의 실천을 이끌어낼 수 없다고 본다. 한마디로 말해서 다산은 실체가 없는 리로는 사회를 바로 잡고 근본적 개혁을 하기가 어렵다고 본다. 리로는 안 된다는 것이다.

다산은 옛 성인들의 학술에 세상을 구제할 수 있는 진실한 근거가 있다고 본다. 그는 원시 유교의 경전, 옛날의 학문에서 천하를 구제할 수 있는 새로운 인간 행위의 동기 체계[세계관]를 찾았다.[40]

"옛 학문은 일을 행하는데 힘쓰고, 일을 행함으로써 마음을 다스리는 것으로 생각했는데, 지금의 학문은 마음을 기르는데 힘쓰고 마음을 기른다는 것으로써 일까지 폐지한 데까지 이르렀다. 홀로 그 몸만을 선하게 하고자 한다면 지금의 학문 방법도 좋지만 천하를 모두 구제하고자 한다면 옛날 학문의 방법이어야 할 것이다."[41]

여기에는 성리학의 형이상학적 경전 해석과 마음 수양을 벗어나 선진 시

---

39) "리理란 본래 지각도 없고 위엄도 없는 것인데 어찌 이를 경계하고 삼가며 어찌 이를 두려워하고 무서워할 것인가. 理本無知, 亦無威能, 何所戒而愼之, 何所恐而懼乎."(『與猶堂全書』「中庸自箴」卷一 是故 君子戒愼乎其所不睹 恐懼乎其所不聞)
40) 차성환, 『글로벌 시대 정약용 세계관의 가능성과 한계』, 집문당, 2002, pp.86-98.
41) "古學用力在行事, 而以行事爲治心, 今學用力在養心, 而以養心至廢事故也. 欲獨善其身者, 今學亦好, 欲兼濟天下者, 古學乃可."(『與猶堂全書』「孟子要義」告子 第六, 牛山之木嘗美矣章)

대의 경전 정신으로 돌아가야 한다는 의미가 함축되어 있다. 신유교가 아닌 원시 유교에 천하를 구원할 수 있는 길이 있다는 것이다. 다산은 성리학의 전통에서 지나칠 정도로 확장된 리 개념의 의미를 축소시키고, 지각도 위엄도 없는 리 대신 상제上帝에 주목하였다. '털오라기 하나만큼 작은 일이라도 병폐 아닌 것이 없는' 사회, '썩어버린 지 이미 오래된' 사회, 곧 중병에 걸린 사회를 고치는 병원은 없으니 어떻게 하여야 할까?

다산이 보기에 그것은 단순한 의식의 전환, 도덕의 강조, 세속적 규범의 강화로는 불가능하다. 성리학적 가르침으로는 해결될 문제도 아니었다. 다산이 보기에 사회질서를 바로 세우기 위해서는 사람들로 하여금 근본적으로 도덕적 행위를 강제적으로 실천할 수 있게 하는 그 무엇이 필요하였다. 즉 인간으로 하여금 누구나 언제 어디서나 도덕적 의식은 물론 그런 태도를 형성하고 그런 행동을 강력하게 실천하고 스스로 일탈 행위를 규제할 수 있는 무엇인가가 있어야만 했다. 그런 존재가 반드시 사회 질서를 바로잡는 것은 아닐지라도, 다산이 보기에 당시의 사회병, 관리들의 일상화된 부정부패나 사회적 모순을 바로잡기 위해서는 그런 행위를 감시하고 방지하게 할 수 있는 절대적 존재가 필요하였다. 병든 사회를 고치고 사회질서를 바로 잡기 위해서는, 그런 행위를 근원적으로 하지 못하게 할 수 있는, 강력한 구속력을 갖는 존재가 있어야 했다. 그리하여 찾은 것이 상제이고, 동맥경화 상태의 병든 조선 사회를 바로 잡아 새로운 세상을 열기 위해, '상제로 돌아가라'는 아주 특별한 처방을 내렸다.

다산이 상제로 돌아가라고 한 것은, 양난兩亂으로 인하여 피폐해진 민생은 아랑곳하지 않고 당쟁만 일삼는 행위를 보면서, 성리학적 인간형은 더 이상 인륜을 실천할 수 없다는 반성에 도달한 결과이다. 그는 당시의 사변적인 성리학적 경향을 탈피하기 위해서는 원시 유교의 주재적 천관을 되살리는 것이 무엇보다 중요하다고 보았다. 그리하여 다산은 원시 유교의 인격적 주재자인 상제를 부활시켜 병든 시대를 바로 잡고자 했다. 다산의 상제 부활, 그것은 무너져가는 조선사회를 구하고자하는 그런 실천적 요청에서 비롯되었다.

3) 왜 상제인가

그렇다면 왜 꼭 상제여야만 하는가? 상제가 불가피한 이유는 무엇인가? 결론부터 말하면 상제는 인간으로 하여금 스스로 도덕적 행위, 사회적 행위를 실천하게 함으로써 병든 사회를 바로 잡을 수 있는 원천이기 때문이다.

당시 이미 보수적인 체제 유지 이념이 되어버린 신유교의 세계관에 머물러 있던 지식인들은 윤리도덕 차원에서 제기되는 문제의 실마리를 인성 가운데서 찾으려는 시도를 하였다. 본연지성 또는 기질지성 운운하며 인성에 대한 다분히 신비주의적인 귀결로 이어진 논의가 그것이다. 그러나 그것은 성공적인 경우에도 외형적인 결과를 지향하는 인간의 합리적인 도덕적 행동을 강력하게 지원하고 보증하는 것과는 거리가 멀다. 그것은 내면적 심리적 차원에만 머무르는 경향이 있다.[42]

그런데 사람이 이런 마음 다스림, 심리적 차원에만 매몰되면 문제가 있다. 왜냐하면 그것은 특정의 심리상태에만 머무는 것일 뿐, 어떤 사회적 행위, 사회적 실천과는 거리가 멀기 때문이다. 즉 마음의 다스림에만 머물게 되면 외형적 결과를 드러내는 타인지향적 행위를 발전시키기 어렵기 때문이다. 사회에 대한 무관심을 초래할 수 있기 때문이다. 이러한 결과는 사회에 대한 비판의식이나 변화 지향적 사고를 형성하기 어렵게 한다. 그리하여 현실 사회에 어떤 문제나 모순이 있더라도 그것을 해결하거나 변

---

42) 차성환, 『글로벌 시대 정약용 세계관의 가능성과 한계』, 집문당, 2002, pp.69-70.

화시키려는 의지를 갖게 하기 어렵다. 오히려 그 모든 문제의 원인을 본질적으로 자신이나 인간의 마음에 있어서의 문제로 환원시켜 마음을 더욱 정화할 것을 강조한다. 결국 사회변동에 소극적이게 만들 수 있다.

이런 맥락에서 보면 당시의 조선 사대부를 중심으로 하는 지배층이, 파국으로 치닫고 있는 민중들의 현실 삶의 개혁에 무관심한 채, 하늘 무서운 줄 모르고 비인간적 비윤리적 행위에 빠질 수밖에 없었던 것은 당연하였는지 모른다. 한마디로 당시 사람들은 사회의식이 마비되고 사회적 모순을 해결하기 위한 적극적인 실천적 행위 동기를 형성하기 어려웠다. 이러한 배경을 유교 사상과 관련시켜 단적으로 말하며, 형이상학적이고 애증도 희로도 없고, 형체도 이름도 없는 주자학의 최고 주제인 '리'로서는 실천을 위한, 실천을 향한 어떤 사회적 행위도 이끌어 낼 수 없다.

다산은 상제라는 절대자 앞에서 느끼게 되는 인간의 두려움과 경외를 바탕으로 해서 인간의 현실적 생활이 규제되어야 할 필요성을 강조한다. 다산은 리 대신에 상제를 도입하여 상제에 대한 외경심과 도덕적 실천의 추동력으로 삼고자 했다. 항상 상제의 존재를 의식하고 삼가고 두려워하는 계신공구는 누가 가르치거나 명령해서 두려워하는 것과는 다르다. 그것은 자연스럽게 저절로 생기는 삼가함이며 두려워함이다.

다산이 보기에 수양을 하고자 하는 사람들이 귀신의 존재와 이치를 깊이 체득하면 결코 자신을 속이거나 비도덕적 반사회적 행위를 할 수 없다. 더구나 상제가 늘 나와 함께하고 있다는 것을 알면 그 누가 일탈행위를 할 수 있겠는가?[43] 일반 백성들은 엄한 법이 있고 위로 엄한 군주가 있다는 사실을 알면 결코 함부로 악행을 저지르지 못한다. 오히려 배우고 공부

---

43) "군자가 어두운 방에 있으면서 두려워하여 감히 나쁜 짓을 하지 못하는 것은 거기에는 상제가 그를 굽어보고 있음을 알기 때문이다. 君子處暗室之中, 戰戰栗栗, 不敢爲惡, 知其有上帝臨女也."(『與猶堂全書』「中庸自箴」卷一, 是故 君子戒愼乎其所不睹 恐懼乎其所不聞)

한 학자라는 사람들이 군주 앞에서 겉으로는 군자인 척 유세를 부리지만 실상은 더 큰 악을 자행하고 있음을 다산은 말한다. 따라서 겉으로 보아서는 결코 죄악을 단죄하기 어려운 권세가들과 지식인들을 향해, 다산은 어느 때든 그들의 죄상을 내려다보고 감시하는 상제의 권능을 강조한 것이다. 어찌 보면 이것은 군주를 전혀 두려워하지 않고 오히려 군주 위에 군림하던 당시 권력자들에게, 그들 자신보다 더 무서운 존재가 이 세상에 있다는 것을 강조하려던 의도의 산물일 수 있다.[44]

다산이 보기에 객관적으로 존재하면서 인간의 행위를 실질적으로 감시 및 규제할 수 있는 존재는 관념적이고 추상적인 리가 아니라 바로 상제이다. 다산이 이토록 상제를 부각시키고자 한 배경은 주자학에서는 상대적으로 배제된 이 상제를 통해, 상제가 인간의 실천적 행동을 가능하게 하고, 특히 상제가 인간의 행위를 감시함으로써 당시의 양반 지배층에 만연한 도덕 불감증, 관료들의 비도덕적 행위를 바로잡을 수 있다고 보았기 때문이다. 다산에게 상제는 현실의 불합리하거나 모순된 사회 제도나 사회 구조를 개혁하고, 비도덕적인 인간의 행위를 바로잡을 수 있는 절대적 존재이다.

4) 상제는 어떻게

그렇다면 상제는 어떻게 인간으로 하여금 도덕적 행위를 지향하게 하여 궁극적으로 병든 사회 병든 인간을 바로 잡아 사회 질서를 회복시킬 수 있는가? 상제는 인간에게 어떻게 작용하는가?

다산은 하늘이 영명하듯이 인간 역시 하늘로부터 영명한 지각 능력을

---

44) 백민정, 『정약용의 철학』, 이학사, 2007, pp.90-91.

부여받았다고 본다.[45] 인간에게는 하늘의 영명이 내재함을 말한다. 상제의 영명성이 인간에 내재함으로써 인간은 호선好善, 택선擇善의 도덕적 자각 능력을 갖게 된다. 바로 선을 기뻐하고 악을 미워하며 덕을 좋아하고 더러운 것을 부끄러워한다. 이로 보면 인간이 하늘로부터 받은 영명스런 마음, 성性은 선善하다. 그리하여 인간은 도덕적 행위, 선을 지향할 수 있다. 그 근거가 바로 하늘에서 나온 것이다. 인간의 도덕적 행위의 준거가 바로 상제이다.

문제는 그럼에도 불구하고 인간이 자신의 이해관계에 따라 악행을 하거나 비도덕적 반사회적 행위를 택할 여지가 있다. 그러나 다산은 이럴 경우에도 인간만이 부여받은 내재한 영명한 마음, 도심道心을 일깨움으로써 악이 아닌 선을 행할 수 있다고 본다. 즉 인간이 초월하는 상제의 명령을 직접 받아서가 아니라, 태어날 때 부여받은, 선을 기뻐하고 악을 미워하며 덕을 좋아하고 더러운 것을 부끄러워하는 내면에 잠자는 영명성, 내재적 마음인 도심을 일깨워 그것이 하려는 바에 따르면 그것이 곧 천명을 따름이고, 그 결과 선한 행위를 하게 된다는 것이다. 상제는 이렇게 사람의 마음에서 도심으로 은미하게 드러나 윤리로써 주재한다.[46] 그리고 인간의 선악에 대하여 보상을 준다. 이를테면 슬픔, 괴로움, 부끄러움, 기쁨, 자랑스러움 등은 하늘이 내리는 선악에 대한 상벌이다. 이런 맥락에서 보면 다산

---

45) "대개 사람이 배태되어 이루어지자마자 하늘은 거기에 영명하되 형체가 없는 본체를 부여하는데, 그것은 선을 기뻐하고 악을 미워하며 덕을 좋아하고 더러움을 부끄럽게 여기니, 그러기에 이를 성性이라 하며, 성선性善이라 말한다. 蓋人之胚胎旣成, 天則賦之以靈明無形之體, 而其爲物也, 樂善而惡惡, 好德而恥汚, 斯之謂性也, 斯之謂性善也."(『與猶堂全書』「中庸自箴」卷一). "(하늘이) 천하 만백성이 제각기 배태한 그 처음에 영명스러운 마음을 부여하여 만물을 초월해서 만물을 향유하고 있다. … 사람이 하늘에서 받은 것이라고는 단지 이 영명스러운 마음뿐이다. 天下萬民, 各於胚胎之初, 賦此靈明, 超越萬類, 享用萬物. … 人之受天, 只此靈明."(『與猶堂全書』「中庸講義補」卷一)
46) 박광철, 「다산 상제관의 경세론적 해석」, 『유교사상문화연구』 제76집, 2019, p.134.

의 영명주재자로서의 상제는 인간이 스스로 자신을 규율하는 윤리적 자율성의 근원이자 원인으로서 윤리적 주재자이다.[47]

인간에 내재한 하늘의 영명성으로 인해 하늘은 인간의 모든 것을 안다. "하늘의 영명靈明은 사람의 마음과 통하므로 아무리 숨은 것이라도 살피지 못하는 게 없고 아무리 미세한 것이라도 밝히지 못하는 게 없다."[48] 이에서 알 수 있듯이, 하늘은 초월적 존재이지만 인간에게만 부여한 자신이 가진 신령스러운 지각과 밝은 지혜를 통해 사람의 마음속에서 일어나는 작은 무엇하나도 놓치지 않는다. 상제는 감각적 인식으로는 파악되지 않지만, 인간에게 내려와 그 영명한 지각으로 인간의 은밀한 모든 사고와 행위를 지켜보고 살필 수 있고 인간의 마음도 꿰뚫어 본다. 모든 사람들의 행위를 굽어보고 감시할 수 있는 것은 물론, 인간의 마음 내면에서 발생하는 선악의 작디작은 것까지도 놓치지 않고 파악한다.[49]

이런 능력을 지닌 상제가 자신에게 내재한다면 인간은 이것을 어떻게 받아들일까? 만일 인간이 상제가 굽어 내려다봄을 믿지 않는다면 반드시 홀로를 삼가함이 없을 것이다. 그러나 반대로 상제가 이를테면 방안을 굽어보며 날마다 살피고 인간의 마음을 감시하고 있음을 사람들이 정말로 안다면 어떨까? 아마도 아무리 대담한 사람일지라도 경계하여 삼가고 두려워하지 않을 수 없을 것이다. 상제는 바로 두려움의 대상이게 된다. 늘 나의 마음을 읽고 감시하고 주재하기 때문에 인간은 상제를 두려워할 수밖에 없다.

상제는 본질적 속성을 같이 하는 인간의 마음과 직접적 소통을 통해 지

---

47) 김귀주, 「다산 정약용의 상제천관에 관한 연구」, 동국대학교 대학원 박사학위논문, 2006, p.166.

48) "天之靈明, 直通人心, 無隱不察, 無微不燭, 照臨此室, 日監在玆, 人苟知此, 雖有大膽者, 不能不戒愼恐懼矣."(『與猶堂全書』「中庸自箴」卷一)

49) 김영일, 『정약용의 상제사상』, 경인문화사, 2003, p.157.

속적인 명령을 내린다. 곧 상제가 인간의 마음에 천명天命을 내린다. 그러므로 인간은 늘 마음속에서 분명하게 들리는 천명을 들으려고 해야 한다. 이른바 도심道心의 명령, 상제의 명령에 항상 귀를 기울여야 한다. 이럴 경우 인간은 나쁜 짓은 물론 나쁜 생각도 하지 못한다. 상제가 사람의 마음을 꿰뚫어보고 사람의 행동을 살핌에 따라 인간은 늘 상제를 경계하고 조심하지 않을 수 없기 때문이다.

이는 자연적으로 도덕적 행위를 유도한다. 인간으로 하여금 도덕적 행위를 할 수밖에 없게 된다. 영명한 상제가 나를 지켜보고 있다는 것을 알면 그에 대한 처벌이 뒤따르기 때문에 누구나 늘 자신을 뒤돌아보게 하고 주변을 살피게 되어 차마 나쁜 짓, 나쁜 생각조차 하지 못하게 된다. 이것은 곧 상제가 인간으로 하여금 도덕적 행위, 선한 행위를 하도록 유도하게 하는 기능이다. 그 결과 인간이 이러한 상제라는 외적 존재를 통해 스스로 두려움을 느끼고 스스로 자신의 행위를 통제하여 바른 행위를 하게 된다. 즉 자기를 지켜보는 상제라는 존재가 도덕적 사고와 행위의 중요 기제가 된다.

이와 같이 감각적 인식의 너머에 존재하는 상제가 임하여 감시하고 있음에 대한 믿음과 앎은 사람이 악한 일을 저지르지 않고 선을 실천할 수 있게 하는 필수요건이 된다. 여기서 상제의 윤리적 기능, 도덕적 판단과 실천의 근거가 나온다. 상제는 인간으로 하여금 도덕적 행위를 실천하게 하는 원천이자 동력이다.

그런데 리는 어떨까? 지각도 없고 권능도 없는 리를 과연 사람들이 두려워할까? 리는 그런 역할을 할 수 없다. 비인격적인 궁극 실재 리는 지각과 권능이 없어서 선행을 감독하는 계신공구의 존재가 될 수 없다.[50] 인간 마

---

50) 임부연, 「다산 정약용의 '천리天理' 관념」, 고려대학교 민족문화연구원, 『민족문화연구』 84권, 2019, p.414.

음속의 리라는 것은 두려워할 만한 것이 못된다. 우리가 진정 두려워하는 것은 따로 있다. 다산은 양심의 명령이 두려워할 만한 것이 되려면 그 명령의 주체가 반드시 인간 자신이 아닌 절대적인 상제여야 함을 강조한다. 우리가 진실로 윤리적 선악에 대한 예민한 지각 능력을 지니려면, 반드시 선악의 경계를 감시하고 분별하는 절대적 기준을 따로 설정할 필요가 있다. 특히 어떤 행위를 스스로 하지 못할 정도의 두려움을 스스로 느끼게 하려면 내적 경계, 양심으로는 안 된다. 그러나 양심, 도심道心이 하늘의 소리, 천명임을 깨닫게 되면 사정은 달라진다. 외재하는 초월적 존재가 전제되어야만 한다.

주목할 만 한 점은 다산의 상제가 감시자로서의 기능을 하지만 그렇다고 재이災異와 같은 것을 내려 경고를 하거나 벌을 주는 존재는 아니다. 다산은 동중서 류의 하늘, 즉 하늘과 인간의 상호관계를 바탕으로 재이가 인사人事에 의해 발생한다는 견해를 비판한다. 사실 이러한 사유는 한 대 이후, 그리고 조선 시대에도 정치권에서 흔했다. 임금이 정치를 잘못하면 하늘이 각종 재이현상이 야기하고, 임금은 이를 하늘의 뜻[天意]으로 여겨 바른 정치를 하도록 힘써야 한다고 여겼다. 그러나 다산은 "하늘이 나에게 경고하는 것은 우레나 바람으로 하는 것이 아니라 은밀히 마음으로 말해주는 것이다"[51]라며 이를 비판한다.

---

51) "天之儆告我者, 不以雷不以風, 密密從自己心上丁寧告戒."(『與猶堂全書』「中庸自箴」卷一)

5 맺는 말: 다산, 그 이후의 상제

오늘날과 마찬가지로, 다산이 살던 당시에도 세상 사람들은 상제를 잘 몰랐다. 다산은 성리학적 지식인들인 양반 사대부들이 하늘을 감정도 형체도 없는 리理, 태극太極, 도道 등 극히 추상적 개념으로만 이해하는 것을 비판하며, 당시 사회가 '썩어 문드러진' 이유가 상제를 잊고 상제를 모르기 때문이라고 보았다. 성리학, 성리학자들에 의해 상제가 왜곡됨으로써 원시 유교에 뚜렷하였던 '상제'를 잃어버려 상제를 제대로 알 수 없었다는 것이다.

다산은 자신이 살던 조선 사회가 앓고 있던 병을 고치고, 새로운 사회로 거듭나기 위한 처방으로, '상제上帝로 돌아가라'는 처방을 내렸다. '상제로 돌아가라'는 처방은 성리학적 가르침으로는 사회 질서를 바로잡을 수 없다는 근본적 자각에서 나온 파격적 처방이었다. '상제로 돌아가라'는 메시지에는 잃어버린 상제를 재발견하여 상제의 존재를 믿고, 상제를 바로 알고 경외敬畏함으로써 인간이 도덕적 행위를 하게 되어, 궁극적으로는 무너진 사회 질서, 병든 사회를 바로 잡을 수 있다는 의미가 담겨있다.

다산은 상제를 섬기고 경험할 수 있는 길은 제천과 같은 의례도 그 하나이지만, 계신공구의 자세로 하는 신독愼獨을 중시한다. 다산은 신독을 자기만이 혼자 아는 일에 삼가기를 극진히 한다는 것으로 규정한다. 이는 자기만 아는 내면 공간, 곧 마음에서 삼가함을 극진하게 한다는 것이다. 혼자 있을 때 옷깃을 여미고 반듯이 앉아 몸가짐을 가지런히 하는 그런 류가 아니다.[52] 다산에게 신독은 초월적 하늘에 대한 신념을 바탕으로 두려워하

---

52) "원래 신독이라는 말은 자기만이 혼자 아는 일에 삼가기를 극진히 한다는 것이지 혼자 처

는 정감적 수양이다.[53] 늘 상제를 경외하며 나쁜 생각을 하거나 잘못된 행동을 하지 않도록 늘 삼가고 두려워하고 조심하는 것이다.

그래서였을까? 다산은 성인이 되려고 해도 쉽지 않는 데 "신독으로 하늘을 섬기고 강서強恕로 인仁을 구하고 또한 변함없이 오래 하면서 쉬지 않는다면 이것이 성인이다"[54]라고 하여, 하늘을 섬기는 것을 성인이 되는 중요한 길의 하나로 본다. 결국 영명주재자인 상제에 대한 극도의 긴장과 반성을 통한 계신공구의 신독의 자세는 인간으로 하여금 상제를 진실한 마음으로 섬길 것과 보이지 않아도 경외하는 마음을 늦추지 말 것을 요구한다.[55] 그런데 성리학에서는 상제를 제거하였으니 두려워하고 무서워해야 할 상제가 없는데 어찌 삼가는 마음을 가질 수 있겠는가. 리를 궁극적 존재로 이해하면 홀로 있음에 삼가는 신독을 할 수 없다.

계신공구의 자세로 공부하는 신독은 하늘에 대한 믿음이 전제되어야 한다. 그 진정한 효과는 상제의 지속적인 감시와 관여를 통해 확보될 수 있다. 상제가 아닌 리로는 거짓 공경과 거짓 두려움만 있을 뿐이다. 상제의 절대 불가피성, 이것이 바로 두려워하고 삼가야 할 공경의 대상을 마음속의 본성으로 제한하고 그것을 리나 도라고 부른 주자학자들과 뚜렷하게 비교되는 점이다. 다산에게 있어 보이지도 들리지도 않지만 삼가고 두려

한 곳에서 삼가는 것을 극진하게 한다는 말이 아니다. … 요즈음 사람들은 신독 두 글자의 인식이 원래 분명하지 못하였던 까닭에 어두운 방에서도 혹 옷깃을 여미고 반듯이 앉아 조심을 하다가도 항상 사람과 서로 접촉하는 데에서 속임수와 거짓된 행위를 하고서도 남들이 알지 못한다거나 하늘이 듣지 못한다고 생각하니 신독이 어찌 이와 같겠는가? 原來慎獨云者, 謂致慎乎己所獨知之事, 非謂致慎乎己所獨處之地也. … 今人認慎獨二字, 原不淸楚, 故其在暗室, 或能整襟危坐, 而每到與人相接之處, 施之以鄙詐險詖, 謂人罔覺, 謂天罔聞, 所謂慎獨, 豈如是乎."(『與猶堂全書』「心經密驗」, 心性總義)

53) 임부연, 「정약용의 수양론 연구」, 서울대학교 박사학위논문, 2004, p.107.
54) "若慎獨以事天, 強恕以求仁, 又能恒久而不息, 斯聖人矣."(『與猶堂全書』「心經密驗」, 周子學聖說)
55) 김영주, 「다산 정약용의 상제천관에 관한 연구」, 동국대학교 대학원 박사학위논문, 2006, p.134.

워하는 공부인 신독 공부를 할 때 그 대상은 상제이다.[56]

인간은 공경하고 삼가 조심스러운 마음으로 밝게 상제를 섬기고, 항상 계신공구 하여 치우침을 두려워하고 지나친 행동과 치우친 마음[情]을 범하거나 싹틔울까 두려워하는 삶을 살아야 한다.

상제문화 빅 히스토리의 맥락에서 보면 상제를 보는 시각과 그 성격, 나아가 왜 상제를 말하는지는 사람들에 따라 의견이 분분하다. 다산도 인류 원형 문화의 중심 주제인 상제를 말하고 상제의 불가피성을 주장하지만 당시 병든 사회를 바로 잡고 개혁하려는 맥락에서 상제에 주목하는 경향이 있다. 그러나 그는 상제를 대중의 곁으로 대중을 상제의 곁으로 이끌지는 못했다. 다산의 상제 사상은 실천적 성격을 지향하지만 종교 공동체 형성으로 까지 발전할 수는 없었다.

다산 이후 다산이 하지 못한 상제문화의 대중화를 실현한 것은 수운水雲 최제우崔濟愚(1824~1864)이다. 그는 관념으로가 아니라 몸과 마음으로 상제를 모시고 상제의 가르침을 세상에 전하며, 민중의 일상적 삶을 상제 곁으로 그리고 상제를 민중의 품으로 이끌었다. 경신년(1860) 4월 초닷샛날부터 수운은 상제로부터 "너는 상제를 알지 못하느냐"[57]는 말과 더불어, 영부靈符와 주문呪文을 받고, 세상 사람들로 하여금 상제를 위하도록 가르치라는 천명을 받았다. 그리하여 수운은 상제를 받들고[侍] 위하는[爲] 가르침을 온 누리에 펴며 시천주侍天主 시대를 선언하였다. 동학은 이러한 상제의 천명으로 시작되어 조직을 발전시키며 갑오동학혁명과 같은 실천운동까지 전개하였다.

그러나 수운은 상제의 천명과 동학의 이상세계를 이 땅에서 실현하지

---

56) "상제가 굽어 내려 보심을 믿지 않는다면 반드시 홀로를 삼감이 없을 것이다. 不信降監者, 必無以愼其獨矣."(『與猶堂全書』「中庸自箴」卷一, 莫見乎隱 莫顯乎微 故君子 愼其獨也)
57) "汝不知上帝耶."(『崔先生文集 道源記書』;『東經大全』「布德門」)

못하고 조선 정부에 의해 형장의 이슬로 사라졌다. 이에 수운에게 천명을 내렸던 상제가 인간세계로 내려왔다. 『증산도 도전』은 천상의 상제가 수운에게 내렸던 천명과 신교를 거두고 신축년(1871)에 동방의 전라도 고부 땅 강姜씨 문중에 인간으로 강세하였는데, 그 분이 바로 강증산甑山 상제(강일순姜一淳, 1871~1909)라고 밝힌다. 증산 상제는 "나는 옥황상제니라"[58] 하여, 자신의 신원이 상제임을 밝히고, 가을개벽 시대를 여는 10년 천지공사天地公事를 집행하였다.

조선 후기 상제문화 빅 히스토리, 그 사상적 메시지는 '상제로 돌아가라', '너는 상제를 알지 못하느냐', '나는 옥황상제니라'로 이어진다.

---

58) 증산도 도전편찬위원회 편찬, 『증산도 도전』, 대원출판, 2003, 2:11:12.

≡ 참고문헌 ≡

1. 단행본

- 김영일, 『정약용의 상제사상』, 경인문화사, 2003.
- 박흥기, 『다산 정약용과 아담 스미스』, 백산서당, 2008.
- 백민정, 『정약용의 철학』, 이학사, 2007.
- 전주대학교 호남학연구소 역, 『국역 여유당전서』 1~5, 여강출판사, 1986~1995.
- 정약용 저, 민족문화추진회 역, 『국역 다산시문집』 1~10, 1982.
- 정약용, 『정본 여유당전서』, 다산학술문화재단, 2012.
- 증산도 도전편찬위원회 편찬, 『증산도 도전』, 대원출판, 2003.
- 차성환, 『글로벌 시대 정약용 세계관의 가능성과 한계』, 집문당, 2002.
- 한국고전번역원, 한국고전종합 DB.

2. 논문

- 김영우, 「다산의 복서역卜筮易 연구」, 한국실학학회, 『한국실학연구』 4, 2002.
- 김영주, 「다산 정약용의 상제천관에 관한 연구」, 동국대학교 대학원 박사학위 논문, 2006.
- 김태영, 「경세유표에 드러난 다산 경세론의 역사적 성격」, 『퇴계학보』 제129집, 2011.
- 박광철, 「다산 상제관의 경세론적 해석」, 『유교사상문화연구』 제76집, 2019.
- 유권종, 「다산의 천관」, 『정약용』, 고려대출판부, 1990.
- 임부연, 「정약용의 수양론 연구」, 서울대학교 박사학위논문, 2004.
- 임부연, 「정약용이 발견한 '천명天命'과 '교제交際'」, 다산학술문화재단, 『다산학』 32권, 2018.
- 차남희, 「천 개념의 변화와 17세기 주자학적 질서의 균열」, 한국사회사학회, 『사회와 역사』(구 한국사회사학회논문집) 70권, 2006.

증산도의 수부관

노종상

필자약력

노종상

고려대 대학원 비교문학과 졸업, 문학박사
동국대 대학원 불교학과 박사과정
1987. 5. 월간 『문학정신』에 중편 「욕계의 늪」 추천당선, 소설가(필명, 노가원) 등단
문학세계문학상, 세계문학상 외 수상
현재 상생문화연구소 문예창작부 연구위원

저서

『진표, 미륵 오시는 길을 닦다』
『수부 고판례』
『동아시아 근대소설의 민족주의 양상』
『남도부』
「보천교연구서설」
「진표율사의 밀교수행 연구」
「복애伏崖 범장范樟 연구」
「4,3사건의 문학적 형상화와 "심적 거리(psychic distance)" -현기영의 〈순이 삼촌〉과 김석범의 〈까마귀의 죽음〉을 중심으로」 외 다수

장편소설

『임진강』, 『아리랑』, 『붉은 까마귀』, 『풀잎은 바름에 눕지 않는다』,
『천국의 시간』, 『천지전쟁』, 『태양인 이제마』(전3권), 『사상의학』(전5권)

1 들어가는 말

'수부首婦'는 증산 상제가 처음 사용한 말이다. '수부'에는 많은 의미가 함축되어 있다. '수부'의 한자는 '머리 수首'자와 '며느리 부婦'자이다. 자전적 의미는 다음과 같다. 먼저 '수' 자는 다음과 같다. 1. 머리, 머리털. 2. 우두머리, 주장主將. 3. 임금, 군주君主. 4. 첫째, 으뜸. 5. 칼자루. 6. 요처要處. 7. 끈, 줄. 8. 마리(짐승을 세는 단위). 9. 편篇(시문의 편수를 나타내는 말). 10. 시작하다, 비롯하다. 11. 근거하다, 근거를 두다. 12. 복종하다, 항복하다. 13. 자백하다, 자수하다. 14. 나타내다, 드러내다. 15.향하다. 16. 절하다, (머리를) 숙이다. 17. 곧다, 바르다. 등이다. '부' 자는 다음과 같다. 1. 며느리. 2. 지어미. 3. 아내. 4. 여자. 5. 암컷. 6. 예쁘다. 7. 정숙하다 등이다. '수부'라는 용어에는 위에 나열한 문자적 의미가 어떤 식으로든 혹은 어느 정도로든 포함되어 있다는 것은 의심의 여지가 없다. 증산 상제는 '수부'에 대해 몇 가지 다른 개념으로 규정하여 주었다(본격적인 논의 과정에서 검토한다).

증산도 지도자 안경전 종도사는 '수부'에 대해 다음과 같이 정의하였다.

> 증산도에서 수부의 '수首' 자는 상제의 '상上' 자와 대응이 되는 글자로서 '가장 높다. 더 이상이 없다'는 의미이고 '부婦' 자는 하나님과 같은 격의 여자를 뜻한다. 수부는 후천 오만 년 새 역사를 낳아주신 모든 인간과 신명의 큰 어머니 태모太母로서, 상제님 아내의 공식 호칭이다.[1]

----
1) 안경전, 『증산도 기본교리』 2, 서울: 대원출판, 2007, p.84.

상제님 도법의 정통의 맥과 뿌리인 종통 문제에 있어서 가장 핵심이 되는 것이 바로 수부사명과 수부도수이다. 수부님은 상제님의 아내요, 상제님의 도의 반려자이며 상제님을 대행해서 교단을 처음으로 여신 분이다. 더 나아가서는 장차 후천 새 시대의 여성문화를 여는 우먼파워woman power의 머리가 되는 분으로 곤도수, 음도수의 주재자이시다.[2]

증산도의 신앙대상은 물론 증산 상제이다. 그러나 증산 상제를 호칭할 때는 당연히 그림자처럼 뒤따라 와야 하는 호칭이 있다. 바로 수부이다. 우주 주재자요, 통치자인 증산 상제[3]는 오직 한 분이지만, 그러나 '한 분'이 아니다. 증산 상제는 수부와 함께한 한 분이다. '증산 상제'라는 호칭에는 '수부'라는 호칭이 함께해야 온전해진다는 의미다. 그것은 수부도 마찬가지다. 따라서 증산도의 신앙대상이 증산 상제라고 할 때, 여기에는 수부가 포함되어 있다는 사실이 전제되어야 한다.

증산도의 수부는 세 분이 있었다. 정치순鄭治順(1880~1908) 수부, 김말순金末順(1890~1911) 수부 그리고 고판례高判禮(1880~1935) 수부이다. 첫째 수부인 정수부는 도중에 물러났고, 둘째 수부인 김수부는 수부 역할은 했으나 정식으로 수부 책봉 예식을 치르지 않았다. 따라서 처음부터 끝까지 수부 사명을 맡아서 감당한 이는 셋째 수부인 고수부였다.[4] 그러나 우주 주재자인 증산 상제의 반려자가 되는 수부가 어떤 이유로 중도에 이탈했다고 해서 과거 수부의 위격까지 박탈당하는 것은 아니다. 한 번 수부는 영원한 수부라는 얘기다. 따라서 앞의 두 분 수부 역시 수부로서 대우받아야

----

2) 안경전, 『관통증산도』 1, 서울: 대원출판, 2006(이 책은 2차 개정판이다), p.186.
3) "상제는 온 우주의 주재자요 통치자 하느님이니라."(『도전』 1:1:5)
4) 물론 여기에 대해서는 진법과 난법 사이에서 다른 시각이 있을 수 있다.

마땅하다. 증산도에서는 세 수부를 모두 수부로 모시고 있으며, 증산도의 수부관 역시 이 위치에서 논의된다.[5]

증산도의 수부에 대한 초기 기록으로서 『고부인신정기高夫人神政記』가 있다.[6] 이후 수부에 대한 본격적인 연구로서 노종상의 논문 「수부, 천지의 어머니」와 연구논저 『수부, 고판례』, 유철의 『어머니 하느님 -정음정양과 수부사상-』[7] 등이 거의 전부라고 할 수 있다. 증산 상제에 관한 학위논문과 일반논문이 1백 편 이상 나온 점에 유의한다면,[8] 이런 현상은 참으로 이해하기 어렵다. 군이 이해를 강제한다면, 이런 현상에도 남존여비男尊女卑라는 가부장적인 의식이 작용하였을 가능성을 배제하기 어렵다는 점이다. '수부'라는 존재의미 자체가 바로 가부장 사회를 해체하는 의미를 담보하고 있음에도 불구하고, 이와 같은 전근대적 행태는 여전히 현재진행형이라는 점도 지적되어야 한다.

증산도의 수부에 대한 문헌자료는 몇 가지가 있다. 1, 2차 자료에 해당하는 초기경전으로 『대순전경』[9]을 비롯하여 『선정원경』(고민환, 1960), 『고사모신정기』(이용기, 1968), 『고후불전』(전선필 구술, 김경도 씀, 1960년대 말) 등이 있다. 수부에 대해 기록하고 있는 경전 중에는 『증산도 도전』이 백미로 꼽힌다. 이 경전은 초기 경전과 그 후손들의 증언, 현장답사를 거쳐 종합,

---

5) 논자는 이미 고수부의 행적에 대해 논의하였다. 따라서 두 분 수부의 행적에 대해서는 다음 기회(「증산도의 수부관 2」)로 미룬다. 노종상, 「수부, 천지의 어머니」, 『증산도사상』 제2집, 증산도사상연구소, 2000, pp.12-108 ; ___, 『수부 고판례』, 상생출판, 2010(이 책은 월간 『개벽』지에 「거룩한 생애」라는 제목으로 1년 동안 연재한 내용을 수정 보완한 것이다).

6) 이정립, 『고부인신정기』, 김제: 증산대도회본부, 1963. 이 책은 뒤에 제목을 바꾸어 재출간하거나 다른 저서에 수록되었다(___, 『천후신정기』, 김제: 증산교본부, 1985 ; ___, 「제30장 고부인전」, 『증산교사』, 김제: 증산교본부, 1977, pp.220-294).

7) 유철, 『어머니 하느님-정음정양의 수부사상-』, 대전: 상생출판, 2011.

8) 오늘날 증산 상제의 위격, 영향에 비추어 보면 이 정도의 연구도 많다고 할 수 없다.

9) 이상호, 『대순전경』, 김제: 동화교회도장, 1929, 이후 『대순전경』은 많은 개정판이 간행되었다.

정리한 문헌자료이다.[10] 총 11편으로 구성되어 있는 『도전』에서 「제11편 태모 고수부님」 전체가 수부관 관련 내용이다. 이밖에 증산도 지도자인 안경전 종도사가 직접 저술한 『증산도의 진리』, 『관통증산도』 등에 실려 있는 수부 관련 내용도 1차 자료에 버금가는 중요한 자료다.[11]

　본고는 증산도의 수부관에 대한 연구이다. 본고의 논의 전개방법은 편의상 세 장으로 구분한다. 첫째는 도운道運의 관점이다. 증산 상제와 수부의 직접적인 관계라는 주제에 따라서 증산 상제의 아내, 도의 반려자로서 수부관을 들여다본다. 즉, 증산 상제의 아내, 종통계승자로서의 수부를 논의한다. 둘째는 세운世運의 관점이다. 증산 상제와 수부가 인간으로 온 당대 이후 인류가 처한 상황인 후천개벽과 수부의 관계, 수부의 사명 등을 들여다본다. 즉, '모든 여성의 머리, 여성 구원의 선봉장'으로서의 수부, '억조창생의 생명의 어머니'인 태모太母로서의 수부를 논의한다. 마지막으로 천지공사天地公事의 관점이다. 우주 주재자의 반려자로서, 어머니 하느님으로서 천지공사를 행하는 수부를 검토한다.[12]

　본격적으로 증산도의 수부관을 논의하기 전에 전제되어야 할 사항이 있다. 증산도에 세 수부가 있지만, 논의의 대상은 아무래도 고수부가 될 수밖에 없다는 점이다. 다른 두 명의 수부는 수부 사명을 감당하지 못하고 중도에서 이탈하였으나 고수부는 온전히 감당하였기 때문이다. 일종의 시론인 본고는 증산도 경전인 『도전』을 비롯하여 증산도 지도자의 도훈導訓 및 저술을 중심으로 논의를 전개한다.

---

10) 『도전』 간행의 역사성, 의의 등에 관해서는 다음 논문을 참조할 것. 김남용, 「증산도 『도전』 성편의 역사성」, 『증산도사상』 제3집, 증산도사상연구소, 2000, pp.11-78. ; 윤창열, 「증산도 『도전』 간행의 당위성과 역사성」 제4집, 증산도사상연구소, 2001, pp.13-76.
11) 안경전, 『증산도의 진리』, 대전: 상생출판, 2014(이 책은 개정판이다. 초판은 1981년에 간행되었다). ; 안경전, 『관통증산도』 1.
12) 도운道運, 세운世運, 천지공사天地公事 등은 증산도의 고유용어이다. 본문에서 설명한다.

2 증산 상제의 아내, 도의 반려자

1) 증산 상제 '아내'로서의 수부

수부의 기능, 역할 중의 하나는 우주 주재자인 증산 상제의 아내이다. 증산 상제와 수부를 논의할 때 세속적인 용어, 담화 따위를 끌어들이는 것은 문제가 있지만, 학문적 접근을 위해서 어느 정도 용인되어야 한다는 전제 하에 본고의 논의도 이루어진다는 점에 유의하자. 천생연분天生緣分이라는 말이 있다. 이 말은 하늘이 마련하여 준 인연을 일컫는다. 천생인연天生因緣 또는 천정연분天定緣分이라고도 한다. 하늘이 내려주었으므로 인간의 힘으로 어떻게 할 수 없는 남녀 사이의 연분을 말한다. 넓게는 같은 의미지만 불교에서는 약간 다른 차원으로 얘기한다. 흔히 옷깃만 스쳐도 5백 생의 인연이 있다고 한다. 부부가 되면 이 '5백 생의 인연'이 두 개가 포함되었으니 천생인연千生因緣 혹은 천생연분千生緣分이 된다고 한다.

이런 얘기들은 일반 사람들 사이에 오가는 것이지만, 증산 상제와 수부와의 인연도 이 비유로 설명할 수 있다. 실제로 1908년 10월 증산 상제 자신이 고수부에게 그렇게 말했다.

> 10월에 상제님께서 구릿골에서 대흥리로 가시어 … 수부님께 일러 말씀하시기를 "내 털토시와 남바위를 네가 쓰고 우리 둘이 함께 걸어가자. 우리가 그렇게 걸어서 곳곳을 구경하며 가면 사람들이 우리를 보고 부러워하여 말하기를 '저 양주兩主는 둘이 똑같아서 천정연분天定緣分이로다.' 하리니 … (『도전』 6:70:1-4)

이 공사에 대해 안경전 종도사는 "삼계 역사의 절대주권자이시며 입법자이신 증산 상제님께서 후천 5만 년의 부부의 화목과 행복을 근본적으로 이루어주시기 위해 두 분께서 … 공사를 보셨습니다."[13]라고 설명하였다. 증산 상제와 수부는 '천정연분'이지만, 그것이 단순히 이승에서 맺어진 인연 정도가 아니라는 얘기다. 전생에서, 즉 천상에서부터 맺어진 인연이다. 고수부는 증산 상제와의 전생인연에 대해 다음과 같이 밝혀 주었다.

> 三十三天 內院宮 龍華敎主 慈氏婦人
> 삼 십 삼 천 내 원 궁 용 화 교 주 자 씨 부 인
>
> 天地定位하신 首婦손님 天地報恩이요
> 천 지 정 위　　　수 부　　　천 지 보 은
>
> 天皇氏 後裔로 道術造化라
> 천 황 씨 후 예　　도 술 조 화
>
> 삼십삼천 내원궁의 용화교주 자씨의 부인
>
> 천지가 정定한 위의 수부손님이니
>
> 대도통하여 천지에 보은하고
>
> 후천을 여는 천황씨의 후예로 도술조화를 내노라. (『도전』 11:171:3)

이 인용문에서 고수부가 자신의 신원을 밝힌 앞부분만을 검토한다.

불교 세계관에 따르면 '내원궁'은 불교에서 욕계欲界 제4천인 도솔천에 있다. 도솔천은 산스크리트어 투시타Tuṣita의 음역이다. 의역하여 지족천知足天이라고 한다. 즉, 이 천상에 사는 천인들은 오욕五欲을 만족하고 있음을 의미한다. 도솔천은 내원과 외원外院으로 구성되어 있다. 외원은 수많은 천인들이 즐거움을 누리는 곳이고, 내원은 미륵보살의 정토로서 '내원궁'이라고 부른다. 이 내원궁은 석가모니가 인도에 출생하기 직전까지 머물렀던 곳이다. 현재는 미래불인 미륵이 이 내원궁에 머무르면서 사바세

---

13) 안경전, 『증산도의 진리』, 서울: 대원출판, 2002, p.351.

계로 하생下生의 시기를 기다리고 있다.

미륵은 산스크리트어로 마이트레야Maitreya이며, 자씨慈氏로 번역한다. 고수부가 자신의 신원에 대해 '자씨 부인'이라고 한 것은 바로 미륵불의 부인이라는 의미이다. 미륵은 때가 되면 사바세계인 이 세상으로 내려와 석가모니가 보리수菩提樹 아래에서 도道를 깨달았듯이 용화수龍華樹 아래에서 대도통을 하고, 이후 세 차례에 걸쳐 설법을 하여 중생을 제도한다. 이를 용화삼회龍華三會, 용화세계龍華世界라 한다. 따라서 고수부가 '용화교주'라고 한 것은 바로 미륵불을 가리킨다.

그런데 지금까지의 논의를 이해하기 위해서는 증산 상제의 신원에 대한 이해가 필요하다. 즉, 증산 상제가 바로 미륵불이라는 내용이다. 증산도에서 이 사실은 아무리 강조해도 지나치지 않다. 상세한 내용은 생략하겠으나 증산 상제는 금산사 미륵전(미륵불)을 통해 인간으로 왔다(『도전』 2:94:6). 1909년 어천하기 전에 증산 상제는 "나는 금산사에 가서 불양답佛糧畓이나 차지하리라. … 내가 미륵이니라. …내가 금산사로 들어가리니 나를 보고 싶거든 금산 미륵불을 보라."(『도전』 10:33:4-6)라고 말했다. 인간으로 올 때는 물론 인간세상을 떠날 때도 금산사 미륵전(미륵불)을 통해 천상으로 갔다. 이 밖에도 증산 상제는 "내가 미륵이니라."(『도전』 2:66:5 ; 4:47:3)라고 자신의 신원을 밝혀 주었다.

정리하면 '삼십삼천 내원궁의 용화교주 자씨의 부인'이라고 한 것은 도솔천 내원궁에 계시는 용화교주인 미륵불 곧 증산 상제의 부인이 다름 아닌 자신의 신원이라는 진술이다. 일종의 전생담이다. 따라서 고수부 자신은 증산 상제에게 '천지정위天地定位하신 수부首婦손님' 곧 천지가 정한 자리의 수부손님이다.

여기서 해명되지 않은 내용이 있다. '내원궁 용화교주 자씨부인'이 있었던 천상은 도솔천이 아니라 '삼십삼천'이다. 불교의 세계관에 따르면 '삼십삼천'은 욕계 6천 가운데 제2인 도리천忉利天을 가리킨다. 내원궁이 있는 도솔천이 아니라 '삼십삼천'이라 한 이유는 무엇일까? 초기경전인 『증일아함경增—阿含經』「육중품六衆品」에 의하면 미륵불이 삼십삼천에 머물러 있었다고 전한다. 즉, 이 경전에는 덕을 많이 쌓은 한 외도가 수다원과須陀洹果[14]를 이루어 명을 다해 죽어서 삼십삼천에 태어나면, 그곳에서 미륵불을 만나 괴로움에서 완전히 벗어날 것이라는 석존의 설법을 싣고 있다.[15] 미륵은 보살로서 도솔천에 머물러 있는 것이 아니라 부처로서 삼십삼천에 머물러 있다는 내용이다. 미륵이 도솔천이 아닌 삼십삼천에 머물러 있다는 이 내용은 불교 교학에서 해명되어야 할 문제이지만, 고수부의 진술은 전혀 근거가 없는 것이 아니라는 점은 증명이 되는 셈이다.

물론 고수부의 밝힘이 불교의 어느 문맥에 맞고, 맞지 않고를 해명해야 한다는 것은 한낱 기우에 지나지 않는다. 고수부가 불교용어를 사용하고 있지만 우리 고유의 신앙인 신교神敎의 우주관에 따른 내용으로 진술하는 것이기 때문이다(따라서 여기서는 '삼십삼천'을 도솔천과 혼용해서 사용하기로 한다).

고수부는 다른 자리에서 같은 내용을 더욱 구체적으로 밝혀주고 있다.

> "금산사 미륵전 남쪽 보처불補處佛은 삼십삼천 내원궁 법륜보살이니
> 이 세상에 고씨인 나로 왔느니라." (『도전』 11:20:1)

금산사 미륵전은 미륵불을 봉안한 가람의 중심 건물이다. 『삼국유사』에 따르면 이 미륵전은 혜공왕 2년(766)에 '한국 미륵신앙의 아버지'[16]라고 할

---

14) 수다원須陀洹. 산스크리트어 Srotāpanna. 성문聲聞 4과果의 제일과第—果. 예류과預流果의 산스크리트어 이름으로 무루도無漏道에 처음 참례하여 들어간 지위를 가리킨다.
15) 『增—阿含經』「六衆品 10」. 世尊告曰, 彼是有德之人, 四諦具足, 三結使滅, 成須陀洹, 必盡苦際, 今日命終, 生三十三天, 彼見彌勒佛, 已當盡苦際.
16) 본고의 임시용어이다.

수 있는 진표율사眞表律師가 미륵불을 친견하고 중창하였다.[17] 그러나 당시 건물은 조선 제14대 왕 선조(재위 1567~1608) 30년에 정유재란 때 불에 타 없어졌다. 그 후 수차에 걸친 중수를 거쳐 오늘에 이르고 있다. 『금산사 사적기』에 의하면 진표가 봉안할 당시의 미륵불은 보처불이 없는 독존獨尊이 었다. 그러나 이 때 조성된 미륵불상은 선조 30년(1597)에 소실되었다. 이후 인조 5년(1627) 수문守文대사에 의해 미륵삼존상이 조성되었다. 그중 주불인 미륵불상은 1934년 실화로 소실되었는데 4년 만인 1938년에 다시 조성되었다. 현재 금산사 미륵전의 중앙 본존은 총 높이 11.82m(39척)의 거대한 입상이다. 또 좌우 보처불은 각기 8.79m(29척)로서 역시 동일한 입상이다.[18]

　삼존불은 본존불과 좌우에서 시립하는 보처불·보살을 합한 명칭이다. 우리나라의 법당에는 대개 주불이 좌우보처를 거느린 삼존불 형식으로 봉안되어 있다. 이러한 삼존불의 관계는 본존불의 권능을 협시挾侍 보살이 대변하는 것으로 표현된다. 이 가운데 미륵 삼존은 주로 중존은 미륵불, 왼쪽이 법화림 보살法花林菩薩, 오른쪽이 대묘상 보살大妙相菩薩을 봉안한다. 고수부가 '금산사 미륵전 남쪽 보처불은 삼십삼천 내원궁 법륜보살'이라고 하였을 때, 그 출처는 명확하지 않다. 아니, 명확하지 않는 것이 아니라 고수부의 언술 자체가 곧 출처의 근원지라고 할 수 있다. 주목되는 것은 그 법륜보살이 '이 세상에 고씨인 나로 왔다'는 고수부의 언술이다. 이 문

---

17) 진표율사가 창건 당시에는 '금당金堂'이라 하였고 '미륵전'은 후세의 호칭으로 보인다. 『삼국유사』 「관동풍악발연수석기關東楓岳鉢淵藪石記」에 "또 미륵보살이 감동하여 도솔천에서 구름을 타고 내려와 율사에게 계법을 주니 이에 율사는 시주施主를 권하여 미륵장육상을 만들고, 또 미륵보살이 내려와서 계법을 주는 모양을 금당 남쪽 벽에 그렸다(復感玆氏從兜率駕雲而下 與師受戒法 師勸檀緣 鑄成彌勒丈六像 復畫下降受戒威儀之相於金堂南壁○於甲辰六月九日鑄成 丙午五月一日 安置金堂 是歲大曆元年也。)"고 하여 당시 미륵장육상을 봉안한 '금당'이므로 여기서도 '미륵전'으로 지칭한다.
18) 한국불교연구원, 『한국의 사찰 11, 금산사』, 일지사, 1985, p.70.

맥은 증산 상제가 인간으로 오는 과정을 통해 이해될 수 있다.

증산 상제는 1902년 4월 13일에 전주 우림면雨林面 하운동夏雲洞 제비창 골 김형렬의 집에 이르러 "이제 말세의 개벽 세상을 당하여 앞으로 무극대 운無極大運이 열리나니 … 순결한 마음으로 정심 수도하여 천지공정天地公庭에 참여하라. 나는 조화로써 천지운로를 개조하여 불로장생의 선경을 열고 고해에 빠진 중생을 널리 건지려 하노라."라고 천명한 뒤에 당신이 이세상에 온 경위를 설명해 주었다.

> 또 말씀하시기를 "나는 본래 서양 대법국大法國 천개탑天蓋塔에 내려와 천하를 두루 살피고 동양 조선국 금산사 미륵전에 임하여 30년 동안 머물다가 고부 객망리 강씨 문중에 내려왔나니, 이제 주인을 심방함 이니라." (『도전』 2:15:6-8)

증산 상제가 인간으로 오기 직전에 30년 동안 금산사 미륵전에 머물러 있다가 고부 객망리 강씨 문중에 왔다는 내용이다. 이 언술을 고수부의 진술과 연결시키면 그분들이 어떤 '천정연분'의 반려자였음을 확인할 수 있다. 미륵불인 증산 상제가 금산사 미륵전에 머물렀다면, 정확하게 어디일까? 말할 나위 없이 미륵불상일 터다. 증산 상제가 금산사 미륵전 본존인 미륵불을 통해 인간으로 왔다면, 고수부는 금산사 미륵전 남쪽 보처불인 법륜보살로 있다가 왔다. 이와 같이 증산 상제와 고수부는 전생에서부터 맺어진 반려자였다.

1907년 11월 초사흗날 증산 상제는 고판례 부인을 맞아 수부 도수를 정하여 수부책봉 예식을 올렸다. 이때 증산 상제는 고부인에게 "내가 너를 만나려고 15년 동안 정력을 들였나니 이로부터 천지대업을 네게 맡기리라."(6:37:5)라고 하였다. 여기서 공사 내용(증산 상제의 언술, 행위 등)을 설명할 여유는 없다. 『도전』은 이 공사의 명칭을 '고수부님께 천지대업의 종통 대권을 전하심'이라고 하였다. 이 날을 기점으로 고수부의 입장은 하늘과 땅 차이로 벌어졌다. 수부책봉 예식을 올렸으므로 정식으로 수부가 되었 다. 증산 상제의 아내로서, 증산 상제와 함께 천지공사를 마무리 짓는 것 이야말로 고수부의 사명이었다. 나아가 증산 상제의 종통대권까지 전해 받고 도운道運(증산 상제의 도의 운로)까지 맡아야 하는 후계자가 되었다.

2) 종통 계승자로서의 수부

수부는 증산 상제의 도의 반려자이다. '반려자'의 사전적 의미는 짝이 되 는 사람을 가리킨다. 증산 상제와 수부는 '짝이 되는 사람'이다. 종속적인 의미가 아니라 평등한 관계의 짝을 일컫는다. 도의 반려자이되, 수부는 종 통 계승자이다. 1907년 동짓달 초사흗날 고수부와 수부책봉의 예식을 거 행하던 날, 증산 상제가 '이로부터 천지대업을 네게 맡기리라.'고 하여 천 하사의 종통대권을 고수부에게 전하였다. 『도전』은 이 언술에 대해 '증산 상제가 누구에게 후계 사명을 내리고 종통대권을 전하였느냐 하는 도운 공사의 핵심을 깰 수 있는 말씀"[19]이라고 설명하였다. 증산 상제의 직접적 인 언술이 아니더라도 수부책봉 예식을 거행했다는 사실 자체만으로도 이 미 종통대권은 고수부에게 전해진 것과 다름없다. 수부책봉 예식은 문자 그대로 세속적인 혼례식의 차원이 아니다. 증산 상제와 수부가 우주만유 의 어버이임을 천지에 선포하는 의식이다. 또한 정음정양正陰正陽의 후천을 여는 천지대도의 수부공사이며 증산 상제 대도의 종통을 전수하는 예식이 다.[20]

----

19) 『도전』, p.817, 측주.
20) 『도전』, p.1,210, 측주.

이어 증산 상제는 수부공사首婦公事를 행하였다.[21] 그리고 차경석 성도의 집에 처소를 정하여 '수부소首婦所'라 부르게 하고 고수부를 거처하게 하였다. 이후 증산 상제가 자신의 종통대권을 고수부에게 전하는 공사는 다양한 방법을 이루어졌다.

> 상제님께서 항상 수부님의 등을 어루만지며 말씀하시기를 "너는 복동福童이라. 장차 천하 사람의 두목頭目이 되리니 속히 도통하리라." 하시고 "이후로는 지천태地天泰가 크다." 하시니라. (『도전』 11:5:4-5)

이 공사를 이해하기란 쉽지 않다. 먼저 앞문장의 문면에 드러나는 문자적 의미만 보면 증산 상제가, 고수부는 '복이 많은 사람이다. 앞으로 천하 사람들을 가르치는 위격이 될 것이고, 따라서 도통할 날이 멀지 않았다.'라는 정도로 이해된다. 즉, 종통 후계자인 고수부가 도통하는, 천하 사람의 지도자가 되는 때를 정하는 공사로 이해된다.

후반부 문장에서 말한 지천태란 무엇인가. 지천태 괘(䷊)는 『주역』에 나오는 64괘 중의 하나이다. 즉, 곤괘坤卦(☷)와 건괘乾卦(☰)가 겹쳐 지천태(䷊) 형상을 이루는 괘이다. 일별하면 당이 위에 있고 하늘이 밑에 있는 형상이다. 이 괘는 음양이 화합하여 하나로 뭉쳐짐을 상징한다. 땅의 음기가 내려오고 하늘의 양기가 상승하는 형상으로 음양이 자유로이 상호 교류함으로써 조화가 일어나 안정을 누리게 되는 길하고 형통할 괘로 알려졌다. 그래서 후천 가을의 변화성을 상징하는 괘이다. 이 괘를 독일의 동양학자 빌헬름Richard Wilhelm(1873~1930)은 『역경강의Lectures on the I Ching』에서 '평화Peace의 괘'라고 하였다.[22] 따라서 증산 상제가 '이후로는 지천태가 크

---

21) 수부공사에 대한 상세한 내용은 『도전』 6:327, 6:38 등을 참조할 것.
22) 『도전』, p.148, 측주, 재인용.

다.'라고 한 언술은, 바꾸어 말하면 앞으로 지천태로 상징되는 세상이 온
다는, 오게 하겠다는 선언이며, 앞으로 고수부가 천하 사람의 지도자가 되
는 세상이 온다는 내용이다. 이는 증산 상제가 "후천은 곤도坤道의 세상으
로 음양동덕陰陽同德의 운運이니라."(『도전』 2:83:5)라고 선언한 내용과 같은
의미로 해석된다.

1908년 겨울, 증산 상제는 고수부가 머물던 정읍 대흥리에서 대공사를
행한 뒤에 '포정 공사布政公事'를 행하였다. 증산 상제는 "정읍에 포정소를
정하노라." 하며 "장차 크게 흥하리라."고 하였다(6:78:4-5). 그리고 얼마
뒤에 증산 상제는 다시 종통대권 전수 공사를 행하였다.

무신년 겨울에 대흥리에 계실 때 어느 날 수부님께

玉皇上帝
옥황상제

라 써서 붉은 주머니에 넣어 주시며

"잘 간직해 두라. 내가 옥황상제니라." 하시니라. (『도전』 6:82:1-3)

증산 상제는 1901년 대원사 칠성각에서 대도통을 한 날, "나는 옥황상
제니라."(2:11:12)라고 자신의 신원을 밝혀 주었다. '옥황상제'는 천지 만물
의 생명을 다스리는 조화주 하느님, 통치자 하느님의 공식 호칭이다. 증산
상제가 자신의 신원인 '옥황상제'라 쓴 명정을 염낭 속에 넣어 고수부에게
준 것은 그 자체로써 종통 전수라는 큰 의미가 담겨 있다.[23]

이 밖에도 증산 상제는 몇 차례에 걸쳐 고수부에게 종통대권을 전하는
공사를 행하였다.

---

23) 안경전, 『증산도의 진리』, 2014, p.623.

하루는 태모님께서 성도들에게 말씀하시기를 "상제님께서 천지공사를 통해 평천하를 이루시고 '수부 도수首婦度數로 천하 만민을 살리는 종통대권宗統大權은 나의 수부, 너희들의 어머니에게 맡긴다.'고 말씀하셨느니라." 하시니라. (『도전』 11:345:6-7)

수부님께서 … "나를 일등一等으로 정하여 모든 일을 맡겨 주시렵니까?" 하니 상제님께서 "변할 리가 있으리까, 의혹하지 마소." 하시고 부符를 써서 불사르시며 천지에 고축告祝하시니라. (『도전』 6:37:12-13)

『도전』에서도 증산 상제가 "수부님께 도통을 전하시어 무극대도를 뿌리내리시고 … 신천지 도정道政의 진법 도운을 여시니라. 상제님의 도권道權 계승의 뿌리는 수부 도수에 있나니"(『도전』 6:2:2-5)라고 하여 종통대권이 고수부에게 전해졌음을 분명히 밝히고 있다. 증산 상제는 여성인 수부에게 종통대권을 전하였을 뿐만 아니라 거기에 따른 문제도 미리 해결해 놓았다. 과문한 탓인지 모르겠으나 여성에게 종통이 전해지고, 그 여성이 지도자가 되어 종교단체를 이끈 경우는 세계 종교사상 그렇게 흔치 않았을 터이다. 근대 전환기이며, 소위 '근대'를 상징하는 갑오개혁이 선포된 시기라고 하지만, 증산 상제가 고수부에게 종통대권을 전하는 당시만 해도 아직 가부장적 분위기가 서슬 퍼렇게 살아있을 때였다. 이런 때에 여성인 고수부에게 종통이 넘어간다면, 증산 상제 어천 뒤에 무슨 문제가 일어날지 모를 일이었다. 그런 불미스런 일을 대비하기 위해서였을까.

"나는 서신西神이니라. 서신이 용사用事는 하나, 수부가 불응不應하면 서신도 임의로 못 하느니라. … 수부의 치마 그늘 밖에 벗어나면 다 죽는다." (『도전』 6:39:1-4)

"나의 수부, 너희들의 어머니를 잘 받들라. 내 일은 수부가 없이는 안 되느니라. 수부의 치마폭을 벗어나는 자는 다 죽으리라." (『도전』 6:96:5-6)

"수부대우를 잘하면 수명도 연장될 수 있느니라." (『도전』 6:68:5)

이 장을 마무리하면서 제기되는 한 가지 물음에 대한 해명이 필요하다. 증산 상제는 왜 여성인 수부에게 종통대권을 전했을까? 그 의의는 무엇인가? 여기에 대해서 증산도는 몇 가지로 해명한다. 첫째, 후천 정음정양의 음개벽 원리가 인사문제로 실현되기 때문이다. 둘째, 증산 상제와 고수부가 천지부모로서 자리 잡게 되기 때문이다. 셋째, 증산 상제는 수부 도수를 종통계승의 근본으로 선언하였다. 넷째, 수부를 부정하는 자는 그 누구도 난법난도자로 죽음의 심판을 받게 된다.[24]

---

24) 안경전, 『증산도 근본 진리』 2, p.84.

3 후천개벽과 수부

1) '모든 여성의 머리, 여성 구원의 선봉장'으로서의 수부

수부는 후천 새 시대의 여성문화를 여는 우먼파워woman power의 머리가 되는 분으로 곤도수, 음도수의 주재자이다.[25] 즉, 수부는 '모든 여성의 머리가 되는 분'이다. 나아가 여성 구원의 선봉장이다.

> 상제님의 도권道權 계승의 뿌리는 수부도수首婦度數에 있나니 수부는
> 선천 세상에 맺히고 쌓인 여자의 원冤과 한恨을 풀어 정음정양의 새
> 천지를 여시기 위해 세우신 뭇 여성의 머리요 인간과 신명의 어머니
> 시니라. (『도전』 6:2:5-6)

세상의 모든 이름에는 거기에 따르는 책임이 따른다. '모든 여성의 머리가 되는 분'이라면, 수부에게는 거기에 합당한 사명이 있다. 대표적인 것이 '여성 구원의 선봉장'이라는 점이다.

증산 상제가 공사로 준비한 후천 선경세계는 남녀동권시대였다. 여성이 유사 이래 억압 받아온 존재였다는 것은 굳이 많은 설명이 필요치 않을 터이다. '유사 이래'라고 하였으므로 원시 모계사회에서는 아니지 않으냐고, 그때는 모권제母權制였으므로 여성이 억압된 사회가 아니었지 않으냐고 반문할 수 있다. 선행연구에 따르면 모계사회뿐만 아니라 여성이 최초의 창조주로, 여신으로 예배의 대상이 되던 시대도 있었다. 그때는 여성이 억압

---

25) 안경전, 『관통증산도』 1, 서울: 대원출판, p.186.

의 굴레에서 벗어나 있었을까.

> 인간의 발전에서 선사 시대와 역사 시대 초기에는 최고의 창조주를 여성으로 섬기는 종교들이 있었다. '위대한 여신'—'거룩한 여성 조상'—은 기원전 7천 년 신석기 시대 초부터 서기 50년 경 마지막 남은 여신 신전들이 폐쇄될 때까지 예배의 대상이었다.
> 반면 보통 태초에 일어난 것으로 여겨지는 『성경』의 사건들은 실제로는 역사 시대에 일어났다. 고고학, 신화학, 역사학적 증거들은 모두 여성 종교가 결코 자연스럽게 사그라진 것이 아니라, 남성 신들을 최고로 받드는 신흥종교 옹호자들이 수백 년에 걸쳐 지속적으로 방해하고 탄압한 결과 말살되었음을 보여준다. 그리고 이런 신흥 종교로부터 '아담과 이브'의 창조 신화와 실낙원 이야기가 나왔다.[26]

인류 역사의 초기에 여성을 예배의 대상으로 하는 시대가 있었으나 곧 남성 신으로 대체되었고, 이 남성 신 옹호자들이 수백 년에 걸쳐 지속적으로 방해하고 탄압한 결과였다는 것이다.

모계사회라는, 여성으로의 혈족 관습을 따르는 사회는 과거뿐만 아니라 현재에도 세계의 여러 지역에 찾아볼 수 있다. 대부분의 사회가 원래 모계제, 여가장제, 심지어 일처다부제 사회였다는 이론은 19세기 말과 20세기 초에 연구의 주제 가운데 하나였다. 많은 학자들이 여기에 참여했다. 이들은 고대 사회가 여가장제와 일처다부제였다는 이론을 받아들였으며, 수많

---

26) 메린 스톤Merlin Stone, 정영목 역, 『하느님이 여자였던 시절When God is Woman』, 서울: 뿌리와 이파리, 2005, p.16.

은 증거로 자신의 이론을 뒷받침했다.[27] 이들은 인류의 가족이 원시난혼시대原始亂婚時代에서 모계시대로, 이어서 부계시대로 이행하였다는 학설을 유력하게 전개하였다. 그러나 그 후의 연구에 의해 모계제를 인류가 반드시 거쳐야 할 원시의 한 단계로 보기는 어렵게 되었다. 모계사회matrilineal society란 집단으로의 귀속이나 지위, 재산이 어머니로부터 자식에게 계승되어 모계로 결속된 사람들의 출신 집단(씨족, 혈족)이 사회의 기초단위가 되는 사회를 가리킨다. 현재도 인도의 나야르인이나, 수마트라의 미난카바우족, 라오스의 라오족, 아셈의 시카족, 북아메리카인디언의 호피족 등이 모계사회의 예로서 잘 알려져 있다. 이들 사회에서는 아버지의 존재가 거의 희박하다. 그러나 실권을 쥐고 있는 것은 여성이 아니라 남성인 어머니의 형제로, 모계사회는 이른바 모권제가 아니라는 점에 주의해야 한다. 역사적으로 보아도 과거 모권제 사회가 존재했는지 확인되지 않는다.[28] 한마디로 여성이 남성만큼 대우받는 사회는 존재하지 않았다는 것이 선행연구의 결론이다.

동양의 전통적 음양 사상에서는 과거의 이 여성억압의 역사를 억음존양抑陰尊陽으로 표현해 왔다. 동양적 사유방식의 출발점이라 할 수 있는 음양사상은 『주역周易』을 통해 최초로 이론적 체계화가 이루어졌다. 증산 상제는 "『주역』은 개벽할 때 쓸 글이니 주역을 보면 내 일을 알리라."(『도전』 5:248:6)라고 하였다. 따라서 증산 상제의 공사 기록은 『주역』을 통해 어느 정도 해명될 수 있다. 여성억압의 역사에 대해서도 마찬가지다.

선천은 억음존양의 세상이라. 여자의 원한이 천지에 가득 차서 천지

---

27) 위의 책, p.84.
28) 정치학대사전편찬위원회, 『21세기 정치학대사전』, 한국사전연구사 ; https://terms.naver.com/entry 검색일. 2021.10.25. 16:11.

운로를 가로막고 그 화액이 장차 터져 나와 마침내 인간 세상을 멸망하게 하느니라. (『도전』 2:52:1-2)

　증산 상제는 당신이 출세하기 이전의 인류 역사[29]가 이어져 온 선천先天을 '억음존양의 세상'이라고 정의하였다. 억음존양의 세상이므로 억압당하는 음, 즉 여성의 원한이 없을 리 만무하다. 그리고 선천 말기에 이르러 여자의 원한이 천지에 가득 차서 천지운로를 가로막을 뿐만 아니라 장차 그 화액이 터져 나와 인간 세상이 멸망하게 되었다. 바로 여기에 우주 주재자인 증산 상제의 손길이 개입될 필연성이 있다. 이에 대해 증산 상제는 이 원한을 풀어 주지 않으면 비록 성신聖神과 문무文武의 덕을 함께 갖춘 위인이 나온다 하더라도 세상을 구할 수가 없다고 하였다(『도전』 2:52:3). 삼계대권을 주재하는 우주 주재자가 직접 나와서 해결하는 길이 유일한 통로라는 것이다.

　"이 때는 해원시대라. 몇 천 년 동안 깊이깊이 갇혀 남자의 완롱玩弄거리와 사역使役거리에 지나지 못하던 여자의 원寃을 풀어 정음정양으로 건곤을 짓게 하려니와 이 뒤로는 예법을 다시 꾸며 여자의 말을 듣지 않고는 함부로 남자의 권리를 행치 못하게 하리라." (『도전』 4:59:2-3)

　예전에는 억음존양이 되면서도 항언에 '음양'이라 하여 양보다 음을 먼저 이르니 어찌 기이한 일이 아니리오. 이 뒤로는 '음양' 그대로 사

---

29) 본고에서는 뭉뚱그려 이렇게 표현하였지만 증산도 우주론에 따른 더욱 정확한 의미는 이것과 약간 차이가 있다. 선후천과 관련한 상세한 증산도 우주론에 대해서는 다음 논문을 참조할 것. 양재학, 「선·후천과 개벽」, 2021년 봄 증산도 문화사상 국제학술대회 자료집 『삼신·선·후천개벽』, 상생문화연구소, 2021.4.23.~4.24. pp.363-408.

실을 바로 꾸미리라. (『도전』 2:52:4-5)

"이 때는 해원시대라. 남녀의 분별을 틔워 각기 하고 싶은 대로 하도록 풀어 놓았으나 이 뒤에는 건곤의 위차位次를 바로잡아 예법을 다시 세우리라." (『도전』 2:136:3)

여자가 천하사를 하려고 염주를 딱딱거리는 소리가 구천에 사무쳤나니 이는 장차 여자의 천지를 만들려 함이로다. 그러나 그렇게까지는 되지 못할 것이요, 남녀동권 시대가 되게 하리라. (『도전』 2:53:3-6)

증산 상제가 인간으로 온 시기는 '해원시대'이다. 이 해원시대를 맞이하여 증산 상제가 개벽하고자 한 세상은 '정음정양의 남녀동권 세계'이다. 여기서 공사 내용 하나하나에 대한 논의는 생략하겠으나 증산 상제는 인용문에서 보는 공사뿐만 아니라 여러 장소에서 여성해원과 관련된 공사를 집행하여 두었다. 중요한 것은 이들 공사가 표면적으로는 우주 주재자인 증산 상제가 행한 것이지만, 이면에는 수부와 '공동작업'으로 이루어졌다는 것이다. 증산 상제는 1907년 10월 차경석 성도에게 수부택정首婦擇定 공사를 맡기면서, "천지에 독음독양은 만사불성이니라. 내 일은 수부가 들어야 되는 일"(『도전』 6:34:2)이라고 하였다. 1904년, 증산 상제는 수석성도 김형렬에게 "세상 운수가 박도迫到하였는데 아직 마치지 못한 후천선경 공사가 산적하여 있느니라. 수부를 선정하여야 모든 공사가 차례대로 종결될 터인데 수부를 아직 정하지 못하여 공사가 지체되고 있으니 속히 수부를 선정하라. 수부의 책임 공사란 수년 남아 있느니라."(3:92:3-5)라고 하였다. 여기서 '수부의 책임 공사'가 무엇일까? 증산 상제의 의중을 정확히 파악할 수 없으나 그중의 하나는 수부가 중심이 되어야 해결할 수 있는 여성

해원 문제가 최우선 순위가 아니었을까? 수부는 '모든 여성의 머리가 되는 분', '여성 구원의 선봉장'이라는 언술은 이 의미망에 포함되어 있다.

여기서 '여성 구원'이라고 하였을 때, 구원의 바탕이 되는 첫 단계는 해원이다. 증산 상제가 일련의 여성 구원의 공사를 행할 수 있었던 것도 해원시대이기 때문에 가능하였다. 바꾸어 말하면 해원시대이므로 증산 상제는 일련의 여성 구원 공사를 행하였다. 여기서 한 가지 지적할 수 있는 것은 세 수부 역시 증산 상제와 함께 여성 구원의 공사를 행하는 수부이기 이전에 그들 각자가 특수한 위치에서 원한이 맺혀 있는, 따라서 여성 구원의 대상 혹은 전범이 된다는 점이다. 불교식으로 말하면 인간은, 인간이므로 각자 욕구가 있고, 이 욕구는 결과적으로 고통을 만들어낸다. 석가는 이 고통의 문제를 풀기 위해 태자 자리를 뿌리치고 출가하였다. 증산도의 세 수부에게도 수부이기 이전에 한 인간으로서, 여성으로서 각자 원한이 없지 않았을 터다.

여기서 구체적으로 논의할 여유는 없으나 정수부는 신체적으로 맺힌 한이 있을 수 있었다. 또한 한 여성으로서, 아내로서, 한 가정의 며느리로서 행복한 가정을 꿈꾸었으나 증산 상제가 천하사를 위해 불고가사不顧家事하였으므로, 거기에 따른 원한이 없지 않았을 터다. 김수부에게는 조혼에 대한 문제, 봉건 사대부 시대 유물의 희생자로서 원한이 있을 수 있었다. 그리고 고수부에게는 끼니를 걱정해야 하는 궁핍한 자의 원한, 청춘과부로서 원한이 있을 수 있었다. 세 분 수부는 자신에게 맺혀 있는 원한부터 풀어야 하는, 즉 해원시대에 '모든 여성의 머리'로서 해원 그 자체의 전범이 되기도 하였다.[30]

---

30) 증산도의 세 수부가 안고 있었던 원한의 대상이 되는 문제에 대해서는 논자의 「증산도의 수부관 2」로 미룬다.

2) '억조창생의 생명의 어머니' 태모太母로서의 수부

수부는 뭇 창생의 어머니이다. 따라서 '태모太母'라고 칭한다.[31] 앞 장에서 수부는 '정음정양의 새 천지를 열기 위해 세운 뭇 여성의 머리요 인간과 신명의 어머니'라는 『도전』의 정의를 살펴보았다. 이 밖에도 같은 의미의 여러 가지 정의가 있다.

> 태모太母 고수부高首婦님은 억조창생의 생명의 어머니이시니라. (『도전』 11:1:1)

> 상제님께서 일러 말씀하시기를 "나의 수부, 너희들의 어머니를 잘 받들라. 내 일은 수부가 없이는 안 되느니라." (『도전』 6:96:5)

'모든 여성의 머리'로서, 나아가 여성 구원의 선봉장으로서 수부의 사명은, 여성 해원으로 사명을 다하는 것이 아니다. 수부는 천지의 뭇 생명의 어머니인 태모로서 온 인류를 해원시키는 사명도 함께 짊어지고 있다. 증산 상제는 천지의 뭇 생명의 어머니로서 수부와 관련된 공사를 여러 차례 보았다. 그 중의 하나는 고수부에게 내린 '일등무당 도수'이다. 이 공사는 앞 장의 종통대권 전수자로서의 수부 의미와 병행하여 유기적으로 독해해야 어느 정도 이해가 가능하다.

좀 길지만 전문을 인용한다.

> 대흥리에서 공사를 행하실 때 하루는 "유생儒生들을 부르라." 하시어
> 경석의 집 두 칸 장방에 가득 앉히시고 재인才人 여섯 명을 불러오게

---

31) 위의 책, p.86.

하시어 풍악을 연주하게 하시니라. 이어 "수부 나오라 해라." 하시니
수부님께서 춤을 우쭐우쭐 추며 나오시는지라 상제님께서 친히 장고
를 치시며 말씀하시기를 "이것이 천지굿이라. 나는 천하 일등 재인才
사이요, 너는 천하 일등 무당巫堂이니 우리 굿 한 석 해 보세. 이 당黨
저 당黨 다 버리고 무당 집에 가서 빌어야 살리라." 하시고 장고를 두
둥 울리실 때 수부님께서 장단에 맞춰 노래하시니 이러하니라.

세상 나온 굿 한 석에
세계 원한 다 끄르고
세계 해원 다 된다네.

상제님께서 칭찬하시고 장고를 끌러 수부님께 주시며 "그대가 굿 한
석 하였으니 나도 굿 한 석 해 보세." 하시거늘 수부님께서 장고를 받
아 메시고 두둥둥 울리시니 상제님께서 소리 높여 노래하시기를
"단주수명丹朱受命이라.
단주를 머리로 하여[32]
세계 원한 다 끄르니
세계 해원 다 되었다네." 하시고
수부님께 일등 무당 도수를 붙이시니라. (『도전』 6:93:1-10)

공사 중에 '무당 집에 가서 빌어야 살리라.'라는 말은 일반 세속의 무당
이 아니라 일등 무당 도수의 주인공 (고)수부로부터 시작하는 종통맥을 찾
아 신앙하라는 의미다. 일등무당 도수는 무엇인가? 선천 시원문화인 신교
의 실체는 우주적 영성을 가진 무당 문화라 할 수 있다. 태고의 황금시대
에 화이트 샤만White Shaman(천지조화의 광명을 받는 태초의 무당)이라 불린 존

32) '단주 수명'과 '단주를 머리로 한 해원'은 다음 책을 참조할 것. 『도전』; 노종상, 『수부 고
판례』; 이재석, 『인류원한의 뿌리 단주』, 대전: 상생출판, 2008.

재들은 몸을 가지고 대우주를 날아다닐 정도로 우주적인 영성을 가진 대무大巫로서 문명의 창시자였다. 증산 상제는 이 같은 원시의 신성 문화를 회복하는 문을 열어 놓았으며 그것을 성취한 이가 천지 무당도수를 맡은 고수부이다.[33] 따라서 이 공사에서 고수부에게 붙인 무당도수를 통해 고수부는 증산 상제의 아내로서 성령을 받아 내려 후천 곤도시대의 첫 여성이 되며, 상제로부터 친히 도통을 받아 후천선경 건설의 도운道運을 처음 열고 후천 대개벽기에 인류의 거룩하신 생명의 어머니가 되는 것이다.

증산 상제는 이 공사를 '천지굿'이라고 하였다. 이 천지굿판에서 증산 상제는 천하 일등 재인이 되고 고수부는 천하 일등 무당으로 이른바 천지 해원굿 한 판을 벌인 장면이다. 이 천지굿판에서 주인은 일등 무당인 고수부이고, 증산 상제 당신은 재인으로 보조인물이다. 즉, 이 공사에서 고수부는 해원시대를 맞이하여 세계 원한을 모두 끌러내는, 세계해원 굿판의 주인공이 된다.

---

33) 『도전』, p.843.

4 천지공사와 수부: '어머니 하느님'으로서의 수부

우주 주재자의 반려자인 '어머니 하느님'으로서의 수부는 앞장에서 살펴본 '억조창생의 생명의 어머니, 태모'에서 더욱 확대된 개념이라고 할 수 있다. 모든 선천 종교, 혹은 후천 무극대도의 개념이 그렇지만, 개념은 단지 개념으로 끝나는 것이 아니다. 실천적 행위가 동반해야 한다. 그렇다면 '어머니 하느님'으로서의 수부의 실천적 행위는 무엇인가? 그것은 천지공사이다.

천지공사란 무엇인가? 증산 상제는 "현하의 천지대세가 선천은 운을 다하고 후천의 운이 닥쳐오므로 내가 새 하늘을 개벽하고 인물을 개조하여 선경세계를 이루리니 이 때는 모름지기 새판이 열리는 시대나라. 이제 천지의 가을운수를 맞아 생명의 문을 다시 짓고 천지의 기틀을 근원으로 되돌려 만방에 새 기운을 돌리리니 이것이 바로 천지공사나라."(『도전』 3:11:3)라고 하였다. 그러므로 천지공사란 우주 주재자가 천지 만물의 미래를 준비하는 일종의 프로그램이라고 할 수 있다. 물론 '천지공사'는 증산 상제가 처음 사용한 용어이다. 증산 상제는 "나는 예언자가 아니로다. 나의 일은 세상 운수를 미리 말함이 아니요, 오직 천지공사의 도수로 정하여 내가 처음 짓는 일."(3:227:7)이라고 하였다.

> 상제님께서 선천 억음존양의 건곤을 바로잡아 음양동덕陰陽同德의 후천세계를 개벽하시니라. 이에 수부님께 도통을 전하시어 무극대도를 뿌리내리시고 … 신천지 도정道政의 진법 도운을 여시니라. (『도전』 6:2:1-4)

수부님께서는 후천 음도陰道 운을 맞아 만유 생명의 아버지이신 증산 상제님과 합덕하시어 음양동덕으로 정음정양의 새 천지인 후천 오만 년 조화 선경을 여시니라. (『도전』 11:1:2-3)

수부는 '어머니 하느님'으로서 천지공사를 행하는 분이다. 수부는 어떤 자격으로 천지공사를 행하는가? 수부는 증산 상제의 종통대권 전수자로 서, 증산 상제의 후계자로서 선천 억음존양의 건곤을 바로잡아 음양동덕 의 후천세계를 개벽하는 분이다. 따라서 증산 상제는 수부에게 도통을 전 하여 무극대도를 뿌리내리고, 신천지 도정의 진법 도운을 열었다. 수부는 증산 상제의 반려자로서, 그리고 후천 음도 운을 맞아 만유 생명의 아버지 인 증산 상제와 합덕한 만유생명의 어머니로서 정음정양의 새 천지인 후 천 오만년 조화 선경을 여는 분이다. 다시 강조하지만, 이와 같은 천지공 사는 단지 언술에 그치는 것이 아니다.

『도전』에서는 "모사재천謀事在天하고 성사재인成事在人하는 후천 인존人尊시 대를 맞이하여 천지부모이신 증산 상제님과 태모 고수부님께서 인간과 신 명이 하나되어 나아갈 새 역사를 천지에 질정質定하시고…"라고 하였다. 또 한 증산 상제는 "모사재천은 내가 하리니 성사재인은 너희들이 하라."(『도 전』 8:1:2-6)라고 하여, 일을 꾸미는 것은 증산 상제와 수부가 하고, 그 일을 이루는 것은 남은 인간들이 하는 것이라 하였다. 수부는 만유 생명의 어머 니로서 자식의 '앞날(후천)'을 위해, 우주 주재자의 반려자인 어머니 하느님 으로서 천하 만유를 살리기 위해 천지공사를 행한 분이다.

태모님께서 당신을 수부로 내세우신 상제님으로부터 무극대도의 종 통을 이어받아 대도통을 하시고 세 살림 도수를 맡아 포정소布政所 문 을 여심으로써 이 땅에 도운의 첫 씨를 뿌리시니라. 태모님께서는 수

부로서 10년 천지공사를 행하시어 온 인류의 원한과 죄업을 대속代贖
하시고 억조창생을 새 생명의 길로 인도하시니라. (『도전』 11:1:5-7)

증산 상제의 무극대도의 종통을 이어받아 대도통을 하고 도운의 첫 씨
를 뿌린 고수부는 '수부로서 10년 천지공사를 행하시어 온 인류의 원한과
죄업을 대속하고 억조창생을 새 생명의 길로 인도'하였다. 그 공사의 내용
은 '온 인류의 원한과 죄업을 대속하시고 억조창생을 새 생명의 길로 인
도'하는 것이었다.

고수부는 증산 상제 어천 2년 뒤인 1911년 9월 20일 아침에 대도통을
하였다. 이때 고수부가 갑자기 '상제님의 음성'으로 경석에게 "누구냐?"
하고 물었다. 증산 상제의 음성으로 말했다는 것은 곧 증산 상제의 성령
을 받고 대도통을 하였으며, 나아가 증산 상제의 성령으로 공사를 보고
있다고 독해해도 무리는 없을 것이다. 이와 같이 수부가 천지공사를 행할
때에 비록 증산 상제가 옆에 부재한다고 해서, 없는 것이 아니다. 이 경우
"독음독양이면 화육化育이 행해지지 않나니 후천은 곤도坤道의 세상으로
음양동덕의 운"(『도전』 2:83:5)이며, "천지에 독음독양은 만사불성이니라.
내 일은 수부가 들어야 되는 일"(『도전』 6:34:2)이라는 증산 상제의 공사 말
씀은 수부를 두고 한 것이지만, 반대의 경우도 성립한다는 점에 유의해야
한다. 고수부가 행하는 천지공사에는 언제 어느 때나 증산 상제의 성령이
함께하여 진행된다고 할 수 있다.

고수부의 천지공사는 47세 때인 병인丙寅(1926)년 3월 5일에 시작되었
다. 고수부는 이 날 다음과 같이 선언했다.

3월 5일에 태모님께서 여러 성도들을 도장에 불러 모으시어 선언하
시기를 "이제부터는 천지가 다 알게 내치는 도수인 고로 천지공사를

시행하겠노라. 신도행정神道行政에 있어 하는 수 없다." 하시니라. 이 어 말씀하시기를 "건乾 십수十數의 증산 상제님께서는 9년 공사요, 곤 坤 구수九數의 나는 10년 공사이니 내가 너희 아버지보다 한 도수가 더 있느니라." 하시니라. (『도전』 11:76:1-4)

고수부가 10년간 행한 천지공사의 의의에 대해 『도전』은 "상제님과 수 부님은 억조창생의 부모로서 음양동덕이시니, 상제님께서는 건도乾道를 바 탕으로 9년 천지공사를 행하시고 고수부님께서는 곤도坤道를 바탕으로 10년 천지공사를 행하시거늘 인기어인人起於寅 도수에 맞춰 시작하시니라. 이에 상생의 도로써 지난 선천 세상의 원한과 악척이 맺힌 신명을 해원하고 만 백성을 조화調和하여 후천 오만년 지상선경地上仙境의 성스런 운로를 밝게 열어 주시니라."(『도전』 11:76:5-8)라고 풀이해 주고 있다.

고수부가 천지공사를 시작한 병인년은, 증산 상제가 고수부에게 붙여놓 은 '세 살림 도수' 가운데 첫째 살림인 정읍 대흥리 도장 시절(1911. 10~ 1918. 10)이 끝나고, 둘째 살림인 김제 조종리 도장 시절(1918. 11~1929. 9) 의 중기에 해당한다. 고수부는 자신의 공사에 대해, "상제님의 천지공사는 낳는 일이요, 나의 천지공사는 키우는 일이니라."(『도전』 11:99:3)라고 하였 다. 증산 상제는 물론 고수부가 행하는 천지공사의 성격에 대해 이보다 더 간단하게 정의를 내릴 수 없을 터다. '부생모육父生母育'이라는 말이 있다. 아버지는 낳게 하고, 어머니는 낳아 기른다는 뜻이다. 어머니이되, 천지 만 유의 어머니요, 그런 위격에서 고수부는 천지공사를 행한다.

증산 상제와 고수부의 천지공사에 대해 '후천 인존시대를 맞이하여 천 지부모이신 증산 상제님과 태모 고수부님께서 인간과 신명이 하나되어 나 아갈 새 역사를 천지에 질정'한 것이라는 대목도 유의해야 한다. 증산 상 제와 고수부는 천지부모로서 자식 농사—인간 농사를 짓는다(『도전』

6:124:8). '농사'를 짓는 지침서가 바로 천지공사다. 같은 '지침서'라고 해도 증산 상제와 고수부의 그것은 특성이 조금 다르다. 천지의 아버지인 증산 상제가 행하는 천지공사는 씨를 뿌리는 것이요, 천지의 어머니이니 고수부가 행하는 공사는 기르는 것이다. 이 공사 정신에 따라서 고수부는 지난 선천 세상의 원한과 악척이 맺힌 신명을 해원하고 만백성을 조화하여 후천 오만년 지상 선경의 성스런 운로를 밝게 열어 주었다. 즉, 후천 선도 문명의 운로를 열어 주었다.

　여기서 고수부가 행한 10년 천지공사 전체를 논의할 여유는 없다. 다만 종통 후계자로서 진법 도운을 열어야 하는 고수부가 행한 도운공사에 대해서 간략하게 검토한다. 도운이란 무엇인가? 고수부가 행한 천지공사는 두 갈래로 전개된다. 하나는 도운공사요, 다른 하나는 세운공사다.[34] 전자는 증산 상제의 무극대도가 인간 역사에 뿌리내려 제자리를 잡는 과정이다. 즉, 증산 상제의 도의 운로이다. 후자는 세운은 세계 질서를 재편하여 지구촌 인류 역사의 운명을 도수로 짜 놓은 것이다. 결국, 증산 상제의 도법에 의해 지구촌 인류 역사가 둥글어 가기 때문에 도운을 중심으로 세운을 해석해야 한다.[35] 여기서도 고수부 10년 천지공사 전체를 검토할 여유가 없으므로 도운공사 가운데 몇 가지만 살펴본다. 먼저 증산 상제와 수부의 도운이 전개되는 원리를 보자.

　상제님께서 "나는 천지일월天地日月이니라." 하시고 삼원三元[36]의 이치에 따라 건곤감리 사체四體를 바탕으로 도체道體를 바로잡으시니 건곤乾坤(天地)은 도의 체로 무극이요, 감리坎離(日月)는 도의 용이 되매 태

---

34) "상제님의 대이상이 도운과 세운으로 전개되어 우주촌의 선경낙원仙境樂園이 건설되도록 물샐틈없이 판을 짜 놓으시니라."(『도전』 5:1:9)
35) 『도전』 p.529.
36) "천지의 이치는 삼원三元이니 곧 무극無極과 태극太極과 황극皇極이라.(『도전』 6:1:5-6)

극[水]을 체體로 하고 황극(火)을 용用으로 삼느니라. (『도전』 6:1:5-6)

동양사상의 심오한 내용이므로 독해하는데 어려움이 있지만, 좀 거칠게 살펴보면 증산 상제의 도의 바탕[道體]은 건곤감리 즉, 천지일월이다. 이 가운데 건곤은 도의 체로 무극인데, 인사로 말하면 천지부모인 증산 상제와 고수부가 된다. 감리는 일월로서 도의 용이 되는데 태극[水]을 체로 하고 황극[火]을 용으로 한다. 그렇다면 인사로서 일월은 누구인가?

이에 수부님께 도통을 전하시어 무극대도를 뿌리내리시고 그 열매를 수화水火[坎離]의 조화 기운을 열어 주는 태극과 황극의 일월용봉도수日月龍鳳度數에 붙이시어 신천지 도정의 진법 도운을 여시니라. 상제님의 도권道權 계승의 뿌리는 수부도수에 있나니 수부는 선천 세상에 맺히고 쌓인 여자의 원寃과 한恨을 풀어 정음정양의 새 천지를 여시기 위해 세우신 뭇 여성의 머리요 인간과 신명의 어머니시니라. 대두목은 상제님의 대행자요, 대개벽기 광구창생의 추수자이시니 상제님의 계승자인 고수부께서 개척하신 무극대도 창업의 추수운을 열어 선천 인류문화를 결실하고 후천 선경세계를 건설하시는 대사부이시니라. (『도전』 6:2:2-8)

증산 상제와 고수부의 '신천지 진법 도운의 종통맥'을 이보다 더 원리적으로 깊숙하게 진술하기는 쉽지 않을 터다. 이 진술은 증산 상제가 어천한 지 2년 뒤인 1911년 9월 20일 아침에 증산 상제의 성령을 받고 대도통을 한 날, 고수부가 했던 말과 일맥상통한다.

이 때 수부님께서 일어나 앉으시어 갑자기 상제님의 음성으로 경석에게 "누구냐?" 하고 물으시니 경석이 놀라며 "경석입니다." 하거늘 …
"나는 낙종落種 물을 맡으리니 그대는 이종移種 물을 맡으라. 추수秋收
할 사람은 다시 있느니라." 하시니라. (『도전』 11:19:6-10)

『도전』을 보면 이 공사에 '후천 오만년 종통맥과 추수할 사람'이라는 제
목이 붙텅 있다. 이것은 고수부가 행한 도운공사의 머리에 위치한다. 이
공사에 의해 고수부의 낙종도수, 차경석의 이종도수, 그리고 최후의 '추수
할 사람' 도수가 정해졌다. 고수부는 이 공사 이후 성령에 감응되어 수부
로서의 신권神權을 얻고 대권능을 자유로 쓰며 신이한 기적과 명철한 지혜
를 나타냈다. 천하 창생의 태모로서 증산 상제 대도의 생명의 길을 열어
주기 위한 대장정에 들어섰던 것이다. 이 공사에서 '도의 운로를 추수할
사람'은 누구인가? 앞의 인용문에서 천지일월의 사체 가운데 일월에 대해
'대개벽기 광구창생의 추수자이시니 상제님의 계승자인 고수부께서 개척
하신 무극대도 창업의 추수운을 열어 선천 인류문화를 결실하고 후천 선
경세계를 건설하시는 대사부'를 말했는데, 바로 그 대사부가 '추수할 사
람'이다.

증산 상제가 집행해 놓은 고수부의 '세 살림 도수' 가운데 셋째 살림은
김제 용화동 살림 도장(1929. 9~1933. 11)이다. 여기에는 정읍 왕심리 도장
시기(1929. 9~1931. 11)이 포함되어 있다. 1933년, 용화동 시절을 마치고
떠나기 직전에 고수부는 위 공사의 전반부 가운데 '태극과 황극의 일월용
봉도수'와 관련된 다음과 같은 도운공사를 집행하였다.

태모님께서 용화동에 계실 때 천지에서 신도가 크게 내리매 여러 차
례 용봉龍鳳을 그려 깃대에 매달아 놓으시고 공사를 행하시더니 용화
동을 떠나시기 얼마 전에 다시 용봉기龍鳳旗를 꽂아 두시고 이상호에

게 이르시기를 "일후에 사람이 나면 용봉기를 꽂아 놓고 잘 맞이해야 하느니라." 하시고 "용봉기를 꼭 꽂아 두라." 하시며 다짐을 받으시니라.

또 말씀하시기를 "용화동은 동요동東堯洞이요, 건곤乾坤의 사당祠堂 자리이니 미륵이 다시 서니라. 사람들이 많이 오게 되나니 법은 서울로부터 내려오는 것 아니더냐. 앞으로 태전太田이 서울이 되느니라."

(『도전』 11:365:1-6)

용봉을 그려 종통 도맥을 전하는 공사이다. 이 공사에서 용봉은 무엇인가? 용봉은, 증산 상제와 고수부의 도업을 계승하여 선천 상극시대를 매듭짓고 이 땅에 후천 5만 년 선경 세계를 건설하시는 인사 대권자로서 '용'과 '봉황'으로 상징되는 두 분을 가리킨다. 이 공사에 나오는 '용봉기'에 대해서 『도전』에는 "증산도 안운산 종도사님께서 제2변 도운을 용화동에서 시작하심으로써 태모님의 용봉기 공사가 실현되었다."라고 기록되어 있다. 또 '앞으로 태전이 서울이 된다'는 내용은 "태모님을 모신 이용기 성도의 제자 임예환과 차경석 성도의 당질부 손승례의 딸 차봉수 증언"[37]이라고 그 출처를 밝혔다.

37) 『도전』, p.1,397, 측주.

5 맺는 말

지금까지 증산도의 수부관을 논의하였다. 증산도의 수부는 세 분이다. 정수부와 김수부, 고수부가 그들이다. 그러나 수부로서 완전한 자격을 갖추고, 그 격에 맞는 천지공사를 행한 분은 고수부였다. 본격적인 논의는 다른 기회로 미루었으나 정수부, 김수부가 수부로서 역할을 제대로 하지 못했다고 해서 수부의 대우를 받을 수 없는 것은 아니다. 세속에서 이혼이나 특별한 사고 등 여러 가지 이유로 어머니로서 역할을 제대로 할 수 없었다고 해서 그 자식에게 어머니가 아닐 수 없는 것처럼.

본고에서는 증산도의 수부관과 관련된 내용을 중심 주제에 따라 넓게는 세 가지 범주, 좁게는 다섯 가지 범주로 구분하였다. 전자는 도운과 세운, 그리고 천지공사의 관점으로 구분하였다. 도운의 관점으로서 증산 상제의 아내, 도의 반려자로서 수부를 검토하였다. 세운의 관점으로서는 후천개벽과 수부를, 마지막으로 천지공사의 관점으로서는 '어머니 하느님'으로서 수부를 검토하였다. 후자, 즉 다섯 가지 범주에 따라 검토한 증산도 수부관은 다음과 같다(다시 말하지만, 이와 같은 구분은 어디까지나 논의의 편의를 위한 분류일 뿐이다. 증산도의 수부관은 관점에 따라 여기서 더 보탤 수도 있고 빠져야 할 부분이 있을 지도 모른다).

1. 증산 상제 '아내'로서의 수부: 수부는 천상에서부터 인연을 맺은 증산 상제의 반려자다. 따라서 이 세상에서 어떤 식으로든 다시 만나게 되어 있는 운명이라고 할 수 있다.

2. 종통 계승자로서의 수부: 수부는 증산 상제의 종통을 전해 받은 후계

자이기도 하다. 이것은 이후 증산 상제 도문에 입도한 신도들이 종통 계승자인 수부를 찾아야 진법신앙을 할 수 있다는 얘기에 다름 아니다. 후천 가을개벽을 맞이하여 진법신앙을 하는 자는 열매(씨종자)인간이 되어 살아남고, 난법신앙을 하는 자는 낙엽이 되어 흩어져 땅에 떨어져 썩고 말 것이다.

3. '모든 여성의 머리, 여성 구원의 선봉장'으로서의 수부: 수부는 유사 이래 억압당해 온 여성의 머리가 되는 분이다. 또한 인류의 절반이 되는 여성의 원한을 해원시키고 후천 선경세계로 가는 배로 승선시키는 선장과 같은 분이다. 그러나 수부의 맡은 바 사명은 거기서 끝나지 않는다.

4. '억조창생의 생명의 어머니' 태모로서의 수부: 수부는 천지 억조창생의 어머니다. 어머니가 어찌 자식을 버릴 수 있겠는가. 여성 구원의 선봉장으로서 여성해원과 구원은 물론이요 천지의 어머니로서 천하창생을 살리는 역할도 수부의 몫이다.

5. 천지공사와 수부― '어머니 하느님'으로서의 수부: 수부는 인간으로 온 '여신' 즉, 하느님이다. 종통계승자이기도 한 어머니 하느님 수부는 우주 주재자요, 통치자인 아버지 하느님의 삼계대권을 이어받아 후천 개벽기에 인류를 구원하는 10년 천지공사를 집행한 분이다.

≡ 참고문헌 ≡

1. 경전류

- 『도전』
- 『증일아함경』

2. 일반 논문 및 단행본

- 노종상, 「수부, 천지의 어머니」, 『증산도사상』 제2집, 증산도사상연구소, 2000.
- _____, 『수부 고판례』, 대전: 상생출판, 2010.
- 안경전, 『증산도의 진리』, 서울: 대원출판, 2002.
- _____, 『증산도 기본교리』 2, 서울: 대원출판, 2007.
- _____, 『관통증산도』 1, 서울: 대원출판, 2006.
- _____, 『증산도의 진리』, 대전: 상생출판, 2014.
- 양재학, 「선·후천과 개벽」, 2021년 봄 증산도 문화사상 국제학술대회 자료집 『삼신·선·후천개벽』, 상생문화연구소, 2021.4.23.~4.24.
- 유철, 『어머니 하느님-정음정양의 수부사상-』, 대전: 상생출판, 2011.
- 윤창열, 「증산도 『도전』 간행의 당위성과 역사성」 제4집, 증산도사상연구소, 2001.
- 이정립, 『고부인신정기』, 김제: 증산대도회본부, 1963.
- 이재석, 『인류 원한의 뿌리 단주』, 대전: 상생출판, 2008.
- 정치학대사전편찬위원회, 『21세기 정치학대사전』, 한국사전연구사, https://terms.naver.com/entry, 검색일 2021.
- 한국불교연구원, 『한국의 사찰 11, 금산사』, 일지사, 1985.
- 메린 스톤Merlin Stone, 정영목 역, 『하느님이 여자였던 시절When God is Woman』, 서울: 뿌리와 이파리, 2005.

증산도 '대인대의大仁大義'와 보천교 교리 '인의仁義'

유 철

유 철

경북대학교 철학박사

경북대학교, 대구교육대학교, 대구한의과대학교에서 강의

상생문화연구소 연구실장

저서

『근본으로 돌아가라-원시반본, 보은, 해원, 상생』

『어머니 하느님』

『만사지』

『강증산의 생애와 사상』(공저)

『동학, 잃어버린 상제를 찾아서』(공저)

『보천교 다시보기』(공저)

『우주의 교향곡, 천부경』(공저)

『이땅에 온 상제, 강증산』(공저)

「칸트의 자아론」

「칸트의 관념론 논박」

「내감의 역설과 자아」

「철학적 인간학」

「현상체와 가상체」

「보천교 교리연구」

「칸트와 루소」(번역서)

1 들어가는 말

이 글의 주제는 인의仁義이다. 인의는 인과 의를 강조한 공자와 맹자에 의해 시작된 사상으로 유교의 핵심 개념이라고 할 수 있다. 그런데 그 인의는 유불선을 통합하여 새로운 가르침을 연 증산 상제에 와서 '대인대의'라는 개념으로 그 의미가 새롭게 설정되었다. 그 후 증산 상제의 종도이자 일제시대 보천교라는 교단을 창시한 차경석에 의해서 인의는 교단의 가장 중요한 이념을 나타내는 교리가 되었다. 그 셋은 서로 같은가 다른가? 같다면 무엇이 같고 다르다면 무엇이 다른가? 그리고 그 근거는 무엇인가?

필자가 이 주제를 연구한 이유는 일차적으로는 대인대의, 즉 인의가 증산 상제의 가르침에서 어떤 의미가 있는지를 검토하는 데 있었다. 그러기에 먼저 유교에서 인의가 무엇인가를 살펴볼 필요가 있었다. 그러나 유교의 인과 의에 대한 분석은 이 글의 수단일 뿐이다. 중요한 것은 증산 상제의 대인대의가 후천의 생활문화인 선 문화와 관련하여 어떻게 이해될 수 있는가 하는 것이다. 보천교의 인의와 증산 상제의 대인대의가 유교적 색채를 띤 것은 사실이다. 그러나 유교나 불교나 도교는 선천 종교로서 각각 고유의 특징을 가지고 있다. 이러한 각 종교의 핵심을 통일한 무극대도로서 증산 상제의 후천 선은 선천 선의 한계를 포월하는 새로운 선으로 이해되어야 한다. 유교는 새로운 유교로 후천 선 문화의 한 토대로 습합되는 것이다. 인의에 바탕을 둔 대인대의는 그래서 유교의 인의를 포월하는 새로운 개념으로 받아들여져야 한다. 대인대의를 연구함에 이것은 가장 중요한 전제이다.

한편 차경석은 보천교를 개창하고 인의로 교리를 삼았다. 물론 차경석에 의해 보천교의 교리가 된 인의 역시 유교와 뗄 수 없는 관계에 있다. 그래서 보천교 연구가들은 차경석이 증산 상제의 본래의 가르침에서 벗어나 스스로 유교적 가르침을 근본으로 삼았다는 주장을 펴게 되었다는 것이다. 이러한 보천교 연구자들의 해석은 정당한가? 필자는 보천교 교리 인의가 보천교, 혹은 차경석의 신로변경, 혹은 보천교의 유교화의 결과로 드러난 것인지 아닌지를 보천교 문서들을 통해서 좀 더 논리적으로 확인하고자 하였다. 그 결과는 의외로 보천교의 인의는 증산 상제의 종도로서 차경석이 선택한 결과이지 유교적 신로변경의 증거는 아니라는 것이다. 특히 보천교의 인의는 새로운 유교, 즉 유불선의 통일문화인 후천 선의 한 바탕으로 이해되어야 할 대인대의에서 온 것이다. 따라서 이러한 상호간의 맥락을 분석하여 그 원래의 의미를 찾는 것은 매우 중요한 작업입니다.

사실 증산도 진리의 테두리를 벗어나면 일반적으로 보천교에 대해서도, 차경석에 대해서도 잘 알려져 있지 않다. 만일 그에 대해 연구한다면 일제 하 민족종교로서 보천교가 700만의 교도를 거느리면서 독립운동에 자금을 대는 등 깊이 관여했다는 점이나 일진회, 대동회 등 당시 사회단체들의 활동 등에 관련되어 있다는 것이 주제가 될 것이다. 필자는 이와 달리 보천교의 교리를 통해 보천교의 뿌리와 이념, 이상 등에 대해 관심을 갖고 증산 상제의 종도로서 차경석의 보천교를 보고자 하였다. 이를 통해 차경석도, 보천교도 모두 증산 상제와의 관련 하에 그 전모를 드러내고자 하였고, 독립운동이나 사회단체와의 관계가 아니라 증산 상제의 가르침이 선포되는 맥락에서 그 교리도 신앙도 확인하고자 하였다. 이 글은 그러한 목적의 한 시도이다.

2 유교의 인仁과 의義

유교에서 인의는 공자의 인과, 이를 이어받은 맹자의 인의仁義 사상의 종합이다. 그리고 그 두 철학자의 인仁 사상의 근원은 '천天'이다. 동양 고대 사상에서 하늘은 모든 질서의 바탕이며 행위의 근원이다. 공자와 맹자에 있어서도 하늘은 물리적 하늘이 아니라 완전하고 선하고 어질고 아름다운 것의 본체이다. 뿐만 아니라 인간 생성의 근원 역시 하늘이기에 인간은 하늘을 본받아 살아가며, 인간의 정치와 도덕 역시 하늘의 본성을 토대로 규정되었다. 그래서 하늘의 형이상학적 특성을 천도天道로 이름할 수 있다면, 인간의 형이상학적 특성은 인도人道로 규정된다. 즉 하늘의 길이 있다면, 그 길을 본받은 인간의 길이 존재한다는 것이다. 이러한 도식은 인간의 실천도덕에도 해당한다. 그래서 천도를 본받아 인도를 완성하고 이를 실천하는 자가 유교에서 완성된 도덕적 인격체, 즉 성인聖人 혹은 대인大人인 것이다.

공자에 있어 윤리적 삶의 내적 근거는 바로 인仁이다. 그런데 『논어』에서 "하늘이 나에게 덕을 심어두었다"[1]고 한 것처럼 인간의 내적 본성은 하늘이 부여한 것이므로 인을 구하는 것은 내 마음 속의 천리天理를 구하는 것과 같다. 즉 인을 실현하는 것은 내 본성에 내재한 하늘의 도를 발현하는 것이다. 그런데 공자는 혼란한 세상을 이상적인 세상으로 만드는 조건을 사람의 도덕적 실천에서 찾았기에 인仁은 도덕적이며 이상적인 삶의 근거로 규정되었다. 즉 올바른 세상은 올바른 인간에서 찾아지므로 혼란한 현실 속에서 올바른 인간의 완성이 그 목적이며, 이는 바로 내면에 깃든 인

---

1) 『論語』, 「述而」, "天生德於予"

의 실현이며 실천이다. 비록 인이 천에 근거를 두고 있지만 그 인은 형이
상학적 도식적 인이 아니라 현실 속에서 실현될 삶의 도리이며, 인간 사이
의 올바른 법도이며, 실천 규범으로 나타난다.

　맹자 역시 인을 구하는 것은 천도를 실현하는 것으로 보았다. 공맹 사상
에서 그 핵심은 모두 바로 인과 인의이다. 그 구조는 공자가 인仁을 천도天
道로 표방하였다면 맹자는 공자의 인의 도가 발현한 도덕적 인간을 내세
워 인을 세상에 구현하고자 노력한 것이다. 이 두 철학자의 관계는 다음과
같이 비교된다.

> 공자는 인으로써 의지의 입법성을 긍정하는 도덕 철학의 기본 방향
> 을 열었고, 맹자는 이를 계승하여 심선心善으로써 성선性善을 증명하
> 였으며, 또한 인의 내재로써 심학 이론의 초보적인 완성을 이루었
> 다.[2]

　즉 공자의 사상을 계승한 맹자는 하늘의 이치는 인간의 내면에 자리 잡
아 그 도덕적 성품을 결정하며, 따라서 인간의 성품은 원래부터 하늘의 본
성을 본받아 선한 존재라고 보았다. 이것이 맹자 성선설의 논리적 결론이
며 공자의 인仁과 만나는 지점이다. 『中庸』에 나오는 "天命之謂性 率性之謂
道 修道之謂教"[3]라는 유명한 구절은 맹자의 철학과 결코 다르지 않다. 공
자와 맹자는 인간의 출처를 하늘로 보며, 당연히 인간의 본성은 하늘의 본
성과 같아 그 속에 도덕적 씨앗을 품고 있으며, 그 도덕적 본성이 행위로
드러나 인仁이 실현된다고 설명한다는 점에서 같은 길에 서있다.

　맹자의 가르침을 기록한 책 『맹자孟子』는 동양 4대 고전古典에 속한다. 그

---

2) 황갑연, 『공맹철학의 발전』, 서울: 서광사, 1998, p.15.
3) 『中庸』 「首章」

첫 장이 「양혜왕梁惠王」편이다. 여기에는 맹자가 자신의 도덕정치를 실현하기 위해 천하를 주유하는 과정에서 제일 먼저 방문한 나라인 양나라의 왕과 올바른 정치에 대해 논하는 내용이 담겼는데 그 첫 구절은 바로 인의仁義에 대한 것이다.

> 맹자께서 양혜왕을 만나보시었다. 왕께서 말씀하시었다. "선생께서 천리길을 마다않고 찾아오셨으니 장차 우리나라에 이로움이 있겠습니까?" 맹자께서 대답하시었다. "왕께서는 무엇 때문에 이체를 말씀하시는 것입니까? 오직 인의仁義가 있을 뿐입니다."[4]

여기서 인의에 대한 맹자의 강조는 유가 심성론의 확립과 왕도정치의 강조, 그리고 인의를 근거로 한 의義와 리체의 구분이라는 맹자철학의 세 가지 공헌[5] 중 하나다. 그럼 맹자의 인의는 어떻게 규정할 수 있을까? 한 마디로 인간의 본성이다. 맹자는 다음과 같이 말한다.

> 측은지심, 수오지심, 공경지심, 시비지심은 모두 인간이 가지고 있는 것이다. 측은지심을 인仁이라 하고, 수오지심을 의義라 하고, 공경지심을 예禮라 하고 시비지심을 지知라 한다. 인의예지仁義禮智는 밖에서 나에게로 온 것이 아니라 내가 원래 가지고 있는 것이지만 단지 그것을 생각하지 않고 있을 뿐이다.[6]

----
4) 『맹자』 「양혜왕」편 上, 이가원 역, 서울: 홍익신서, 1993, p.16, "孟子見梁惠王 王曰 叟不遠千里而來 亦將有利吾國乎 孟子對曰 王何必曰利 亦有仁義而已矣."
5) 蔡仁厚, 『孔孟荀哲學』, 1권, p.143. 황갑연, 『공맹철학의 발전』, p.31 참조.
6) 『맹자』 「告子」편 上. 여기서 맹자의 사단과 차이는 '공경지심'인데 공경한 마음은 사단의 '辭讓之心'에 해당한다. 사양지심이란 양보하고 겸손한 마음으로 이는 남을 공경하는 것과 같은 것이다. 둘 다 인간에 갖춰진 본성인 예와 대응한다.

맹자의 말은 곧 인의예지는 인간 고유의 본성이며, 그것은 인간의 심성 깊은 곳에 내재한 네 가지 착한 마음인 측은지심, 수오지심, 공경지심, 시비지심 사단四端이 성숙, 발전하여 마음의 규범으로 드러난다는 것이다. 그래서 맹자는 인의예지가 우리의 본성이지만 우리는 그것을 생각하고 있지 않아서 없는 것처럼 보인다고 말한다. 즉 맹자에 있어 인의는, 사단四端이 본래적인 것으로 천도가 사람에게 내재한 선한 심성인 것처럼, 그 자체 은폐된 사람의 본성이다. 간단히 말해 측은지심은 인간이 원래 품부받은 착한 마음이며, 이 측은지심이 발현되어 드러나게 되면 인仁이 하나의 도덕 규범으로 구체화되는 것이다. 예를 들어 아이가 우물에 빠지려는 것을 보면 즉각 측은지심이 발동한다. 그러나 그 마음만 있다면 아무 소용이 없다. 즉각 그 마음이 실천으로 옮겨져 아이를 구해야한다. 이러한 실천을 통해 인이 실현되는 것이다. 인간의 본성으로 하늘이 심어준 인의는 사단을 통해 드러나는 것이니 사단은 인의예지에 실천적으로 선행하지만 논리적으로 인의예지가 먼저이다.

> 인仁과 심心은 도덕 이성인 동시에 내용상 천도와 관통하는 초월자이다. 인과 심을 단순한 추상적인 실체로 이해해서는 안 된다. 도덕의지는 논리적인 사변보다는 진실한 도덕 실천을 통하여 체증體證된 것이어서 현상화될 때 반드시 구체적인 정감情感을 수반하여 표출된다.[7]

이러한 말은 필자의 생각과 일치한다. 그래서 인의의 인식근거는 측은지심이며 수오지심이라고 할 수 있다. 그래서 맹자는 "인의예지는 마음에 근

---

7) 황갑연, 『공맹철학의 발전』, 서울: 서광사, 1998, p.14.

원을 둔다."[8]고 한 것이다. 이때 마음이란 '사단'이다. 이 은폐된 인을 실현하여 세상에 온전히 드러냄이 바로 올바른 '인도人道'인 것이다. 인仁이 사람의 본성이므로 맹자는 "인仁은 인人"이라고 하였고, 그 둘을 합하면 '도道'라고 하였다.[9]

맹자에 있어 인과 의는 서로 합해질 때 인간의 본성을 실현할 수 있다. 그래서 맹자는 "인은 사람의 마음이고 의는 사람의 길"이라고 하였다.[10] 인仁은 모든 사람의 마음에 깃든 본성이고, 의義는 그 인을 가진 사람이 본래 가야 할 마땅한 길이다. 즉 인간의 마음은 본래 인仁이고 그러므로 모든 인간은 도덕적으로 본래 선한 존재이다. 그 인仁이 몸을 통해 그대로 발현될 때 그것이 바로 의義이며, 그래서 의義는 인仁의 마땅함이며, 올바름이며, 선함이다. 그렇다면 맹자의 인의仁義는 곧 올바른 인도人道인 셈이다.

인의는 사람이 본래 가야 할 올바른 길이며, 그것은 '천도天道'를 본받은 것으로 '인도'가 아닐 수 없다. 그리고 그 인도를 걷는 사람이 유가의 완성된 인간인 대인大人이다. '선비는 무엇을 해야 하는가'라는 물음에 맹자는 '뜻을 높이는 것'이라고 하였고, '뜻을 높이는 것은 무엇인가'라는 물음에 '인의가 바로 그것'이라고 대답한다. 죄 없는 사람을 죽이는 것은 인이 아니며, 남의 것을 취하는 것은 의가 아니라고 하였다. 그 다음 구절은 인과 의에 관련된 맹자의 유명한 말이다.

인仁에 거하고 의義를 따른다면 대인의 삶이 갖춰진 것이다.[11]

죄 없는 자를 죽이거나 남의 것을 취하는 것은 올바른 행위가 아니다.

---

8) 『맹자』 「盡心」편 상, "仁義禮智根於心"
9) 『맹자』 「진심」편 하 16장.
10) 『맹자』 「고자」편 상 11장, "仁人心也 義人路也"
11) 『맹자』 「진심」편 상 33장, "居仁由義 大人之事備矣"

그 각각을 인과 의로 구분했지만 모두 올바른 길을 보여주기 위한 것이다. 인仁의 본성으로 본래 주어진 길인 의로義路를 갈 때 그는 바로 대인大人이며, 완전한 도덕적 인격체이다. 이와 연결되는 말이 다음의 구절이다.

인은 사람의 편안한 집이고 의는 사람의 올바른 길이다.[12]

인仁이 사람의 편안한 집이므로 거기에 살아야 하며, 의義는 사람이 따라야할 행위이므로 '올바른 길[正路]이다. 집과 길은 사람의 삶과 떨어질 수 없는 필연적 조건이다. 그러므로 인仁도 의義도 인간이 인간이기 위한 필연적 조건이다. 비록 『맹자』의 서로 다른 부분으로 나뉘어져 나타나고 있지만 '인의'를 말함에 있어 반드시 서로 연관해서 살펴보는 구절인 것이다.

이상에서 본 것처럼 맹자의 인의는 사람의 본성이자 행해야할 마땅한 도덕적 규범으로 원래부터 하늘이 인간에 내린 사단의 발현에서 드러나는 인간 윤리의 극치이다. 그래서 이를 온전히 발현하는 사람이 유가의 이상적 인간이며 도덕적 완성체인 군자이며, 성인이며, 대인大人이다.

----

12) 『맹자』 「이루」편 상 10장, "仁人之安宅也, 義人之正路也"

3 「병세문」과 대인대의大仁大義

증산 상제의 언행을 기록한 『도전』에는 유가적 인격체인 군자, 성인, 대인에 대한 구절이 많이 들어있다. 그 이유는 증산 상제의 가르침이 유불선을 회통하는 새로운 선仙, 즉 후천 선後天仙으로 귀결되기 때문이다. 그렇다면 그 중 유가의 이상적 인간상인 대인 혹은 성인 역시 증산 상제의 가르침에서 후천 선의 한 축이라고 할 수 있다.[13] 특히 다음의 말씀에서 이를 확인할 수 있다.

> 이제 불지형체佛之形體 선지조화仙之造化 유지범절儒之凡節의 삼도三道를 통일하느니라. 나의 도道는 사불비불似佛非佛이요, 사선비선似仙非仙이요, 사유비유似儒非儒니라. 내가 유불선 기운을 쏙 뽑아서 선仙에 붙여 놓았느니라. (『도전』 4:8:7~9)

유불선 삼도가 통일된 증산 상제의 가르침은 불도인 듯 불가가 아니고, 유도인 듯 유가가 아니며, 선도인 듯 선도가 아니라는 것이다. 오히려 불도의 형체, 유도의 범절, 선도의 조화 등 유불도의 핵심을 뽑아 선(후천 선)에 붙여놓았다고 하였다. 유도의 핵심은 범절凡節인데 이러한 도덕적 규범역시 후천의 새로운 도인 선도에 내포되어 있다는 것이며, 후천 선은 곧 유도가 내포된 선도인 것이다.

---

13) "마음은 성인의 바탕으로 닦고 일은 영웅의 도략을 취하라. 개벽의 운수는 크게 개혁하고 크게 건설하는 것이니 성과 웅이 하나가 되어야 하느니라."(『도전』 2:58:6) 대인의 말은 구천에 사무치나니 나의 말은 한 마디도 땅에 떨어지지 아니하느니라.(『도전』 2:60:1) '성인의 말은 한마디도 땅에 떨어지지 아니한다.' 하느니라.(『도전』 2:132:7)

증산 상제는 유도의 핵심 이념인 인의예지신仁義禮智信 오상五常에 대해 새로운 풀이를 하였다.

치우치게 사랑하고 미워한다 평評 받지 않음이 참된 어짊(仁)이요 모두 옳다거나 그르다 평 받지 않음이 바른 의義이며 너무 뻣뻣하거나 편의를 따른다 평 받지 않음이 옳은 예禮이고 방자히 총명을 뽐낸다 평 받지 않음이 성숙한 지혜로움(智)이며 함부로 낭비하고 욕심부린다 평 받지 않음이 진정한 믿음(信)이니라.[14] (『도전』 8:94)

오상에 대한 증산 상제의 가르침은 유도와는 다른 새로운 평가이다. 이 말씀의 핵심은 오상의 진정한 덕목은 치우치지 않은 중도의 길에 있다는 것이다. 비록 19세기 당시 위정자들의 행태를 비판하여 "유儒는 부유腐儒니라."(『도전』 3:106:13)고 하였지만 유도의 본질적 가치는 후천의 새로운 가르침의 바탕으로 인정하고 있는 것이다.[15]

인의와 관련하여 증산 상제의 가르침이 명확히 표현된 구절은 바로 '대인대의'이다. 그럼 유가의 인의와 달리 증산도에서 '대인대의'는 어떤 의미를 갖는가? 이를 분명히 알기 위해서는 증산도 『도전』에서 대인대의가 언급되는 부분을 검토하는 것이 가장 효과적이다. 『도전』 속에서 대인대의는 두 곳에서 확인할 수 있다. 먼저 『도전』 2:17:1~9의 내용을 보자.

----

14) 不受偏愛偏惡曰仁이요 不受全是全非曰義요 不受專强專便曰禮요 不受恣聰恣明曰智요 不受濫物濫欲曰信이라.

15) 하루는 상제님께서 말씀하시기를 "유가에서 군사부일체를 주장하나 삼강오륜三綱五倫 어디에도 스승과 제자의 도리는 없지 않으냐. 이에 삼강오륜을 보전補塡하니 앞으로는 사강육륜四綱六倫의 도륜道倫이 나오리라." 하시며 일러 주시니 이와 같으니라. 夫爲婦綱 父爲子綱 師爲弟綱 君爲臣綱 夫婦有別 父子有親 師弟有禮 君臣有義 長幼有序 朋友有信. 이처럼 증산 상제는 유도의 법도를 고쳐 새로운 법도로(삼강오륜을 사강육륜으로) 고쳐서 말씀하기도 하였다.(『도전』 2:27:8~10)

나의 도는 상생相生의 대도이니라. 선천에는 위무威武로써 승부를 삼
아 부귀와 영화를 이 길에서 구하였나니, 이것이 곧 상극의 유전이
라. 내가 이제 후천을 개벽하고 상생의 운을 열어 선善으로 살아가는
세상을 만들리라. 만국이 상생하고 남녀가 상생하며 윗사람과 아랫
사람이 서로 화합하고 분수에 따라 자기의 도리에 충실하여 모든 덕
이 근원으로 돌아가리니 대인대의大仁大義의 세상이니라. 선천 영웅시
대에는 죄로 먹고살았으나 후천 성인시대에는 선으로 먹고살리니 죄
로 먹고사는 것이 장구하랴, 선으로 먹고사는 것이 장구하랴. 이제
후천 중생으로 하여금 선으로 먹고살 도수度數를 짜 놓았노라. 선천
은 위엄으로 살았으나 후천 세상에는 웃음으로 살게 하리라. (『도전』
2:17:1~9)

위 인용문에서 보이는 대인대의는 후천선경의 도덕적 특성을 규정하는
말로써, 모든 덕이 근원으로 돌아가 인과 의가 완전히 실현된 세상을 나타
내는 말이다. 대인대의는 인의의 큰 실현, 인의로 살아가는 삶, 인의를 실
천하며 살아가는 성숙한 인간 등을 뜻한다. 유교에서 말하는 완성된 인격
체인 대인, 성인, 군자가 바로 그들이다. 이러한 내용에서 알 수 있듯이 후
천 세상을 상징하는 개념으로서 대인대의는 '유교적' 개념이다. 특히 증산
상제의 말씀에서 '모든 덕의 근원', '성인시대'라는 표현에서 유교적 함의
를 읽을 수 있다. 그러나 여기서 대인대의의 세상은 결국 상생의 세상과
같은 뜻이다. 후천의 도는 '상생의 대도'이며, 상생의 세상은 모든 덕이 근
본으로 돌아가는 '대인대의'의 세상인 것이다. 따라서 이 『도전』 인용문의
대인대의는 유도적 인의를 바탕으로 실현되는 상생의 도로서 모든 덕이
근본으로 돌아가는 후천의 생활법도라고 할 수 있다. 그래서 증산 상제의
대인대의는 유도의 인의가 후천선경의 실천원리로 확대된 새로운 개념으

로 규정된다.

두 번째로 '대인대의'가 나타나는 곳은 「병세문」인데 그곳에서는 '대인대의大仁大義 무병無病'이라고 하였다. 대인대의의 경지에서는 병이 없다는 뜻이다. 이 대인대의를 이해하기 위해서는 먼저 「병세문」이 어떤 글인지를 설명해야 한다. 「병세문病勢文」은 『현무경玄武經』[16]과 함께 남겨진 글인데 『도전』에서는 그 성격과 출처에 대해 다음과 같이 자세히 기록되어 있다.

> 기유己酉(道紀 39, 1909)년 설날에 … 안내성의 집에 가시어 사시巳時에 현무경玄武經을 쓰시고 말씀하시기를 "현무경에 천지이치와 조화의 오묘함을 다 뽑아 놓았느니라." 하시니라. 이 때 양지 두 장에 글을 쓰시어 심지처럼 돌돌 말아 작은 흰 병 두 개에 한 장씩 나누어 넣으시고 병 입을 종이 마개로 막아 방 한쪽에 세워 놓으신 뒤 그 앞에 백지를 깔고 현무경과 작은 칼을 놓아 두시니라. 상제님께서 어천하신 후 … 경석이 병 하나를 들어 그 속에 든 작은 심지를 빼어 보니 '흉화개흉실凶花開凶實'이라 적혀 있고 다른 병에서는 '길화개길실吉花開吉實'이라 적힌 종이 심지가 나오니라. … 경석이 현무경을 펴보매 부符와 여러 글이 써 있으니 이러하니라. (『도전』 5:345~346)

위 『도전』 인용에서 현무경을 쓰신 장소가 안내성의 집으로 되어 있지만 보천교 『교전』에서는 차경석의 집으로 되어 있다. 아마도 『교전』은 보천교 교주인 차경석을 증산 상제의 중요 제자로 강조하고, 또 보천교 종통의 정당성을 위해 차경석의 집에서 현무경을 쓰셨다고 한 것으로 보인다. 중요한 것은 「병세문」의 내용이다. 『현무경』에 적힌 글인 〈병세문〉의 내용은 매우 함축적이고 비유적이어서 쉽게 알 수 없는 것들이다. 우리가 관심

---

16) 1909년 증산 상제가 기록한 책으로 16개의 부符와 1,100자字로 이루어져 있다.

을 갖는 것은 '인의'가 포함된 그 〈병세문〉의 내용이다. 그 중 중요한 부분을 인용하면 아래와 같다.

病有大勢하고 病有小勢하니 大病은 無藥하고 小病은 或有藥이라
병유대세　　병유소세　　대병　무약　　소병　혹유약

然이나 大病之藥은 安心安身이요 小病之藥은 四物湯八十貼이라
연　대병지약　안심안신　　소병지약　사물탕팔십첩

… 大病도 出於無道하고 小病도 出於無道하니
대병　출어무도　　소병　출어무도

得其有道면 則大病도 勿藥自效하고 小病도 勿藥自效니라
득기유도　즉대병　물약자효　　소병　물약자효

… 忘其君者無道하고 忘其父者無道하고 忘其師者無道하니
망기군자무도　　망기부자무도　　망기사자무도

世無忠 世無孝 世無烈이라 是故로 天下가 皆病이니라
세무충 세무효 세무열　　시고　천하　개병

有天下之病者는 用天下之藥이라야 厥病이 乃瘥니라
유천하지병자　용천하지약　　궐병　내유

… 大仁大義는 無病이니라
대인대의　무병

… 知天下之勢者는 有天下之生氣하고
지천하지세자　유천하지생기

暗天下之勢者는 有天下之死氣니라…[17] (『도전』 5:346:2~12)
암천하지세자　유천하지사기

이 문서는 첫 문장의 내용 '病有大勢 病有小勢'를 따서 '병세문'으로 부

---

17) 병에는 큰 병세가 있고 작은 병세가 있나니 큰 병은 약이 없고 작은 병은 혹 약이 있으나 대병을 고치는 약은 마음과 몸을 편히 하는 데 있고 작은 병의 약은 사물탕 팔십 첩이니라…큰 병도 무도에서 비롯하고 작은 병도 무도에서 생기나니 도를 얻으면 큰 병도 약 없이 스스로 낫고 작은 병도 약 없이 스스로 낫느니라. 임금에게 입은 은덕을 잊은 자도 도리에 어긋난 자요 어버이에게 입은 은덕을 잊은 자도 도리에 어긋난 자요 스승에게 입은 은덕을 잊고 배반하는 자도 도리에 어긋난 자이니 세상에 충忠도 없고 효孝도 없고 열烈도 없는 고로 천하가 모두 병들어 있느니라. 천하의 병을 가진 사람은 천하의 약을 써야 그 병이 낫느니라. … 대인대의하면 병이 없느니라. … 천하대세를 아는 자에게는 살 기운(生氣)이 붙어 있고 천하대세에 어두운 자에게는 천하의 죽을 기운(死氣)밖에는 없느니라.

른다. 여기서 말하는 병病은 '심신의 병'과 함께 인간사회의 병을 아우른다. 왜냐하면 대병이든 소병이든 병의 원인을 '무도無道'에서 찾기 때문이다. 그리고 그러한 무도로 인해 천하의 모든 것이 병이 들었다[天下皆病]고 〈병세문〉은 진단한다. '무도'란 인간의 심신과 사회를 건전하고 조화롭게 만드는 올바른 '법도'나 '이치'가 없다는 것을 말한다. 그러한 무도로 인한 병은 전 사회에 해당하기에 이는 소병이라기보다는 대병에 속한다. 그리고 소병에 대한 약이 사물탕이라는 약제라고 한다면(이는 심신의 병) 대병에 대한 치료약을 '안심안신安心安身(마음과 몸을 평안이 하는 것)'이라고 하였다. 이는 그 다음에 나오는 병에 대한 처방과 일맥상통한다. 즉 도를 얻으면 [得其有道] 대병도 소병도 자연스레 낫는다는 것이다.

그럼 증산 상제가 말한 병의 원인인 '무도無道'와 병의 처방인 '유도有道'는 무엇일까? 그 다음 구절에서 그 답을 찾을 수 있다. 즉 군사부君師父의 은혜를 잊는 것, 혹은 군사부에게 예禮를 다하지 않는 것이 바로 무도라는 것이며, 현재 세상에는 충신, 효자, 열녀가 없다는 판단은 곧 세상 전체가 무도라는 것을 의미한다. 그 결과는 '천하개병天下皆病', 즉 온 천지가 모두 병들었다는 진단이다. 그렇다면 그 병을 치유하는 '유도' 즉 올바른 도는 무엇일가? 이에 대한 증산 상제의 답이 바로 '대인대의'이다.

〈병세문〉에서 '대인대의'는 인간의 사회적 법도 혹인 인륜과 관련된 개념으로 생각된다. 왜냐하면 무도인 무충, 무효, 무열에 대비해서 유도인 대인대의를 말하고 있기 때문이다. 그렇다면 이 '대인대의'는 유교에서 말하는 '인의'와 상통하는가? 필자는 〈병세문〉의 무도가 충효열이 없는 것이고, 그로 인해 사회가 병들었다고 본 점에서 분명히 유교적 범주로 해석되어야 한다고 본다. 그러나 〈병세문〉이 온전히 유교적 맥락에서 기록된 것은 아니다.

〈병세문〉의 그 다음 구절은 유교적으로 해석하기에는 무리가 있다. '천하대세를 아는 자'는 살고, '천하대세를 모르는 자'는 죽는다는 구절에서 증산 상제는 '병세'에서 '시세時勢'를 언급하고 있다. 즉 천하가 처해있는 급박한 상황에 대해 아는 것이 곧 삶(생명)의 길(약)이며, 모르는 것이 죽음에 이르는 병이라고 한다. 여기서 삶의 길은 '천하대세에 대한 올바른 인식'이다. 물론 이때 천하의 대세는 유교가 말하는 정치적 윤리적 대세는 아니다. 증산 상제에 있어 천지병과 천지공사는 단지 인간의 윤리적 문제에 한정된 것이 아니라 우주의 가을개벽과 상극의 이치 등 우주론과 밀접한 관련이 있기 때문이다. 따라서 대인대의는 유교적이라기보다는 우주원리적 관점에서의 병에 대한 처방이라고 볼 수 있다.

특히 〈병세문〉의 마지막 대목은 의통에 대한 가르침이고 이는 유교의 범주에서 찾아볼 수 없는 사상이다.

> (성인은) 천하의 직책과 천하의 업무를 우선으로 삼나니 직은 (병들어 죽어 가는) 삼계를 살리는 일(醫)이요 천하의 업은 삼계문명을 통일하는 일(統)이니라. 성스러운 직이요 성스러운 업이니라.[18]

〈병세문〉이 병의 크기와 그 원인 및 처방에 대한 가르침이라면, 그 병을 치유하는 최고의 법방에 대해 〈병세문〉은 의통을 강조하고 있으며, 그 의통은 성인의 직업이라고 하였다. 물론 여기서 성인이란 유교의 완성된 도덕적 인격체를 지칭한다기보다는 증산 상제 자신을 가리키고, 의통으로 치유하는 병 역시 '천하의 병'으로 단지 도덕적 '무도'에 한정된 것이 아니다. 증산 상제의 가르침에서 '천지병'은 선천 5만 년 동안 상극의 이치가 낳은 '원과 한'이 그 원인이기 때문이다. 그리고 그 병의 범주는 인간계뿐

---

18) 『도전』, 5:347:17 및 『교전』 「천사편」 4장 100절, p.224, "先天下之職 先天下之業 職者醫也 業者統也 聖之職 聖之業"

만 아니라 천지우주와 신명계 모두에 해당하기 때문이다.

그렇다면 〈병세문〉에서 병에 대한 진단과 처방은 유교적인 면도 있지만 그를 넘어서는 것이다. '안심안신', '유도有道', '천하대세에 대한 인식' 등과 '대인대의'는 모두 증산 상제가 내린 병을 치유하는 처방으로 서로 상통하는 개념이다. 즉 증산 상제가 〈병세문〉에서 말하는 '대인대의', 즉 인의는 병에 대한 처방이며, 그 병은 단지 신체적 병만이 아니라 천지의 병, 혹은 천하의 병이라고 할 수 있으며, 그래서 유교적 이념인 인의와 완벽히 합치하지는 않는다. 그렇다고 인의의 도덕적 규범과 실천으로 올바른 세상을 만들고자 하는 유교의 가치와 상반되는 것도 아니다. 인간이 가야할 올바른 도덕적 길인 인의를 초월하여 천지자연과 시대와 신명과 신간의 모든 병을 치유하는 개념이 바로 '대인대의'이다.

증산 상제의 대인대의 사상은 '춘무인 추무의', '춘생추살'이라는 구절에서 더 잘 드러난다.

> 춘무인春無仁이면 추무의秋無義라. 농가에서 추수한 뒤에 곡식 종자를 갈머두는 것은 오직 토지를 믿는 연고니 이것이 곧 신로信路니라.[19]
> 천지의 대덕大德이라도 춘생추살春生秋殺의 은위恩威로써 이루어지느니라." 하시니라. 또 말씀하시기를 "의로움(義)이 있는 곳에 도道가 머물고, 도가 머무는 곳에 덕德이 생기느니라." 하시니라.[20]

'춘무인이면 추무의'는 '봄에 어짐이 없으면, 가을에 의로움이 없다'는 뜻이다. 즉 봄과 가을의 덕성을 인의로 풀이한 것이다. 그럼 봄의 어짐과 가을의 의로움은 증산 상제의 가르침에서 무엇을 뜻하는가? 바로 '춘생추

----

19) 『교전』 「천사편」 6장 3절, p.270.
20) 『증산도 도전』 8:62.

살'에서 그 답을 찾을 수 있다.

춘무인은 곧 봄의 생성의 덕이 '인', 즉 어짐이라는 것을 의미하는 것이고, 추무의는 가을 들녘의 추수하는 덕목은 '의', 즉 정의로움이라는 뜻이다. 여기서 인과 의의 뜻은 각각 '춘생'과 '추살'에 담겨있다. 인은 봄에 만물을 낳는 생명탄생의 덕이며, 의는 가을이 되어 알곡은 추수하고 쭉정이는 버리는 행위에 담긴 올바른 심판의 덕목을 말한다. 증산 상제는 이를 '춘생추살의 은위'라고 하였다. 봄에 만물을 낳는 덕목인 인仁은 천지의 은혜이며, 가을에 만물을 추수하는 덕목인 의義는 엄정하고 정의로운 천지 심판의 위엄이다.

'춘무인이면 추무의'에서 '인의'는 천지가 만물을 낳고 기르고 추수하는 과정에서 드러나는 때의 정신이며 덕목을 말한다. 뭇 생명을 낳는 것은 사랑과 어짐이 없이는 불가능하며, 천지의 옳고 그름을 심판하는 것은 냉엄한 판단과 정의로움이 없이 불가능하다. 비록 천지가 만물을 낳고 추수하는 것과 관련하여 인의의 의미를 드러낸 것이지만 그 속에 깃든 뜻은 유교적 가치인 '인의'와 통하는 면이 엿보인다. 그러나 여기서 천지만물을 낳고 추수하는 법도로서 인과 의는 바로 대인대의로 풀이되어야 한다. 〈병세문〉에서 말하는 대인대의와 상통하는 부분이다.

4 보천교의 교리 인의

1911년, 증산 상제의 종통을 이어받은 고수부는 대흥리 차경석의 집을 본소本所로 하여 교단道門을 개창하였고 차경석은 자연스럽게 고수부의 교단에 참여하게 되었다. 그 교단이 태을교, 훔치교 등으로도 불렸던 선도교仙道教이다. 이때까지만 해도 차경석은 증산 상제로부터 종통대권을 전수받아 그 가르침을 신봉하는 신앙단체인 '선도교'를 연 고수부의 휘하에 있었다. 그러나 차경석은 자신의 집이라는 이점과 이종사촌누이인 고수부와의 인간적 관계를 이용해 고수부의 교단을 장악하기 시작했다. 몇 년이 지나지 않아 대흥리 차경석의 집에 자리한 고수부의 교단은 그 실권이 차경석에게로 넘어가게 되었고, 결국 고수부는 대흥리 교단을 떠나게 된다. 이때가 1918년이었다.

1918년, 최초의 증산신앙계열인 대흥리 교단은 차경석을 중심으로 하는 새로운 교단으로 바뀌었고, 그 다음 해 차경석은 교의 핵심 간부 60명(60方主)을 임명하면서 명실상부한 자신의 교단이라는 정당성을 얻기 위해 천제天祭를 지냈다. 2년 뒤인 1921년에 다시 천제를 지내 하늘에 고告한 교의 이름이 '보화교'였으며, 그 이름은 곧 '보천교'로 바뀌었다. 차경석은 일제하 수백만의 신도를 거느린 보천교의 교주가 된 것이다.

보천교 교주 차경석. 그는 방대한 조직과 수많은 신도를 이끄는 지도자로서 보천교에 맞는 새로운 교리敎理를 만들었다. 그런데 그 새로운 교리는 일찍이 그가 믿고 따르던 증산 상제의 가르침과는 다른 색체를 띄고 있었다. 증산 상제의 가르침과 같은 듯 다른 차경석의 교리가 만들어진 것이다. 이를 신종교 연구자들은 1928년 무진년 정월 초에 이루어진 차경석의 도훈道訓인 '무진설법戊辰說法'을 계기로 공식화된 보천교 '신로변경神路變更'이라고 불렀다. 그리고 대부분의 보천교 연구자들은 차경석의 새로운 교리가 '유교적儒敎的'이라고 평가했다. 차경석의 유교적 교리는 곧 그의 '변심變心'을 상징한다고도 했다. 그럼 보천교의 교리 인의는 어떤 의미를 갖는지 살펴보고, 그 교리가 과연 유교의 교리와 일치하는지 살펴볼 것이다.

보천교의 역사와 활동, 사상을 기록한 대표적인 문서가 『보천교 교전敎典』이다. 이외에도 『보천교연혁사普天敎沿革史』나 『도훈道訓』, 『대도지남大道指南』 등의 서적들이 있다. 이중 보천교의 정체성을 보여주는 것은 그 이름에서도 알 수 있는 것처럼 『교전敎典』이다. 『보천교 교전』은 보천교 신앙의 대상인 증산 상제의 행적과 가르침을 담은 「천사편天使編」과 차경석의 출생과 행적, 그리고 가르침을 담은 「성사전聖師典」으로 구성된다. 이중 「천사편」은 증산 상제의 탄강과 생애 그리고 천지공사와 화천化天 등 모두 열 개의 장으로 구성되어 있다. 『교전』이 「천사편」을 앞에 두고 있고 그 분량역시 70% 이상을 차지하고 있어 보천교의 신앙대상이 증산 상제이고 가르침의 근원이 증산 상제에게 있음은 의심할 여지가 없다.[21] 『교전』의 서문에는 다음과 같은 기록이 있다.

> 증산천사는 상제의 권능을 임의로 전행專行하시고 우주를 개조하사 래세의 선경락원을 창설하신 고로 천사는 비인성非人聖이요 신성神聖이시다. 증산천사께옵서 선천의 운을 폐하시고 후천의 운을 여실 새 신명공사를 행하사 만고의 원을 풀고 상생의 도를 개명하사 … 후천 오만년 조화선경을 건설하시니 그 조화능력과 기행이적을 인간으로

---

21) 물론 보천교가 차경석 사후 신파와 구파라는 두 단체로 나뉘어져, 서로 신앙의 대상과 교리를 달리했음을 상기할 때, 보천교의 성격을 하나로 단정하기는 어렵다. 여기서는 차경석이 보천교를 만들고 그와 함께 했던 당시 신앙인들이 중심이 되었던 구파의 보천교를 중심으로 한다.

난측難測하오며…[22]

이로 볼 때 보천교의 신앙대상은 증산 상제이며 그 가르침은 해원, 상생, 후천선경이며, 교도들은 증산 상제의 천지공사를 믿으며, 비록 천사天師라고 하였으나 증산 상제를 인간이 아닌 상제로 받들었음을 알 수 있다. 특히 중요한 점은 「성사전」에서도 증산 상제의 핵심 가르침들이 곳곳에 언급되고 있다는 것이다. 「성사전」의 첫 장은 짧지만 차경석의 탄생에 대한 비화秘話를 소개하고 바로 차경석과 증산 상제와의 만남을 기록하고 있다. 그 이유는 차경석의 종교적 뿌리를 증산 상제에게서 찾았기 때문일 것이다. 당연히 「성사전」에서도 해원解冤, 상생相生, 일심一心, 후천선경後天仙境에 대한 증산 상제의 가르침이 명확히 기록되어 있다.

그러나 보천교는 차경석의 보천교이다. 그리고 보천교의 교주인 차경석은 보천교의 교리를 스스로 설정하고자 하였다. 그 새로운 교리에 대한 언급은 다음과 같다.

천사 선화하신 후 월곡성사께옵서 그 명령을 받어 인의仁義의 교리와 경천敬天, 명덕明德, 정윤正倫, 애인愛人 사대강령四大綱領으로 국경의 제한과 인종의 차별이 없이 천하창생을 가리쳐 화化케하사 상생의 주의主義로 대동선경의 락원에 영원한 행복을 한가지로 누리게 하셨으니 이것이 보천교의 목적된 취지이다.[23]

보천교의 새로운 교리가 선포된 것이다. 여기서 중요한 것은 월곡성사

---

22) 『교전』 「序」, 이 글은 교전의 편자인 구동서가 쓴 글이다. 구동서는 차경석 사후 갈라진 보천교 중에서 증산 상제를 신앙하는 모임인 구파의 주요 인물이다.
23) 『교전』 pp.395-396.

즉 차경석이 증산 상제가 어천한 후 '그 명령을 받아' 인의의 교리와 사대 강령을 만들었다고 한다는 점이다. 새로운 교리를 열거하면서 그 교리의 기원을 차경석 본인이 아니라 증산 상제의 명령을 받아 한 것이라고 했다.[24]

『교전』에서든 『도훈』에서든 보천교의 교리는 분명히 유교적 개념인 인의이며, 사대강령인 경천, 명덕, 정윤, 애인 등은 말할 것도 없이 유교의 주요 이념들이다. 그런데 보천교 주요 문서들은 차경석의 교리를 설명하면서 모두 증산 상제의 명령에 의해서, 혹은 유훈에 따라 교리를 정했다고 밝히고 있다. 왜 그럴까? 과연 차경석이 교리로 설정한 인의의 정확한 의미는 무엇인가? 1933년 3월 1일 오후 1시에 다음과 같이 교리를 설법하였다.

> 인의, 사대강령, 상생, 대동을 명심하라. … 사람이 물을 때 보천교는 어떠한 주의主義냐 하면 답 왈, 우리 주의는 상생 두자라 하라. … 이 주의를 가지고 전 세상을 같이 살아가자는 주의이다. 상생을 하자면 어떠한 법으로 가르치고 배우느냐 하면 우리 교는 사대교강이 있으니 일왈 경천, 이왈 명덕, 삼왈 정륜, 사왈 애인이다. … 그러면 교리는 무엇인고 왈 인의仁義라. 인의는 대인대의大仁大義니 오픔 교리이다. 목적은 무엇인고 대동이다.[25]

---

24) 그럼 이러한 주장은 사실인가? 그렇지 않을 것이다. 왜냐하면 증산 상제의 가르침은 오직 증산 상제 스스로의 가르침일 뿐이며, 특히 증산 상제는 유교의 이념만 강조한 것이 아니라, 유불선 삼도회통의 가르침을 선포하였기 때문이다. 또한 유교에 대해 결코 긍정적인 평가를 하지 않았기 때문이다. 당연히 인의를 가르침의 근본으로 삼으라는 명은 과도한 표현이다. 뿐만 아니라 차경석의 보천교에 몸담았던 초기의 신도들 역시 증산 상제의 가르침을 따를 뿐 유교나 불교 등 타 종교의 가르침에 경도되는 것을 극히 경계하였다.
25) 『도훈』, pp.75-76.

여기서 차경석이 말하는 보천교의 교리는 '인의'다. 그런데 주목할 것은 그 인의를 '대인대의'라고 한 점이다. 교리가 인의인데 그 인의는 바로 '대인대의'니, 결국 보천교 교리가 '대인대의'라는 것이다. 그리고 그 대인대의는 차경석이 스스로 말한 바 증산 상제의 '유훈'이었다. 새로운 교리를 만들고 이를 공표하면서 제일 중요한 교리에 대해 인의라는 유교적 개념을 거론하였지만 그 인의를 다시 설명하기를 '대인대의'라고 하면서 증산 상제의 가르침에서 벗어난 것이 아님을 강조한 것이다.

차경석은 교리 인의에 대해서는 다음과 같이 풀이한다.

> 인의, 인仁으로써 생生하고 의義로써 성成하나니 인仁을 행하고 의義를 행함은 사람의 도에 시始함과 종終함이다. 우리 보천교는 인의를 주장하여 어진 일과 좋은 일로써 이 세상에 잘살아가자는 주의요 장래 대동세계 극락선경을 건설하자는 목적이다. 극락선경은 도덕의 세상을 이름이니 온 세계가 도덕으로 화化하여 평화로운 생활을 후천 오만년에 영구히 행락하자는 것이니라.[26]

'인으로 생하고 의로써 성한다.'는 구절은 인의에 대한 차경석 특유의 해석이다. 모호하긴 하지만 그 뜻은 두 가지로 설명된다. 하나는 '인간의 생명은 천지의 인이 내재한 것이며, 삶의 모든 과정은 의로움으로 이루어진다.'는 뜻이며, 다른 하나는 '인간은 천이 심어준 인으로서 모든 일을 시작하고, 인으로 생한 모든 일의 결과는 의로써 이룬다.'는 뜻이다. 어느 것이든 인간의 삶과 인의는 불가피한 관계이다. 그러므로 이러한 인과 의를 행하는 것은 인간으로 태어나 인간의 길을 걷는 것으로, 그 시작과 끝, 즉 모든 것임을 뜻한다. 결과적으로 생과 사, 그 중간의 삶 전체가 인의니, 인간

---

26) 『교전』, p.396.

삶의 시종이 바로 인의라는 것이다. 그러한 인의의 실천으로 만드는 이상향이 대동의 극락선경이며, 이것이 보천교의 목적이며, 그 목적으로 하는 극락세계는 바로 '도덕'적 이상향이다

1928년 무신설법으로 신로변경 후 새로운 교리를 집대성한 책이 『대도지남』이다. 1934년 5년에 출판된 이 책에서 차경석의 유교적 교리인 '인의' 중심의 혁신교리를 자세히 설명하고 있다.

> 인으로써 생하고 의로써 성하니 인을 행하고 의를 행하는 것은 인도의 시종이다.[27]

교리 인의에 대한 설명인데 『교전』의 인의에 대한 설명과 일치한다. 인의를 행함은 인도, 즉 사람다운 삶, 올바른 길을 걷는 것이다. 『교전』과 『도훈』, 『대도지남』에서 차경석의 인의에 대해 반복해서 설명하는 바와 같이 그 뜻은 '인仁으로서 생하고 의義로써 성한다.'는 것이다. 이는 차경석 특유의 설명이며, 그래서 보천교 교리로서 차별성을 갖는다. 그러나 인의에 대한 이러한 풀이는 앞에서 우리가 살펴본 유가, 특히 맹자의 인의 사상과 일맥상통하는 해석이다. 즉 맹자가 말하는 인과 의의 관계인 '인에 거하고 의로 길을 삼는다'[28]는 말과 유사하다. 차경석이 말하는 뜻은 즉 인은 생명의 시작이며 의는 생명의 완성이라는 것으로 인간 삶에서 인의를 행함은 그 삶 자체의 목적인 바와 같다는 것이니, 맹자가 '인을 삶의 중심으로 삼고 의로써 삶을 유지한다'고 한 '거인유의居仁由義'와 다르지 않다. 또한 이는 맹자가 말하는바 '인간이 인의 집에 살고 의로써 그 삶을 유지한다는 것'과도 다르지 않다. 즉 차경석의 인의에 대한 설명은 차경석

---

27) 『대도지남』, p.1.
28) 『맹자』 「이루」편 상 10장, "居仁由義"

특유의 것으로 보이지만 그 숨은 뜻은 맹자의 길을 따르고 있다.

특히 인의에 대한 철학은 그 중 가장 근본이다. 맹자는 인간이 금수와 다른 인간만의 고유한 특성을 가지고 있는데 그것이 바로 '인의'라고 하였다.

> 사람은 금수와 다른 점이 극히 적다. 서민은 인륜을 버리지만 군자는 이를 보존한다. 순舜은 모든 사물의 도리에 밝고, 인륜에 밝았으니 그는 인의에 따라서 행동을 한 것이요, 인의를 미덕으로 생각하여 행한 것이 아니다.[29]

이는 『맹자』「이루離婁」편 하下에 나오는 내용이다. 사실 여기서 맹자는 인간과 동물의 차이점은 매우 적다고 하면서 오직 작은 차이점이 그 양자를 구별하는데 그것은 바로 인의仁義를 실천하는 것에서 찾을 수 있다고 주장한다. 이러한 맹자의 생각을 차경석은 그대로 이어받고 있다. 1936년에 행한 도훈에서 차경석은 다음과 같이 말한다.

> 吾道의 第一先動者는 도덕이요 오교는 仁義가 爲主하니 인의로 근본 삼으라. 사람이 当思其持身이니 若不然則近於禽獸라. 禽獸와 사람이 다름은 사람에게 오륜五倫이 있음이니 이 오륜을 실행하는 것이 곧 사람이요 행하지 않는 것은 禽獸라. 그러므로 만물 중에서 오직 사람이 최고 귀하니라.[30]

---

29) 『孟子』「離婁」下, p.292, "孟子曰 人之所以異於禽獸者幾希 庶民去之 君子存之 舜明於庶物 察於人倫 由仁義行 非行仁義也."
30) 『교전』, pp.526-527, 차경석이 여기서 말하는 오륜과 관련하여 금수와의 차이를 구분하는 것은 『孟子』「滕文公」편 上에 다음과 같은 구절에 근거한 것이다. "사람이 살아가는 방도란 배불리 먹고 따뜻하게 입고, 편안하게 산다고 하더라도 교육이 없으면 금수에 가까운 것

비록 사람과 동물의 차이를 '오륜'(이는 『맹자』 「등문공」편 상에 나오는 다섯 가지 윤리, 즉 삼강오륜三綱五倫의 오륜을 말한다.)에서 찾고 있으나 그 오륜의 바탕은 인의이다. 따라서 차경석은 완전히 맹자의 생각을 그대로 말한 것이다. 1935년 사월에 행한 도훈의 다음 구절은 이에 대한 좀 더 구체적인 설명이다.

사람은 인과 의니 인仁은 곧 씨라. 종자에 비하면 그 종자가 발아하면 맹아萌芽는 위로 올라오고 뿌리는 하착下着하며 줄기는 중中으로서서 정직하니 곧 천지 중에 서서 사람의 길에 들어감이니 인도人道상 인仁의 공부가 있는 줄 알고 의義로 머묾이 있는 줄 안 뒤에 그 지지유정知止有定의 이치를 깨우칠 것이다.[31]

이 역시 차경석 특유의 '인의'관이다. '인은 종자'며 '사람은 중中'이라는 새로운 해석이다. 은유적이라 이해하기가 쉽지 않지만 천지의 중中으로 인간을 설정하고 그 인간의 본질을 인의로 규정함은 분명하다. 위의 구절을 간단히 하면 '사람은 인과 의니 인仁은 씨고 그 싹은 곧 중中으로 바르고 곧으니[正直] 의義다'라는 말이다. 인의가 사람의 본성인데 그 중 인은 사람의 핵심인 종자이고 그 종자인 인에서 싹이 트면 그 맹아가 곧 정직正直한 의라는 것이다. 사람은 인의 씨앗으로 의의 줄기를 키우는 것이니 이것이 바로 사람의 길을 가는 것이다. 이러한 차경석의 인의에 대한 비유적 설명은 맹자가 말하는 '仁은 사람의 마음이고 의는 사람이 가야할 길이다'[32]는 것과 같은 맥락이다.

이다. 성인은 바로 그 점을 근심하여 偰에게 사도의 직책을 주어서 인륜을 가르치게 하였던 것이니, 어버이와 자식 사이에는 친밀함이 있어야 하고,…"라는 구절과 통한다.
31) 『도훈』, p.159.
32) 『맹자』 「고자」편 상 11장, "仁人心也 義人路也"

차경석이 말하는 교리 인의는 특유의 정의와 해석을 하고 있지만, 결국 공자와 맹자가 말하는 인의와 다르지 않다. 그는 구체적으로 자신의 '인의'관을 다음과 같이 말하여 공맹의 인의와 일치시킨다.

인의는 고원高遠이 아니면 행하기 어려운 것이라. 사람이 본래 성명性命의 가운데 가지고 있는 것이지만 사람이 스스로 포기하여 행하는 자가 드물다. 사람이 인의를 모르면 사람이라 할 수 없고 인의 역시 사람이 아니면 인의라고 할 수 없으니 인의가 하늘에 있어서는 원元이고 리利가 되고, 사시에 있어서는 봄과 가을이 되며 사람에 있어서는 측은惻隱과 수오羞惡이니, 사람의 삶과 죽음이 그 이치에서 벗어남이 없다. 그러므로 공자는 사람의 도를 세우는 것을 인仁과 의義라고 하였고, 맹자는 인의仁義라고 하였다.[33]

인의라는 것이 사람의 본성이며, 그러므로 인의를 행함은 바로 인간이 인간된 바의 조건임을 강조한 것이며, 이러한 인의는 우주자연의 법도가 인간의 심성에 내재한 것으로, 공맹 사상에서 말하는 인도를 세우는 궁극적 가치로서의 인의와 일치하는 것이다. 특히 측은지심과 수오지심을 인과 의에 대비시키는 것은 맹자의 철학을 그대로 모방한 것이다. 결국 차경석은 인의의 도덕적 해석을 통해서 그 소자출을 공맹사상의 인의와 동일하게 보는 것이니 유교적 범주에서 벗어나지 않는다.

---

33) 『대도지남』, pp.1-2.

5 대인대의와 인의

증산 상제의 가르침인 병세문의 대인대와 차경선의 보천교가 설정한 교리 인의는 어떤 관계에 있는가? 1928년 차경석의 무진설법 후 새로운 교리 '인의'를 선포하고 그 이전 교리(일심, 상생, 거병, 해원, 후천선경 등)를 부정하면서 보천교 교리의 유교화가 본격적으로 시작된다. 이는 보천교 연구가 대다수가 인정하는 내용이다. 그런데 '교리의 유교화'에도 불구하고 정작 차경석은 자신의 교리가 유교에서 온 것이 아니라 증산 상제의 가르침에서 왔다고 고백하고 있다.

차경석은 1934년 10월, 촌산지순과의 인터뷰에서 자신이 증산 상제의 교통을 이어받았다는 것을 분명히 말하고 있다. 즉 "증산 교조께서 봉착逢着하신 삼 년 만에 교통教統을 전하시고 천화天化하셨다니 그 때에 교통을 전하였음으로 교주가 된 것인즉 그 때 제자 중에 수제자가 된 때문에 교통을 받았는가 또한 교통을 전할 만한 자격이 있어 전하였는가?"라는 물음에 차경석은 자신이 교통을 받은 것에 대한 세 가지 근거를 제시한다.[34] 이러한 교통의 전수를 확인하는 것은 자신의 교리 역시 증산 상제의 가르침에서 나온 것임을 밝히는 것과 같다. 이 역시 촌산과의 대담에서 확언한 바이다. 즉 촌산이 "지금 보천교의 정당한 교리는 무엇입니까? … 교리를 인의仁義라 함은 무엇을 말하는 것입니까?"라고 묻자 차경석은 다음과 같이 말한다.

---

34) 첫째는 교조인 증산 상제가 차경석을 만난 후에 '나도 만날 사람을 만났으니 의관을 하겠다' 하시고 의관을 완비하신 일, 둘째는 1909년 정월 초삼일 고사치성을 올릴 때 그 제를 대행하였다는 것, 그리고, 셋째는 동곡에서 화천하시기 전 여러 사람들에게 말씀하시되 '내가 천지신명 공판에 정읍사람 차경석을 잘 정리하여 실수가 없다. 사람 잘 알아썼다.'고 하신 말씀을 들었다는 것이다.(『교전』, pp.503-504 참조)

교리는 인의요 교강은 경천·명덕·정윤·애인이라 합니다. 교조의 유훈遺訓에 대인대의는 무병이라 하신 말씀이 계신대...[35]

이렇게 본다면 차경석이 교리라 한 인의는 단지 유교적 의미를 갖는 것이 아니라 그 근원은 증산 상제의 가르침인 '대인대의'에서 찾아야 함을 알 수 있다. '대인대의 무병'이란 구절은 앞에서 살펴본 〈병세문〉에 나오는 구절 그대로이다. 일본인 종교학자 촌산의 이러한 물음은 모두 차경석(보천교)과 증산 상제와의 관계를 확인하기 위함이었던 듯하다. 그리고 차경석의 대답은 자신의 종교적 근원과 보천교의 정체성이 모두 증산 상제에게 있음을 보여주는 것이다. 사대강령인 경천敬天에 대해서도 마찬가지다. 촌산은 '경천은 상제를 말하는 것인가?'라고 물었고 이에 대해 차경석은 다음과 같이 말하고 있다.

천天은 따로 있으니 천이라 함은 신神도 아니요 인人도 아닌 물物이라. 천이 있고 상제가 있다. 우리 교는 삼단三檀이 있는데 제일 단은 천이요, 제이 단은 상제이니, 주체는 상제이고 위에 천이 있다. 상제만 말하면 천은 별개물이 되지만 경천이라 하면 포함된 것이다. … 천은 본시 허무한 것이요 주체는 상제이니 총재總宰하는 권리가 있다.[36]

이 대답의 핵심은 상제의 존재에 대한 차경석의 분명한 긍정과 믿음에 있다. 천은 결코 신神이 아니라 물物이라고 한 것은 상제의 존재성을 물리적 천과 구분하여 인격적, 주재적으로 부각하기 위한 것이다. 즉 차경석은 새로운 교리 중 '경천'이라는 유교적 개념으로 상제에 대한 특별한 정의를

35) 『교전』, p.507.
36) 『교전』, p.508.

포함시키고 있는 것이다. 그래서 경천이란 말로 '하늘에 계신 상제님을 존숭한다.'는 의미를 부각시키고 강조하는 것이다. 여기서 사대강령의 하나인 경천에 대한 설명은 분명히 도덕적 개념보다는 상제의 위격을 설명하기 위한 것이다. 이렇게 본다면 차경석을 유교에 함몰된 종교가로 단정할 수 없다. 오히려 그는 상제를 신앙하고 그 가르침을 따른 증산 상제의 종도였다고 봐야 할 것이다.

그럼에도 차경석은 교리와 교강을 정하기 이전에 있었던 보천교의 처음 교리는 무엇인가라고 묻는 촌산의 질문에 앞뒤가 맞지 않는 대답을 한다. 즉 촌산은 "증전曾前에 교리를 일심·상생·거병·해원·후천선경이라고 한 말이 있는데 정당한 교지敎旨가 아닙니까?"라고 물었고 이에 대해 차경석은 다음과 같이 말한다.

> 정당한 교지가 아닙니다. 이상호의 말인데 교조께서도 선경仙境이란 말씀은 계셨지만은 증년增年에 나는 은둔하여 있고 이상호가 량해를 득할 시에 자의로 교지라고 명목名目한 것입니다.[37]

이러한 차경석의 대답은 증산 상제의 주요 가르침인 해원, 상생, 일심, 후천선경 등을 부정하는 것처럼 보인다. 그러나 이는 이들 개념들이 '정당한 교리'가 아님을 강조한 것일 뿐이지 그 가르침 자체를 부정한 것은 아니다. 이상호가 설정한 것을 보천교의 교리로 삼지 않는다는 말이다. 그 이유는 이상호가 보천교 혁신운동을 일으키고, 시대일보 인수 등에서 교에 끼친 손해 등에서 볼 때 이상호에 의한 보천교의 여러 장치를 부정하고자 한 것으로도 볼 수 있다. 결국 상제님의 가르침은 맞지만 보천교 교리로 삼지는 않는다는 뜻이다. '교조께서도 선경이란 말씀을 하셨다'는 구절

---

37) 『교전』, p.508.

은 그 외 나머지 구절들 역시 증산 상제의 가르침임을 인정한 것이다. 즉 이들은 비록 증산 상제의 가르침이긴 하지만 이를 자신이 만든 보천교의 교리로 설정한 적이 없다는 말이다.[38]

차경석의 의도는 분명하다. 유교의 정통 이념을 교리로 선정하면서 이와 대비되는 개념인 신화, 일심, 거병, 해원, 후천선경 등은 자신의 보천교에서는 '교리'가 될 수 없다는 것이다. 이렇게 본다면 초기 교리를 부정한 것은 자신의 유교적 교리를 선포하기 위해 이전의 교리를 부정하는 의도의 표출이다. 또 전기의 보천교를 허영선전하고 신통묘술에 몰두한다고 비판한 것 역시 초기 보천교의 신앙양태나 증산의 가르침에 대한 근원적 비판이라기보다는 초기 보천교 신도들의 미신적 경향에 대한 비판이거나, 보천교의 새로운 방향인 동양 정종의 도덕과 대비시켜 새로운 보천교를 지향하려는 의도적 비판이라고 봐야 한다. 왜냐하면 교리를 변경한 후에도 차경석은 결코 증산 상제에 대한 신앙심을 잃지 않았으며, 태을주 수련의 중요성을 강조하고 있기 때문이다.

그렇다면 차경석의 태도는 한편으로 증산 상제에 대한 신앙심과 그 가르침을 이어받는다는 주장을 하면서, 다른 한편 증산 상제의 핵심 가르침들을 교리로 정한 것을 부정하는 등 매우 애매모호하다.[39] 이러한 태도는 인의에 대한 설명에서도 드러난다. 차경석이 보천교의 교리로 정한 인의가 비록 말년에 도덕적 개념으로 풀이되고 있다고 하지만 그 발단에서 볼 때 근원은 증산 상제의 가르침인 '대인대의'에서 찾아야 한다. 즉 교리 인

---

38) 이는 『교전』의 내용을 보면 알수 있는데, 『교전』에서 '본교주문'이라고 하여 태을주를 기록하고 있으며, 후천선경(『교전』 p. 463) 일심(『교전』 p.527)과 상생(이는 혁신교리의 주의이다.) 등을 강조하고 있다.

39) 이강오에 의하면 차경석의 이중성은 결국 보천교에 두 가지 신앙형태의 싹을 만들었고, 차경석 사후에 보천교가 구파와 신파로 분리되는 원인이 되었다.(이강오, 「보천교」, p.43 참조)

의는 유교적이면서 비유교적 기원을 갖는 것으로, 어느 하나의 관점으로 해석할 수 없는 것이다.

왜 차경석은 인의에 대해서 이러한 애매한 태도를 보이고 있는가? 아니 실제로 이러한 태도는 이중적으로 해석될 수 있는가? 필자는 여기서 차경석의 태도를 변호하고자 한다. 그가 비록 교리를 유교적으로 바꾼 것은 분명하지만 이는 새로운 교리가 증산 상제의 가르침에서 연유한다고 하면서, 다시 공맹의 유교적 의미로 해석하는 불명확한 태도가 아니라 초지일관 증산 상제의 가르침 하에 있었다고 보는 것이 올바르다는 필자의 판단이다. 즉 후일에 '인의'가 '인의도덕'이라는 유교의 도덕적 이념으로 치우쳤지만 이 역시 증산 상제의 가르침에서 벗어난 것이 아니라는 것이다.

증산 상제는 유가의 폐습을 비판했다. "유는 부유腐儒"[40]라는 것이 증산 상제의 유교에 대한 인식이었다. 물론 불교와 기독교, 선교에 대해서도 비판한다. 비록 "공자, 석가, 예수는 내가 쓰기 위해 내려보냈느니라"[41]고 하였지만 그들의 가르침이 참된 도를 전하지 못하고 여러 적폐를 드러내자 이를 경계한 것이다. 그러나 유불선 전체를 배척한 것은 아니다. 오히려 증산 상제는 유도, 불도, 선도의 정수를 뽑아 통합하여 새로운 도를 내세운다.

불도는 형체를 주장하고, 선도는 조화를 주장하고, 유도는 범절을 주장하느니라. 천지의 허무한 기운을 받아 선도가 포태하고 천지의 적멸한 기운을 받아 불도가 양생하고 천지의 이조하는 기운을 받아 유도가 욕대하니 이제 성숙의 관왕冠旺 도수는 도솔천의 천주가 허무(仙) 적멸(佛) 이조(儒)를 모두 통솔하느니라. 상제님께서 말씀하시기

40) 『증산도 도전』 3:105.
41) 『증산도 도전』 2:40.

를 "모든 술수術數는 내가 쓰기 위하여 내놓은 것이니라." 하시니라.[42]

　선도, 불도, 유도의 핵심인 허무, 적멸, 이조를 모두 통솔하여 새로운 도가 나오니 이것이 바로 증산 상제의 무극대도이다. 즉 증산 상제의 도는 선천 종교인 유불선, 기독교의 진수뿐만 아니라 과학과 철학을 비롯한 동서 인류 문화를 그 근본에서 통일하는 무극대도이다.[43] 특히 유도와 관련하여 증산 상제는 '범절', 즉 '사회의 규범이 되는 도덕적 이념'을 강조하며, 그 유교의 이념을 인정하고 있다.

　　이제 불지형체佛之形體 선지조화仙之造化 유지범절儒之凡節의 삼도三道를 통일하느니라. 나의 도道는 사불비불似佛非佛이요, 사선비선似仙非仙이요, 사유비유似儒非儒니라. 내가 유불선 기운을 쏙 뽑아서 선仙에 붙여 놓았느니라.[44]

　　나의 일은 불지형체佛之形體 선지조화仙之造化 유지범절儒之凡節이라야 옳게 가느니라."[45]

　유불선을 통합하여 새로운 가르침을 내는데 그것은 삼도통일의 무극대도인 '仙'道(선도)이다. 위 인용문에서도 유교의 범절을 그대로 인정하고 있다. 그리고 이를 더욱 강조하여 증산 상제의 새로운 일, 즉 천지공사를 통

---

42) 『증산도 도전』 2:149~150, "佛之形體요 仙之造化요 儒之凡節이니라. 受天地之虛無하여 仙之胞胎하고 受天地之寂滅하여 佛之養生하고 受天地之以詔하여 儒之浴帶하니 冠旺은 兜率 虛無 寂滅以詔니라." 이와 같은 구절은 『보천교 교전』, 「천사편」 10장 經, pp.366-367에서 참조.
43) 안경전, 『증산도의 진리』, 대전: 상생출판, 2014, p.446 참조.
44) 『증산도 도전』 4:8
45) 『증산도 도전』 10:39

해 후천의 새 세상을 여는 일은 '유지범절'이라야 올바르게 이루어진다고 한 것이다. 그래서 증산 상제는 자신의 새로운 가르침인 통일의 선도仙道는 '유교와 비슷하지만 유교가 아니다'고 하는 것이다. 유교와 비슷한 이유는 바로 유교의 '범절' 즉 '인의도덕'을 인정하기 때문이다. 안경전 증산도 종도사는 『증산도의 진리』에서 이를 다음과 같이 풀이한다.

> 유교는 천지질서에 도덕의 뿌리를 두고 인간의 본성을 파악합니다. 그리하여 천도의 도덕정신으로 인륜의 푯대인 예의범절을 정립함으로써 세상을 조화롭게 다스리는 '평천하'를 목적으로 합니다.[46]

증산 상제의 가르침이 이러하다면 차경석이 교리 인의를 정하면서 증산 상제의 가르침을 받들었다고 한 것은 모두 진심에서 우러나온 말들이다. 물론 증산 상제의 명령을 받아서 인의를 교리로 정했다는 것은 정확한 표현으로 볼 수 없다. 증산 상제가 차경석에게 명하여 '인의도덕'을 최고의 가치로 삼아라고 하지는 않았다. 그러나 그렇다고 차경석의 인의도덕이 증산 상제의 가르침에서 벗어나는 것도 아니다. 그러므로 차경석이 교리 인의로서 증산 상제의 가르침을 이었다고 말하면서, 공맹의 인의도덕설을 강조하는 것은 결코 모순적 태도가 아니다. 왜냐하면 방금 살펴보았듯이 공맹의 인의도덕설은 증산 상제가 유도의 옳은 방향이라고 인정한 '유지범절'과 같은 범주이기 때문이다.

우리는 기존의 연구가들에게서 차경석의 신로변경과 유교적 교리변경에 대한 많은 주장들을 들어왔다. 그리고 그들의 주장들은 겉으로 보기에 전혀 틀림이 없었다. 차경석은 분명 유교적 이념인 '인의'를 사용했고, 사대강령인 경천, 명덕, 정윤, 애인은 모두 유교의 핵심 가르침들이다. 목적을

----

46) 안경전, 『증산도의 진리』, p.382 및 p.194 참조.

유교의 이상사회인 대동이라고 했으니 차경석이 증산 상제의 가르침에서 벗어나 완전히 유교적 이념으로 돌아섰다고 해석한 것이다. 그들의 눈에는 차경석이 촌산과 인터뷰에서 한 진실한 고백이나, 그 이전 〈경고문〉과 〈12계명〉을 선포할 때 보였던 신앙심은 유교적 교리라는 큰 이벤트에 묻혀 상대적으로 무시되었던 것이다. 그러나 인의에 대한 교리를 말하면서 늘 증산 상제의 '대인대의'를 거론하고, 『교전』과 『도훈』에서 '증산 상제의 가르침을 받들고', '명령을 따라' 인의의 교리를 정했다는 차경석의 말은 결코 허언이 아니었던 것이다. 차경석은 전기의 교리들을 부정하면서 인의의 교리를 내세웠지만 그럼에도 그는 스스로 증산 상제의 가르침에 반한다고 생각하지는 않았다. 다만 그렇게 보였을 뿐이다.

6 맺는 말

차경석의 보천교 교리 인의 속에는 증산도 대인대의 사상과 유교의 인의 사상, 그 양자가 모두 내포되어 있다. 보천교를 세운 차경석이 증산 상제의 종도로서의 삶과 신앙을 버리고 스스로 유교화 되었다거나 신로를 변경했다고 하는 것은 겉으로는 받아들일 수 있을지라도 실재적으로는 그렇게 볼 수 없다는 것이 이 글을 통해 어느 정도 입증되었다. 차경석은 그 당시의 시대적 상황과 보천교의 현실을 잘 알고 있었고 이러한 배경에서 유교화로 비쳐지는 행동을 할 수밖에 없었다. 그러나 그러한 유교화의 진정한 의도나 그 속에 깃든 의미는 결코 '유교화'가 아니었다는 것이 필자의 결론이다. 증산도의 대인대의나 보천교의 인의는 유불도 삼도를 통합하여 새로운 가르침 무극대도를 내는 증산 상제의 가르침에서 유교적 측면에서 볼 수 있다. 그러나 이는 유도와 다른 유도적 개념이며, 우주 1년, 가을개벽, 천지공사라는 일련의 증산도적 진리 속에서 새롭게 조명되어야 할 개념들이다. '사유비유似儒非儒'인 것이다.

≡ 참고문헌 ≡

- 『증산도 도전』(증산도 도전편찬위원회, 서울: 대원출판, 2003.)
- 『論語』
- 『中庸』
- 『孟子』
- 『보천교연혁사』
- 『대도지남』(보천교 중앙총정원, 1952.)
- 『도훈』(보천교 본부, 1986.)
- 『교전』(보천교 중앙총정원, 문화사, 1981.)
- 안경전, 『증산도의 진리』(대전: 상생출판, 2014.)
- 유철, 「보천교 교리의 성립과 변경」(남창희 외 공저, 『보천교 다시보다』(대전: 상생출판, 2018.)
- 이강오, 「普天教 : 韓國 新興宗教 資料篇 第一部 甑山教係 各論에서」(『전북대論文集』 Vol.8, 1966.)
- 이정립, 『증산교사』(전북 김제: 증산교본부, 1977.)
- 황갑연, 『공맹철학의 발전』(서울: 서광사, 1998.)
- ≪보천교보≫ 창간호(경성부: 한성도서주식회사, 1922. 7.)
- ≪보광≫ 1호(경성부: 보광사인쇄부, 1923.10.)
- ≪보광≫ 2호(경성부: 보광사인쇄부, 1923.12.)
- ≪보광≫ 3호(경성부: 보광사인쇄부, 1924. 1.)
- ≪보광≫ 4호(경성부: 보광사인쇄부, 1924. 3.)

증산도 서양문명론

김현일

필자약력

김현일

서울대학교 인문대학 서양사학과 대학원 박사
프랑스 사회과학고등연구소(EHESS) 연구생 (프랑스정부 초청)
증산도 상생문화연구소 연구위원

저서
《서양의 제왕문화》
《동학의 창도자 최수운》
《강증산의 생애와 사상》(공저)
《유럽과 만난 동양유목민》

역주
《프랑스문명사》
《금과 화폐의 역사》
《절대주의 국가의 계보》
《미래의 기억 유토피아》

1 들어가는 말: 동양과 서양

동양과 서양의 관계는 근대사의 가장 중요한 주제의 하나이다. 근대사는 동서양 사이의 만남으로부터 시작한다고 해도 과언이 아닐 것이다. 서양 근대사의 서막을 여는 지리상의 발견이라는 것도 지중해를 통한 동양 무역로가 오스만 투르크의 수중에 들어가면서 촉발된 일이었다. 이 지리상의 발견으로 동양으로 가는 직항로가 개척되고 유럽이 아메리카 대륙을 식민지로 차지할 수 있어서 서유럽 문명은 근대 자본주의를 발전시킬 수 있었다.

동양의 입장에서 보아도 근대사는 서양문명과의 만남으로부터 시작되었다. 바다를 건너온 서양인들은 통상을 요구하고 통상은 곧 기독교의 전파로 이어졌다. 인도와 인도네시아, 필리핀, 말레이시아 등의 동남아 지역에서 서양은 무력을 동원하여 무역로를 확보하였다. 서양의 진출이라는 것이 이곳에서는 분명 처음부터 제국주의의 얼굴을 하고 등장하였다. 그러나 중국과 일본, 한국의 동아시아 문명에서는 아직 서양 열강은 제국주의의 얼굴을 하고 다가오지는 않았다. 오히려 예수회 신부들이 주도하는 가톨릭 선교활동이 서양의 전위대를 형성하였다. 좀 과장해서 말하자면 16세기 중반 이후 근 2세기 동안 동아시아와 서양의 관계는 예수회 선교사들이 주도적인 역할을 했다고 해도 과언이 아니다. 예수회 선교방식을 확립한 마테오 리치(이마두)는 일방적으로 서양문화를 강요하는 방식이 아니라 동양의 문화를 최대한 수용하는 '문화수용적인' 선교방식을 채택하였다. 서양은 무력을 동원하여 억지로 기독교를 전파하려고 하지 않았던 것이다. 오히려 기독교를 금하는 동양 당국에 의해 서양 선교사들이 쫓겨나거나 박해를 받는 사태가 나타났다.

동아시아에 대한 서양의 관계가 폭력적인 양상으로 변한 것은 영국이 중국을 상대로 해서 치른 아편전쟁부터였다. 이후 서양은 대포를 장착한 함대를 동원하여 동양을 위협하였다. 무력을 앞세워 통상의 개방을 요구한 것이다. 동아시아는 서양의 이러한 제국주의적 위협과 공세에 굴복하지 않을 수 없었다. 동아시아에서 서양 제국주의 시대가 열린 것이다. 서양의 압박에 직면한 동양은 급속한 변화의 과정에 돌입하였다. 동양의 근대화는 바로 이러한 서양의 제국주의적 압박으로부터 시작되었다. 이제 동양의 근대화는 서구문물의 도입을 통한 서구화를 의미하고 여기에 성공하느냐의 여부가 국가의 존망을 결정하게 되었다. 서구화의 문제가 동아시아 삼국의 역사적 진로를 결정짓게 된 것이다.

동양과 서양의 문제는 증산 상제의 천지공사天地公事에서도 고스란히 반영되어 있다. 증산 상제가 동방의 조선 땅에서 9년 동안 집행한 천지공사는 선천상극의 세상을 종식시키고 상생의 새로운 세상을 열기 위한 이정표를 세운 작업으로 도운공사와 세운공사로 나뉜다. 도운은 증산 상제의 도道가 앞으로 어떻게 펼쳐나갈지를 정한 공사라고 한다면 세운은 이제까지의 역사를 심판하고 앞으로 역사가 어떻게 전개되어 나갈지를 정한 공사이다. 그런 만큼 세운공사에서는 조선과 중국, 일본 그리고 동서양의 역사적 현실이 반영되어 있다.

본고는 서양과 관련된 천지공사와 또 증산 상제가 서양에 관해 한 말씀들을 소개하고 그 의미를 짚어보려고 한다. 증산 상제가 천지공사를 행할 당시 조선은 이미 위로부터의 개화 즉 국가에 의한 서양의 기술과 제도의 도입 정책을 취하고 있었을 뿐 아니라 아래로부터는 일부이기는 하지만 일반 백성들이 서양문화를 적극 수용하고 있었다.

본고는 먼저 천지공사의 한 배경으로서 이러한 서구문물의 도입과정을 일별하고 다음으로는 동학에 나타난 서양 인식과 『증산도 도전』에 기록되어 있는 서양에 관한 증산 상제의 말씀을 살펴본다. 그리고 마지막으로는 서양의 역사학자들이 동양과 서양을 어떻게 보는지를 간단히 소개하려고 한다. 이를 통해 서양과 관계된 천지공사를 이해하는 데 본고가 약간의 도움이라도 줄 수 있지 않을까 기대한다.

2 조선의 개화

한국사에서 서양 열강들에 문호를 개방하고 그들과 통상조약을 체결한 것은 획기적인 사건이었다. 그로 인하여 서양문물이 본격적으로 도입되고 한국사회의 근대화, 즉 한국문명의 변화가 시작되었기 때문이다. 물론 그 이전 17세기 초반에 이미 마테오 리치의 『천주실의』 등 예수회 신부들이 저술하거나 번역한 서학서들이 유입되어 조선의 선비들 사이에 널리 읽히기 시작하였고 또 18세기 말에는 이승훈이 북경 주재 예수회 신부들과 접촉하여 세례를 받고 그로부터 조선에 자생적 천주교회가 생겨났던 것은 사실이다. 그러나 이러한 일부 남인 학자들을 통한 서학의 도입은 조선에 자생적 천주교회를 탄생시킬 수 있었을지언정 조선의 문명을 바꾸기에는 역부족이었다.

조선 문명의 변화는 국가와 지배층이 국가의 존속을 위해서는 서양 문물의 도입이 불가결하다는 인식이 있기 전까지는 본격화되지 못했다. 서양 문물의 도입은 1880년대 미국을 필두로 한 서양 열강들과의 통상조약으로 시작된다. 조선 정부는 일본에 대해 개항을 한 이상 일본의 독주를 견제하기 위해 서양 열강들과의 조약을 선택하였다. 당시에 조선에 대해 종주국 행세를 하였던 청나라도 조선에 대한 일본과 러시아의 세력 확대를 견제하기 위한 방책으로서 조선과 서양 열강들의 조약을 지지하였다.

1882년 미국과의 조미통상조약을 시작으로 영국과 독일, 프랑스, 러시아 등과의 조약이 잇달아 체결되었다. 그리하여 조선에 서양 외교관들과 선교사들, 상인들이 밀려왔다. 서양문명과의 접촉, 더 나아가 조선의 서구화가 시작된 것이다.

그러나 서양열강과의 조약에 대한 반발은 맹렬하였다. 소위 위정척사파

衛正斥邪派 유생들이 그 주된 반대세력이었다. 당시에 많은 유생들이 정부의 개방정책을 비판하는 상소운동을 벌였는데 그중에서 가장 큰 운동이 경상도 예안의 유생 이만손을 소두疏頭로 한 영남만인소嶺南萬人疏였다.[1] 이들은 미국과의 조약체결을 권고하는 청나라 외교관 황준헌의 『조선책략』을 불사르고 책을 국왕에게 올린 재상 김홍집의 처벌을 주장하였다. 심지어는 임금을 비판한 사람도 있었다. 강원도의 홍재학이 그런 경우로 그는 "현국왕이 친정한 이래 접왜통상接倭通商을 주로 하고 왜양일체倭洋一體의 해를 돌보지 않아 사설이 정부 안에서 횡행하고 흉교이언凶敎異言이 국중에 퍼지고 있다"고 비판한 것이다. 그는 임금을 모역한 죄로 능지처참형에 처해졌다.[2] 이러한 유생들의 움직임에 편승하여 쿠데타를 모의한 사람들도 있었다.[3]

조약 이후 수반된 서양문물의 도입에 대한 반발도 적지 않았다. 위정척사파들은 서양인들을 금수禽獸와 같은 존재라 하면서 서양문물의 도입을 극렬하게 비판하였다.[4] 위정척사파의 대표적인 인물인 면암 최익현(1833~1907)은 일찍이 1876년 일본과의 통상협정에 반대하여 극단적인 복궐상소를 하였다가 흑산도로 귀양을 갔던 전력이 있는 인물이다. 그는 서양문물의 적극 도입을 주장하는 개화파를 역적으로 보고 그들을 처벌할 것을 주장하였다. 그는 개화를 "한갓 오랑캐 풍속으로써 중화中華를 변화시키고

1) 영남만인소의 계기는 황준헌이 지은 『조선책략』을 김홍집이 임금에게 올린 것이었다. 일본 주재 청국 외교관 황준헌은 러시아를 견제하기 위해서 조선이 중국, 일본, 미국과 손을 잡아야 한다는 주장을 하였다. 『조선책략』과 영남만인소에 대해서는 최덕수, 『근대 조선과 세계』, 열린책들, 2021, pp.78-95 참조.
2) 이광린. 『한국사강좌』, 일조각, 1981, pp.141-142.
3) 고종의 이복형인 이재선이 주동이 되어 추진한 모의였다. 이광린 교수는 이 사건을 배후에서 조종한 인물이 대원군 이하응이었다고 한다. 모의가 발각된 후 이재선은 처형되었으나 대원군은 국왕의 존속이라는 이유로 아무런 처벌도 받지 않았다. 이광린, op. cit. p.144.
4) 위정척사파는 서양의 기술이 조선보다 앞서 있다는 것을 부인하지 않았다. 그러나 그것은 "누에가 실을 뽑고 벌이 꿀을 만드는 것에 지나지 않는다"고 보았다. 최익현, 「再疏」(1898), 『국역면암집』 제1권, 민족문화추진회, 1977.

사람을 타락시켜 금수로 만드는 것으로써 능사를 삼으면서 이를 개화라고 한다"고 비난하였다.[5]

고종 임금과 조선 정부는 위정척사론을 거부하고 쇄국으로 돌아가는 것을 단호히 거부하였다. 영남만인소 사건 이후 조선은 미국과 통상조약을 체결하였다. 또 동학혁명이 진압된 직후인 1894년 7월부터 광범한 정치·사회적 개혁작업에 착수하였다. 소위 갑오개혁(갑오경장)인데 이는 조선 정부가 본격적으로 근대적 개혁에 착수하였음을 의미한다.[6] 이로 인하여 광범한 분야에 걸쳐 많은 새로운 법과 제도들이 도입되었다. 양반과 상놈을 가르던 신분제가 폐지되고 그 동안 조선인들의 교육을 좌우하던 과거제도 폐지되었다. 서양인들과의 소통을 위한 영어, 불어, 일어 등 외국어를 가르치는 외국어학교가 세워졌고 양반자제들을 뽑아 일본에 유학을 보냈다.[7] 또 서양의 달력을 도입하고 의복도 서양식으로 바꾸려고 하였다. 강제로 상투를 자르고 단발을 하게 만든 단발령이 그것이다.[8]

1897년 대한제국으로 국체를 바꾼 조선 정부는 개혁에 대한 민중의 저항에도 불구하고 근대화 정책을 계속 추진하였다. 여러 종류의 근대적 기

---

5) 「請討逆復衣制疏」(1895), 최익현, op cit.
6) 엄밀하게 말해 갑오년 7월부터 을미년(1895) 7월까지 추진된 개혁을 말한다.
7) 1883년에 정부는 이미 통역관 양성을 위하여 외무아문 산하의 외국어학교 '동문학同文學'을 설립하여 양반자제 수십 명을 교육하였다. 주로 영어를 가르쳤다. 1886년에는 동문학은 왕립육영공원으로 대체되었다. 청나라의 간섭 때문이었다. 1895년에는 육영공원이 폐지되고 법어학교(프랑스어), 아어학교(러시아어), 한어학교(중국어), 덕어학교(독일어) 등이 연달아 설립되었다. 이들 외국어학교들은 1906년에는 한성외국어학교로 통합되었다. 갑오개혁 이후 외국어학교 학생들은 양반에 한정되지 않고 신분에 관계없이 선발하였다.
8) 1895년의 단발령은 많은 조선인들의 반발에 직면하여 곧 취소되었다. 그리고 의병봉기의 중요한 요인이 되었다. 당시 내부대신 유길준은 단발령을 원활히 이행하게 만들기 위해 유림의 존경을 받던 전 판서 최익현을 잡아오게 하였으나 최익현은 "내 머리는 자를 수 있으나 머리카락은 자를 수 없다."고 저항하였다. 유길준은 어쩔 수 없이 최익현을 석방하였다. 당시 단발을 피하여 시골로 피신하는 사람들도 많았다. 정교 저, 이철성 역주, 『대한계년사 2』, 소명출판, 2004, p.153.

술학교들이 설립되고 서양의 기술에 기반을 둔 교통과 통신 사업도 추진
되었다. 수도 서울에는 전차가 도입되어 서울은 동양에서는 교토 다음으
로 일찍 전차가 놓인 도시가 되었다.[9] 정부는 또 국제행사에도 관심을 가
져 만국우편연합에 가입하고 1900년에는 프랑스 파리의 만국박람회에도
참여하였다. 1903년에는 국제적십자 활동에도 참여하였다.[10] 조선은 세계
에 개방된 근대국가로 탈바꿈한 것이다.

이러한 위로부터의 서구화 정책과 병행하여 민간에서도 물밀듯 밀려온
서구 문물을 받아들였다. 특히 기독교 선교사들에 의한 학교와 병원의 설
립은 서구화에 선도적인 역할을 하였다.[11] 미국의 개신교 선교사들은
1882년 한미수교 직후부터 조선에 들어와 활동하였는데 아펜젤러는 배재
학당(1886), 스크랜턴은 이화학당(1886), 언더우드는 경신학교(1886), 엘리
어즈는 정신여학교(1890)를 세웠다. 1885년에 창덕궁 옆의 재동에 최초의
서양식 병원이 세워졌다. 왕립 광혜원이라는 이름의 국립병원이었는데 고
종과 친했던 미국인 선교사 알렌이 운영책임을 맡았다. 고종 임금은 이 병
원이 백성의 치료에 공이 크다 하여 곧 제중원濟衆院이라고 이름을 바꾸었
다. 그러나 재정이 어려워 미국인 사업가 루이스 세브란스가 기부한 돈으
로 남대문 밖에 현대식 건물을 지어 이전하였다. 이름도 세브란스 병원으
로 바뀌어 오늘날의 연세대학교 대학병원으로 계승되었다.[12] 서양 선교사

---

9) 서울의 전차 노선은 동대문 밖의 홍릉에서 용산까지였다. 전차의 부설과 운행 주체는
1898년 황실이 출자한 한성전기회사였지만 실제 부설과 운영은 미국인이 맡았다. 정교, 『대
한계년사 5』, p.57.
10) 한영우, 『다시찾는 우리역사 3』, 경학사, 2004. p.93.
11) 전통적인 한학을 공부하여 과거시험까지 쳤던 이승만의 경우는 당시 선교사들이 세운 학
교가 사람들의 전통적인 태도와 생각을 어떻게 바꾸어놓았던지 보여주는 좋은 예이다. 그는
애초에는 서양 선교사가 세운 학교에 들어가 공부하는 것에 대한 거부감이 있었으나 청일전
쟁에서 일본이 승리하는 것을 보고 서양문물을 받아들여야 할 필요성을 절감하였다. 이정식,
『이승만의 청년시절』, 동아일보사, 2002. p.38.
12) 현재 서울역 맞은편 세브란스빌딩이 위치한 곳이다.

들이 학교와 병원을 중심으로 선교활동을 한 것은 직접적 포교활동이 금지되어 있었기 때문이다. 그러나 1886년 한불조약에서는 그 이전 다른 나라의 조약과는 달리 프랑스에 선교를 실질적으로 허용함에 따라 다른 서구열강들도 선교의 자유를 실질적으로 허용받게 되었다.[13]

개신교의 경우 미국 장로교, 감리교 선교사들이 정동제일교회(아펜젤러, 1887), 새문안교회(언더우드, 1887), 상동교회(스크랜턴, 1888) 등으로부터 시작하여 서울과 지방에 다수의 교회를 세웠다. 그리하여 1900년대 초에는 서울 요지에 장로회 혹은 감리회 소속 예배당이 들어섰다. 신도도 급속히 늘었는데 예를 들어 연동교회의 경우 1904년부터 양반들이 몰려들어 수백 명의 양반이 출석하는 교회가 되었다.[14]

미국인 선교사들을 중심으로 한 서양 선교사들의 포교가 활발히 이루어져 개신교가 급속히 조선에서 확산되어 갔지만 서양 열강들의 조선에 대한 일차적 관심은 통상에 있었다. 이는 조불조약을 제외하고는 선교자유 문제를 다른 조약이 없었다는 것에서 여실히 드러난다. 서양 국가들은 조선의 영토에도 큰 관심이 없었다. 그러나 러시아는 예외였다. 러시아는 청일전쟁 이전까지는 조선의 영토에 관심이 없었으나 일본이 승전한 이후에는 일본의 세력 확대를 막기 위해 동아시아에 적극 개입하기 시작하였다. 소위 러시아가 주도하였던 삼국간섭이 그것으로 일본의 요동반도 영유를 저지하였다. 일본과 러시아의 대립은 이로부터 본격화하였는데 러시아는 삼국간섭에 대한 대가로서 뤼순과 다롄을 조차지로 만들었다. 또 1891년

---

13) 최석우, 「한불조약과 신교자유」, 한국사학회, 『사학연구』 21호, 1969. 한불조약에는 엄밀하게는 전교의 자유를 허용한다는 조항은 없다. 프랑스 측은 전교의 자유를 허용한다는 조항을 넣으려고 하였지만 조선은 완강히 거절하고 대신 선교사들이 '교회教誨'를 목적으로 조선 각처로 자유로이 여행하는 것을 허용하였다. 이제까지 천주교를 금했던 조선 조정 입장에서는 공식적으로 천주교의 전교를 허용하는 것이 큰 부담이 되었던 것이다.
14) 옥성득, 『다시 쓰는 한국초대 교회사』, 새물결플러스, 2016, p.274.

부터 건설하고 있던 시베리아 횡단철도와 연결되는 동청철도 부설권을 청국 정부로부터 얻어내었다.[15] 동청철도는 러시아령 치타에서 만저우리, 하얼빈, 쑤이펀허를 거쳐 블라디보스토크로 연결되는 노선이었다. 러시아는 1898년에는 뤼순과 다롄의 조차와 함께 하얼빈에서 다롄까지 연결되는 남만주지선 부설권도 획득하였다.[16]

1900년 중국에서 의화단의 난이 발발하여 러시아가 건설 중인 동청철도를 공격하자 러시아는 18만 명의 대군을 만주에 출병하고 만주의 요지들을 점령하였다. 러시아는 의화단의 난이 진압된 이후에도 철병하지 않고 만주를 러시아의 보호령으로 만들려고 시도하였다.

러시아는 뤼순과 다롄을 조차지로 차지한 후 블라디보스토크에서 다롄항으로 연결되는 항로의 중간기착지로 마산포를 조차지로 만들려고 하였다. 물론 이 시도는 일본의 반대로 좌절되었다. 그러나 러시아는 1902년 만주철병을 청국과 합의해 놓고도 철병 약속을 지키지 않고 오히려 만주에 군대를 증파하는 한편 아무르 강 일대와 관동지역을 관할하는 동아시아총독부를 설치하였다. 그리고 압록강 하류 용암포를 무력으로 점령하고 그곳에 군사기지를 설치하였다. 이러한 러시아의 움직임은 일본의 조선에 대한 이익을 위협하였다.

증산 상제가 천지공사를 시작하던 1900년경에는 많은 동양인들이 동양에 대한 서양의 위협을 이러한 러시아의 움직임을 통해 심각하게 받아들였다.

----

15) 시베리아 횡단철도는 원래는 모스크바로부터 블라디보스토크까지 연결하는 것을 목표로 하였으나 1898년에는 이르쿠츠크까지만 연결되었다. 블라디보스토크까지는 일차대전기인 1916년 완공되었다.

16) 남만주지선은 러일전쟁 직전인 1903년에 완공되었다. 일본이 부설한 경의선도 이에 대한 대응의 일환으로 급속 완공되었다. 러일전쟁 패배 후 러시아는 동청철도의 남만주지선의 일부인 창춘-다롄 구간을 일본에 넘겨주었는데 이 노선이 소위 남만주철도로서 만철이 경영한 노선이다.

3 동학의 서양 인식

1860년에 창시된 동학의 태동에도 서양의 위협이 작용하였다. 수운을 체포하여 심문한 경상감사 서헌순의 장계狀啓(보고서)에 의하면 최복술(수운)은 서양인들의 침략에 대해 걱정하고 있었고 양학이 세력을 떨치자 의관지류로서 차마 볼 수가 없어 하늘을 공경하고 천지를 순종하는 마음으로 주문을 지었다고 한다.[17] 또 경신년(1860)에 서양이 먼저 중국을 점령하고 다음으로 우리나라로 올 것이라는 두려움도 갖고 있었다. 최수운은 서양인들이 화공에 능하니 갑병甲兵으로 대적할 것이 아니라 오직 동학이라야 그들을 진멸할 수 있다고 하였다. 이러한 진술들을 보건대 동학의 창도에 서양의 위협이 크게 작용하였던 것은 분명하다. 우리는 수운 자신이 남긴 글들에서도 서양의 위협에 대한 언급을 여럿 찾아 볼 수 있다.

먼저 「포덕문」에 나오는 서양의 위협에 대한 언급을 보자. "서양은 전쟁을 일으키면 이기고 공격하면 반드시 취하는 운세를 타고 났으니 성공치 아니하는 일이 없다. 이런 추세로 천하가 다 멸망하게 되면, 입술이 없어지면 이빨이 시리다는, 괵나라·우나라의 고사와도 같은 탄식이 우리나라에도 닥치게 될 것이다."[18] "서양은 전쟁을 일으키면 이기고 공격하면 취한다"는 「포덕문」의 표현은 청나라가 두 차례의 아편전쟁에서 패하고 제2차 아편전쟁에서는 수도인 북경까지 점령되었던 사태를 가리키는 것이다.

수운은 또 서양 사람들이 기독교를 열심히 포교한다는 것도 알고 있었

----

17) 「경상감사서헌순장계」 표영삼, 『동학 1』, 통나무, 2004, pp.309-316. 이 때 지은 주문은 '위천주고아정 영세불망만사의爲天主顧我情 永世不忘萬事宜' 13자 주문이었다. 『동경대전』에 실려 있는 소위 '초학주문初學呪文'이다.
18) 김용옥 『동경대전 2』, 통나무, 2021, p.94.

다. "경신년에 이르러 나는 다음과 같은 이야기를 전해 듣게 되었다. 평화롭던 동방에 나타난 서양의 사람들은 부귀를 취하지는 않지만 천하를 공격하여 취하는 것이 하느님의 뜻이라고 생각한다는 것이다. 그래서 교회당을 부지런히 세우고 그 하느님의 도를 행한다는 것이다. 그런 얘기를 듣고 보니 나 또한 그럴 수 있는가, 설마 그럴 리야 있겠는가 하고 의심을 품게 되었다."[19] 여기서 말하는 교회당은 천주교당이다. 아직은 개신교는 조선에 도래하지 않았다.

동학론이라 일컬어지기도 하는 「논학문」에도 서양인들의 종교에 대한 언급이 나온다. "이 사람들은 도道를 서도라 하고 학學을 천주학이라 하고, 교는 성교聖敎라 하니, 이것이 천시를 알고 천명을 받은 것이 아니겠는가."[20] 물론 이는 당시 민간에서 떠돌던 주장을 소개한 것이다. 그리고 그 뒤를 이어 "기도에는 실내용이 없다"라든지 또 "진정으로 하느님을 위하지 않는다" 등 천주교에 대한 수운 자신의 비판이 나온다.[21]

위협을 심각하게 받아들일 수밖에 없었던 수운이 서양에 대해 더 깊은 인식을 전개하지 못했던 것은 그가 처한 개인적 사정이나 서양에 대한 조

---

19) ibid. p.72.
20) 『천도교경전』, 천도교중앙총부, 1993, p.27. 김용옥은 이 부분에 대해 다음과 같이 번역하였다. "이 사람들은 도에 관해서는 서도라 칭하고, 학에 관해서는 천주학이라 칭하고, 교에 관해서는 성교를 자부한다. 과학, 신학, 종교를 갖추었으니 이들이야말로 천시를 알고, 천명을 받은 선진문명의 사람들이 아니겠는가?" 김용옥은 서도를 서양의 과학을 의미한다고 해석하였다. 김용옥, 『동경대전 2』, p.132.
21) "서양 사람들이 말하는 것을 들어보면 그 논리적 비약이 너무 심하고, 그들이 써놓은 책을 보아도 도무지 옳고 그름을 가릴 수 없는 애매한 말만 써놓았다. 그들은 보편적인 종교를 표방한다 하면서 도무지 진정 하느님을 위한다는 단서는 없고, 오로지 자기 한 몸만을 비는 모략만 있다. 그러나 몸에는 생명의 바탕이 되는 기화氣化의 신령함이 없고, 배움에는 하느님의 가르침이 배제되어 있다. 형상은 있으나 구체적인 자취가 없고 사모하는 것 같지만 진정한 빔이 없다. 도로 말하면 허무에 가깝고, 그 도를 성취하는 배움, 즉 학의 과정에는 하느님이 배제되어 있으니 어찌 오도를 양도와 다름이 없다고 말할 수 있겠느뇨?" 김용옥, op. cit. pp.132-134.

선 사회의 일반적 인식수준에 비추어 볼 때 어쩔 수 없는 일이었다. 수운 사후 동학은 지하로 잠적하여 명맥을 유지하는 데 급급하였다. 1864년 수운 처형 후 1898년 자신이 당국에 붙잡혀 처형되기까지 동학의 2세 교주 노릇을 하였던 해월 최시형에게서 우리는 서양에 대한 어떠한 인식도 찾아보기 힘들다. '최보따리'라는 별명이 붙었듯이 도망자 신세로 자신의 목숨과 교단의 명맥을 부지하는 데 바빠서였을까? 천지와 인간론, 개벽 등에 대해 깊은 성찰을 남긴 그가 역사에 대해, 서양에 대해 어떠한 인식을 가졌던지 우리는 유감스럽게도 알 수 없다.

그러면 조선사회를 뒤집어엎고 새로운 세상을 건설하려고 하였던 동학혁명기 동학도들에게서는 서양에 관한 체계적인 인식은 찾아볼 수 없다. 단지 교조신원운동 시기에 충청감사에게 올린 의송단자議訟單子(진정서)나 길거리에 내걸린 몇 개의 방서榜書(벽보)를 통해 동학도들이 조선에 들어와 활동하는 서학과 서양 선교사들에 대한 적대감을 갖고 있었다는 정도를 짐작할 수 있다. 임진년(1892) 10월 21일 충청감사에게 올린 의송단자에는 "서양 오랑캐의 학이 우리나라에 널리 퍼져 있고 왜놈 우두머리의 독수가 다시 외진에서 날뛰니 … 이래서 우리들이 절치부심한다"고 하였다. 서학의 유포가 물리쳐야 할 악의 하나였던 것이다.

계사년(1893) 2월 10일 전라도 제읍 아문에 붙은 방서는 전봉준이 쓴 것이라 하는데 여기서 서학은 "명색은 상제를 공경한다 하나 비는 데만 힘쓰며 말하기는 예수를 믿는다 하나 단지 찬미하는 것으로 법을 삼을 뿐이니 마음을 바르게 하고 성실한 뜻을 가르치는 학은 찾아볼 수 없다."고 비난하였다.[22] 서학의 가르침이 동학과는 달리 "마음을 바르게 하고 성실한 뜻을 가르치지 않는다."는 것이다. 서학은 조선의 전통적인 윤리질서도 위협한다. "또한 말한 대로 실천하는 독행지실도 없다. 말로는 부모에게 효행

---

22) 표영삼, 『동학 2』, 통나무, 2005, pp.270-271.

한다 하면서 부모 생전에 공양하고 순종하는 도가 없으며 돌아가시면 곡하며 장례를 치르는데 절의가 없으니 이를 어찌 사람의 떳떳한 도리라 하겠는가. 혼인 풍속도 절차가 없이 결혼했다가 끝내는 개가하거나 재취하고 만다. 두려워서 말할 수 없도록 이혼하는 폐단이 있으니 어찌 부부의 도리라 하겠는가." 한마디로 하자면 서학이 조선의 전통적인 문화와 풍속을 어지럽힌다고 보았다. 이는 서학에 대한 조선 유생들의 비판과 크게 다르지 않다.

그러나 무엇보다 서양 선교사들이 조선에서 물러가야 하는 것은 조선과 맺은 조약을 위반하고 있기 때문이다. 수호조약에서는 상관을 설치하고 전교하는 것은 허락하지 않았다고 본 것이다.[23] 그래서 "너희들은 속히 짐을 꾸려 본국으로 돌아가라. 그렇지 않으면 마땅히 우리들 충신지갑주忠信之甲冑와 인의지간로仁義之干櫓는 오는 3월 7일에 성토, 치죄할 것이니 그리 알라."고 위협하였다.[24] 갑오동학혁명기의 동학 지도자들은 일본뿐 아니라 서양에 대해서도 상당히 배외주의적인 태도를 갖고 있었던 것으로 보인다.

---

23) 원문에는 '然設關傳教和約中在所不容許'로 되어 있다. 상관을 설치하는 것을 허락하지 않았다는 것은 전봉준이 착각한 것이다. 조미수호조약 제6조에서는 미국 상민은 조선의 개항장 내에서 주택이나 창고를 지을 수 있다고 규정하였다. 전교를 허락하지 않았다는 것은 미국이나 영국 등과의 통상조약에 대해서는 타당하지만 1886년의 조불통상조약에 대해서는 맞지 않는다. 그 조약에서는 프랑스 시민이 조선에서 학문, 언어, 과학, 법학, 예술을 연구하고 가르치는 것은 허용된다고 규정하였다. (9조 2항) 물론 조선 시민도 프랑스에서 같은 권리를 향유한다. 조불조약으로 인해 다른 나라 선교사들도 모두 전교의 자유를 누리게 되었다. 장동하, 「한불조약과 종교문제」, 신학과 사상학회, 『Catholic Theology and Thought』 35호, 2001.
24) 표영삼, ibid.

4 서양 관련 천지공사

증산 상제는 동학혁명이 많은 희생자만 남기고 끝난 후 수년간의 천하 유력 끝에 득도하여 새로운 세상을 열기 위한 천지공사를 9년간(1901-1909) 행하였다. 천지공사는 지나간 선천 세상의 역사를 심판하고 이 지상에 선경낙원이 건설되도록 역사가 나아갈 프로그램을 짜는 일이었다. 천지공사는 증산 상제 혼자서 한 것이 아니고 그를 따르던 성도들과 함께한 것이었기 때문에 후일 성도들의 증언을 통해 그 구체적인 내용들이 세상에 알려졌다. 천지공사는 본질적으로 과거 역사의 과정을 되돌아보고 또 미래 역사의 운로를 짜는 것이었기 때문에 동양과 서양, 조선 그리고 조선의 인접국가인 중국과 일본에 대한 언급들이 많이 나오게 된다.

1) 상제의 탄강 이유

증산 상제는 당신이 이 땅에 인간의 몸으로 오게 된 경위를 서양사람 이마두(마테오 리치)와 연관시켜 말씀하였다.[25] 이마두는 죽어서는 신명계의 '주벽主璧'이 된 사람인데 주벽은 우두머리라는 뜻이다. 증산 상제에 의하

---

25) 마테오 리치(1552-1610)는 교황령에 속했던 이탈리아 동부의 도시 마체레타에서 태어나 예수회 대학인 로마 대학에서 수학하였다. 그곳에서 서양의 고전 뿐 아니라 서양의 첨단 과학을 배웠다. 리치는 동양 선교사로 자원하여 1578년 인도의 고아로 와서 그곳에서 사제 서품을 받았다. 1582년 중국 선교사가 되어 다음해 중국 본토 자오칭(肇慶)에 들어갔다. 그는 기독교 교리를 소개한 『천주실의』를 지었을 뿐 아니라 중국 지식인들의 관심을 끌기 위하여 서양의 과학과 기술을 소개하는 책들도 한문으로 번역하거나 저술하였다. 또 중국의 고전을 연구하여 라틴어로 번역하기도 하였다. 1610년 북경에서 사망하였다. 김현일, 「마테오 리치와 동서양 문명 교류」, 증산도사상연구소, 2000.

면 신명계의 주벽 이마두가 "원시의 모든 신성과 불타와 보살들과 더불어 인류와 신명계의 큰 겁액을 구천에 있는 나에게 하소연하여" 당신이 이 땅에 내려오게 되었다고 한다.(『도전』 2:30)[26] 물론 천상의 상제가 신명들의 하소연을 들은 후 바로 인간의 몸으로 탄강한 것은 아니다. 먼저 영으로서 '서양 대법국 천개탑'에 내려와 이마두와 함께 삼계를 둘러보고 천하를 대순하다가 모악산 금산사 미륵상에 임하여 30년을 지냈다.[27] 상제는 그곳에서 경주 사람 최수운에게 '천명과 신교'를 내려 대도를 세우도록 명하였으나 수운이 능히 유교의 테두리를 벗어나 대도의 참빛을 열지 못하였다. 그래서 상제 스스로 신미년(1871)에 인간의 몸으로 탄생하였다. 그런데 서양사람 이마두가 천상의 상제님에게 올라간 것은 서양 현대문명이 일으킨 '인류와 신명계의 큰 겁액' 때문이었다.

2) 천상문명을 본 딴 서양 현대문명

증산 상제에 의하면 이마두는 동양에 와서 천국을 건설하려고 여러 가지 계획을 내었으나 적폐로 인하여 그 뜻을 이루지 못하였다. 그러나 이마두는 동양과 서양의 경계를 틔워 그동안 서로 경계를 넘나들지 못하던 동서양 신명들로 하여금 거침없이 경계를 넘나들게 하였다. 죽은 후에는 동양의 문명신을 거느리고 서양으로 돌아가서 다시 지상천국을 건설하려 하

---

26) 이후부터 나오는 괄호 속의 장절 수는 『증산도 도전』의 장절이다.

27) 증산 상제가 자신의 이력에 대해 김형렬 성도에게 말씀한 것이 전한다. "내가 도솔천궁에 있다가 서양 대법국 천개탑에 내려와 모악산 금산사 삼층전에 머물며 경주용담 구경하고 고부 객망리 강씨 문중에 탄생하여 기해년에 포胞하고 경자년에 득천문하고 신축년에 대원사에서 도통하고 임인년에 너와 상봉하고 계묘년 봄에 동곡에 들었노라."(6:11) 증산 상제는 스스로를 '서양 대법국 천하대순'이라고도 하였다.(3:184) 서양 대법국 천개탑에 대해서는 로마의 성베드로 성당의 캐노피라는 해석이 있다. 서양 대법국을 교황이 지배하는 바티칸국으로 보기 때문이다. 안경전, 『개벽 실제상황』, 서울: 대원출판, 2005, p.101.

였는데 이로 인하여 "지하신이 천상에 올라가 모든 기묘한 법을 받아내려 사람에게 알음귀를 열어주어 세상의 모든 학술과 정교한 기계를 발명케 하였다.(2:30)

이마두가 동서양 문명 간의 경계를 틔워 동서양 신명들로 하여금 동서양의 경계를 넘나들게 하였다는 것은 이마두가 중국의 사서四書를 라틴어로 번역하고 중국의 사정을 서한을 통해 서양에 알리는 한편 서양의 수학, 천문, 기술, 철학 등을 중국어로 저술하여 소개함으로써 동서문명 간의 교류에 크게 기여한 것을 이렇게 표현한 것이리라.[28] 그런데 주목할 만한 것은 이마두가 죽은 후에 서양으로 돌아가 천국을 건설하려 하였으며 이 결과 지하신이 천상에 올라가 천상의 모든 기묘한 법을 받아내려 천국의 모형을 본뜬 서양의 현대문명이 태동한 것이라는 말씀이다. 이는 서양 현대문명의 기원을 말한 것이다. 요컨대 서양 현대문명은 천상에서 내려온 것이라는 이야기다.

그런데 증산 상제는 근대과학과 정교한 기계로 대변되는 서양 현대문명이 천상문명을 본뜬 것이기는 하지만 이 문명은 "물질과 사리에만 정통하였을 뿐이요, 도리어 인류의 교만과 잔포를 길러내어 천지를 흔들며" 모든 죄악을 꺼림 없이 자행하여 "신도의 권위가 떨어지고 삼계가 혼란하여 천도와 인사가 도수를 어기게 되었다"고 지적하였다. 이는 당시 우월한 과학기술을 이용하여 다른 문명들을 지배하고 억압한 서양 제국주의의 죄악을 말한다. 이러한 서양문명의 폭압과 죄악으로 삼계가 혼란에 빠지자 구천 상제가 이를 해결하기 위해 지상에 내려온 것이다.

---

28) 이마두는 새로 중국에 부임한 선교사들에게 중국어와 중국문화를 가르치기 위해 교육용으로 사서를 라틴어로 번역하였다고 한다. 그의 번역원고는 그의 사후 교정을 거치고 주가 첨가되어 『중국의 지혜Sapientia Sinica』, 『중국의 정치도덕학 Sinarum scientia politico-moralis』, 『중국인 철학자 공자Confucius Sinarum philosophus』 등으로 출간되었다. D. Mungello, *East Meets West : The Jesuits in China, 1582-1773*, University Press of Hawaii, 1985, ch.9.

3) 동양을 위협하는 서양

동양이 서양의 위협으로 인해 그 존립이 위협받고 있다는 생각은 19세기 말, 20세기 초 서양 제국주의의 전성기에는 많은 동양 사람들이 공유한 것이다. 증산 상제 역시 이러한 서양의 위협을 예리하게 인식하고 있었다. "동양이 서양으로 떠넘어간다"든지(2:120) "동양의 형세가 누란과 같이 위급하다"라는 진단(5:4) 또 "이제 만일 서양 사람의 세력을 물리치지 않으면 동양은 서양에 짓밟히게 되리라"(5:50)는 등의 말씀은 그러한 인식을 드러낸다.

서양인들의 동양 진출은 15세기 말부터 시작되었다. 포르투갈 왕실이 아랍인과 이탈리아인이 장악하고 있던 동양무역의 독점을 깨기 위해 인도 항로의 개척에 나서 성공하였다.[29] 곧 포르투갈은 인도 서안의 고아와 극동지역으로의 진출로에 위치한 말라카를 점령하여 동양무역의 기지로 삼았다.[30] 그리고 서양에서 큰 수요가 있는 후추 등의 향신료를 생산하는 몰루카 제도에 진출하여 무역기지를 세우고 1515년경에는 중국의 광동에 선박을 파견하였다. 그러나 중국의 명나라는 서양과의 접촉을 거부하여 포르투갈은 향후 수십 년간 밀무역에 의존하였다. 1557년 명나라는 포르투갈에 마카오 섬을 조차지로 넘겨주었는데 포르투갈은 마카오를 발판으로 일본과의 무역을 시작하였다. 포르투갈 당국은 이러한 극동까지 확대된 무역 루트를 보호하기 위한 기항지와 요새들을 확보하였는데 예멘의 아덴, 페르시아 만의 바레인, 오르무즈 섬, 실론 섬의 콜롬보 등이 그 대표

---

29) 포르투갈 국왕 주앙 2세의 명을 받고 바스코 다가마가 이끄는 함대가 1497년 7월 리스본을 출발하여 아프리카 대륙 남단을 돌아서 인도의 캘리컷에 도착한 것은 그 다음해인 1498년 5월 20일이었다.
30) 1510년 포르투갈이 점령한 고아는 1961년까지 포르투갈령으로 남았다. 물론 16세기 초 인도의 고아는 작은 왕국이었다.

적인 기지였다.

중세기 동안 상업을 발전시켜 온 네덜란드인들은 포르투갈의 동양무역 독점을 보고만 있지 않았다. 더욱이 네덜란드인들은 스페인의 지배에 대해 반기를 든 형편이어서 스페인과 통합된 포르투갈의 요새들에 대한 공격을 거리낌 없이 행할 수 있었다.[31] 동인도회사(VOC)를 조직하여 동양무역과 식민지 확보에 나선 네덜란드인들은 포르투갈의 동양무역 독점을 분쇄하고 17세기 중반 자신들의 무역망을 공고히 할 수 있었다. 동인도회사는 향신료의 생산지인 인도네시아 지역에 본부를 두고 중국과 일본으로 진출하였다. 또 타이완을 점령하고 일본 나가사키에 무역기지, 즉 상관을 세웠다.[32] 17세기 중엽 조선에 표류하여 후일 조선을 처음 서양에 소개한 하멜과 그 동료들은 모두 동인도회사의 직원이었다. 네덜란드는 동인도회사를 앞세워 동양무역을 확대시키는 데 관심을 집중하였다. 네덜란드인들은 포르투갈인들과는 달리 기독교 포교에도 큰 관심을 보이지 않았다.

서양이 동아시아에 직접적인 위협으로 등장한 것은 19세기 중반 영국과 청나라 사이의 아편전쟁 때부터였다. 물론 영국은 동아시아에 진출하기 이전인 17세기에 이미 동인도회사를 앞세워 인도로 진출하였다. 마드라스(오늘날의 첸나이)에 본부를 둔 영국의 동인도회사는 포르투갈, 네덜란드,

----

31) 포르투갈 왕을 스페인 왕이 겸한 시기는 1580~1640년 동안이다. 네덜란드는 합스부르크 가문의 영토로서 1556년부터 1648년까지 스페인 합스부르크 왕가의 지배를 받았다. 1568년 네덜란드인들의 반란이 시작되었는데 이 독립전쟁은 1648년까지 80년간 계속되어 '80년 전쟁'이라 불린다. 네덜란드에 속한 7개 주가 홀란드 주를 중심으로 1581년 연방공화국을 세웠다.
32) 네덜란드 상관이 위치한 인공섬 데지마(出島)는 원래는 나가사키 상인들이 만든 것으로 포르투갈 상인들이 사용하던 곳이다. 포르투갈 상인들이 1637년 시마바라 농민반란에 연루되었다는 이유로 1639년 추방된 후 네덜란드인들이 1641년 이곳을 차지하였다. 길이 180m, 폭은 60m 정도의 좁은 섬이다. 그러나 일본이 쇄국정책을 편 도쿠가와 막부 시절에 유일하게 서양인들에게 개방된 곳으로서 이곳을 통해 서양의 문물이 일본에 지속적으로 유입되었다.

프랑스와의 경쟁에서 차례로 승리하여 인도를 지배하게 되었다.[33] 인도에 인접한 버마도 동인도회사에 의해 영국의 식민지로 편입되었다.[34] 19세기 중엽 중국에 대한 영국의 공격도 그 기원은 동인도회사의 무역에서 찾을 수 있다. 아편무역으로 인한 영국과 청나라와의 충돌은 두 나라간의 전쟁으로 비화하였는데(1차 아편전쟁: 1839-1842) 패전한 중국은 예전과 같은 방식의 광동 무역 체제를 포기해야 하였을 뿐 아니라 영국에 홍콩을 넘겨주고 상하이와 항저우 등의 다섯 항구를 개방하였다.[35] 이후 영국의 뒤를 이어 프랑스, 미국, 독일, 러시아 등 서양열강들의 중국침략이 본격화되었다. 예전의 조약을 자신들에게 더 유리하게 개정하기를 원했던 영국과 프랑스는 각각 영국 국기의 훼손 문제와 프랑스 신부의 피살 문제를 구실로 삼아 1856년 청나라와 다시 전쟁을 시작하였다. '2차 아편전쟁'이라 불리는 이 전쟁에서 청나라는 이번에는 영불 연합군에 의해 수도인 북경이 점령당하는 수모를 맛보았다.(1860) 북경 점령은 조선에도 알려져 서양의 위협에 대한 큰 두려움을 자아내었는데 이는 최수운의 글에도 나타난다.[36]

이후 중국은 서양열강들에게 여러 조차지를 내어주고 '반식민지半植民地' 상태에 빠지게 되었다. 중국에 대한 서양 열강들의 압박은 일본으로도 향했

---

33) 인도 전체를 지배한 것은 아니다. 인도는 정치적으로 분열되어 있어 무굴 제국 외에도 다수의 소왕국이 존속하고 있었다. 영국이 무굴 제국을 멸망시키고 인도의 대부분을 지배하게 된 것은 1857년 세포이 반란 이후이다.
34) 영국과 버마와의 첫 충돌은 1824년 버마군이 국경 너머 영국령 인도로 쳐들어감으로써 시작되었다. (1차 영국-미얀마전쟁) 1850년대와 1880년대에도 전쟁이 일어나 버마는 완전히 영국 영토가 되었다.
35) 청나라는 서양 상인들과의 교역을 광동의 상인조합 즉 공행公行에 독점시키고 다른 지역에서의 교역을 엄격히 금지하였다. 영국은 동인도회사가 공행과의 교역을 독점하였다. 영국 동인도회사가 광동무역을 통하여 수입한 물품 가운데에는 차와 비단이 큰 비중을 차지하였다. 차의 수입이 크게 늘면서 영국으로부터 중국으로 다량의 은이 유출되었는데 그 문제에 대한 해결책을 동인도회사는 인도산 아편에서 발견하였다.
36) 수운은 「포덕문」에서 중국에 대한 서양의 위협을 '순망지탄脣亡之歎'으로 표현하였다. 이는 중국과 조선의 관계를 '순망치한脣亡齒寒'의 관계로 본 것이리라.

다. 이번에는 미국이 앞장섰는데 동인도함대 사령관 페리 제독이 전함을 끌고 와서 일본에 개항을 요구하였다. 미국 함대의 위력에 놀란 일본은 미국의 요구에 굴복하여 통상조약을 체결하고 항구를 개방하였다. 1854년 가나가와[神奈川] 조약이다. 곧 영국과 러시아와의 조약이 뒤를 이었다.[37]

일본의 번藩 가운데 일부는 서양 세력에 양보한 도쿠가와 막부에 반대하고 서양 선박과 서양인들을 공격하기도 하였다. 그러나 서양열강은 이러한 도발을 용납하지 않았다. 1864년 미국과 영국, 프랑스, 네덜란드 연합함대는 조슈[長州] 번의 해안 포대를 완전히 파괴해 버렸다. 또 그 전 해에는 영국 함대가 영국인의 피살을 구실로 사쓰마[薩摩] 번을 공격하여 굴복시켰다. 서양의 무력이 동양에 비해 압도적임이 만천하에 드러났다.

19세기 말과 20세기 초 서양 제국주의의 힘은 극에 달했다. 아시아는 영국, 프랑스, 러시아, 미국, 독일 등 서양열강에 의해 식민지, 세력권, 조차지 등으로 분할되었다. 이러한 서양 제국주의 열강들은 때로는 공동의 적에 대해 협력하기도 하였지만 상호간의 경쟁은 피할 수 없었으며 이는 결국 1차 세계대전이라는 대전쟁을 낳았다.

4) 서양의 문명이기

증산 상제는 서양의 뛰어난 과학과 기술의 가치를 인정하였다. 증산 상제가 천지공사를 행하던 시기 이미 조선에는 서양의 기술이 상당히 도입되어 있었다. 동학혁명 때에는 일본군과 관군이 보유한 개틀링Gatling 기관

---

37) 영국과는 1854년 10월, 러시아와는 그 다음해 2월에 각각 조약이 맺어졌다. 얼마 있지 않아 미국은 영국이 중국에서 일으키고 있는 사태를 들어 막부에 선제적으로 항구를 더 개방할 것을 요구하였다. 결국 미국은 추가적 개항과 치외법권, 협정관세를 요구하여 달성하였다. 1858년의 이 조약을 일본인들은 '안세이安政 5조약'이라고 한다. 같은 해에 미국 뿐 아니라 영국, 프랑스, 러시아, 네덜란드와의 조약이 연이어 체결되었기 때문이다.

총이 동학군을 상대로 막강한 화력을 과시하였으며 천지공사가 행해지던
시기에는 기선과 기차 역시 널리 이용되고 있었다. 증산 상제는 1906년(병
오년) '조선 국운을 바로잡는 공사'를 행할 때 군산에서 기선을 타고 인천
으로 갔으며 일부 성도들은 태전(대전)으로 가서 경부선 기차를 타고 서울
로 올라갔다.(5:121) 이른바 '수륙병진'이었다. 당시에 증산 상제 일행은 인
천 제물포에서 다시 기차로 갈아타고 서울로 향했다.[38]

동학혁명을 통해 서양의 무기가 얼마나 우월한 것인지 잘 알고 있었던
증산 상제는 "서양에서 건너온 무기의 폭위暴威에는 짝이 틀려 겨루어 낼
것이 없다"고 하였다.(5:412) 그런데 이러한 총포를 비롯한 기선과 기차 등
으로 대표되는 서양의 기술은 그 기원이 천상에 있었다. 앞에서 언급한 것
처럼 이마두가 죽어서 동양의 문명신을 거느리고 서양으로 돌아가 천국건
설을 하려고 하자 지하신이 천상의 기묘한 법을 내려받아 나온 것이 서양
의 과학과 기술이었기 때문이다. 증산 상제는 서양의 '문명이기'가 천상에
기원을 둔 것이라 하였으며 그러므로 서양 사람이 발명한 문명이기는 결
코 거부해야 할 것이 아니라 하였다.(5:340)

증산 상제는 또 하늘이 서양 사람에게 기예技藝를 주어 성인聖人의 역사役
事를 행하게 한다고 하였다.(4:10) 여기서 기예는 과학과 기술을 의미하는
것으로 볼 수 있을 것이다. 과학과 기술은 세상에 이롭게 사용될 수 있다.
증산 상제는 서양의 제국주의가 그 우월한 무기와 기술을 기반으로 동양
을 위협한 것은 사실이지만 그렇다고 해서 그들의 과학과 기술이 갖는 유
용성 자체를 부정하지는 않았다.

증산 상제는 천지공사를 하면서 월곡 차경석에게 다음과 같이 물었다.
"서양 사람이 발명한 모든 문명이기를 그대로 두어야 옳겠느냐, 거두어 버
려야 옳겠느냐?" 그러자 월곡은 "그대로 두는 것이 인간 생활에 이로울 듯

38) 경인선은 1899년 9월 18일에 개통하였고 경부선은 1905년 1월 1일 개통하였다.

합니다."라고 대답하였다. 이에 증산 상제는 "네 말이 옳으니 그들의 문명 이기는 하늘로부터 내려온 것이니라."고 하였다.(5:340) 그리고 덧붙여 "옛 것을 그대로 지키면 몸을 망치고 새 기운을 취하면 몸도 영화롭게 되나니 나의 운은 새롭게 바꾸는 데 있느니라."고 하였다. 증산 상제는 조선의 옛 제도와 전통을 그대로 지킬 것을 주장하는 일부 전통주의자들과는 전혀 다른 생각을 갖고 있었던 것이다.

5) 재주財主 기운을 서양에

증산 상제를 따른 성도들 가운데 전주의 거부 백남신이 있었다. 증산 상 제의 말에 따르면 "조선 신명을 서양으로 보내 역사케 하기 위해서" 돈이 필요하였다.(5:23)[39] 그래서 전주 진위대의 장교로 있던 김병욱에게 재주를 천거하게 하니 병욱은 백남신(1858-1920)을 천거하였다. 백남신은 전주진 위대 향관餉官으로서 전주진위대의 보급을 맡았던 경력이 있었을 뿐 아니라 전라북도 몇몇 군의 외획外劃을 맡아 궁내부에 물자를 조달하는 일도 하였 다. 외획이라는 것은 일종의 조세청부제도로서 일정한 명목의 세금을 중앙 정부를 대신하여 걷고 정부에서 필요한 자금을 상인이 미리 납부하는 제도 이다. 그는 또 전라북도 여러 군의 둔전 및 역토 등의 감관監官으로서 도조 관리를 맡기도 하였다. 백남신은 이러한 관직을 이용하여 재산을 불렸던 것으로 보인다. 1903년 계묘년 백남신이 증산 상제를 처음 만났을 때 재산 이 30만 냥 정도 된다 하였다. 오늘날로 따지자면 수백억 대의 재산이다.[40] 백남신은 그 가운데 삼분의 일인 십만 냥을 어음으로 증산 상제에게 바쳤

39) 조선 신명이 서양에 가서 천지 전쟁을 붙이는 일을 한다는 언급이 같은 장(5:23)에 나오 지만 조선 신명이 조선을 수호하는 신인지 어떤 신인지는 정확히 알려져 있지 않다.
40) 쌀 한 섬(144kg)에 다섯 냥으로 거래되었는데 오늘날의 쌀값을 기준으로 하면 한 냥은 거의 7~9만원 정도였다. 그러므로 1냥을 8만원으로 계산하면 30만 냥은 240억 원이 된다.

다.[41] 그때 증산 상제는 어음을 무릎에 놓고서 "재주 기운을 서양에다 두노 니 후일에 서양으로부터 재물을 보급 받으리라"고 하였다.

재주 기운을 서양에 둔다는 뜻은 무엇일까? 이는 서양이 경제적인 면에 서 세계를 주도한다는 것을 의미할 것이다. 서양이 동양을 앞지르고 세계 경제를 확실히 주도하기 시작한 것은 18세기 말 산업혁명기부터였다. 산 업혁명은 기계를 이용한 생산방식과 더불어 그를 뒷받침하는 새로운 에너 지(석탄)에 기반을 두었는데 19세기 초에는 기선과 철도를 통한 운송과 물 류혁명으로 새로운 활력을 얻었다. 산업혁명을 통하여 근대적 산업을 발 전시킨 서양문명은 빠른 속도로 자본을 축적하였다. 이러한 자본은 기계 와 공장, 항만, 도로 등 가시적 자본으로도 나타났지만 금융자본의 형태 로도 나타났다. 금융자본은 이동이 용이하기 때문에 서양을 넘어 여러 지 역으로 투자되었다. 이러한 자본투자는 제국주의 시대 서양의 부와 우위 를 나타내는 확실한 지표였다.[42]

증산 상제는 재주 기운을 서양에 둔다고 했을 뿐 아니라 조선이 서양으 로부터 재물을 보급 받을 것이라 하였다.(5:24) 그리고 "지금 조선 신명을

---

41) 십만 냥은 어음 열두 장으로 되어 있었는데 이 어음을 증산 상제는 천지공사를 행한 후 백남신에게 돌려주었다. 후일 해방 후 백남신의 며느리가 이를 기억하고 십만 원을 증산교 대 법사大法社에 헌금하였다. 이정립, 『증산교사』, 증산교 본부, 1977, pp.327-328. 백남신의 며 느리 이윤성은 또 같은 시기 익산에 있는 토지 백만 평을 기부하여 남성학원을 세웠다.

42) 마르크스주의 경제학자 힐퍼딩에 의하면 합자회사(주식회사)라는 기업 형태가 널리 퍼지 고 다양한 형태의 자금이 거대한 규모로 집적된 20세기에 가서야 금융자본주의가 만들어졌 다고 보았다. 이 시기에 산업자본주의는 성부, 상업자본주의는 성자, 금융자본주의는 성령에 해당하는 것으로 금융자본주의는 모든 곳에 다 뚫고 들어갈 수 있는 돈의 자본주의라고 하 였다. 힐퍼딩의 비유는 성자인 상업자본주의와 성령인 금융자본주의는 모두 성부 산업자본 주의로부터 나온 것임을 시사한다. 20세기는 이러한 자본의 성삼위일체 시대이다. 그러나 역 사가인 브로델이 보기에 금융자본주의는 반드시 산업자본주의가 낳은 것이라고는 할 수 없 다. 16, 17세기 제노바, 암스테르담 등에서는 상업자본의 현격한 성장 이후 그러한 자본에 토 대를 둔 금융자본주의가 나타났기 때문이다. 페르낭 브로델, 『물질문명과 자본주의 III-2』, 주경철 역, 까치, 1997, p.830.

서양으로 보내면 나중에 배에 실려 오는 화물표를 따라 다시 돌아오게 되리라."는 말도 하였다. 1960년대 이후 한국의 경제발전은 세계경제사에서 유례를 찾기 힘든 기적과 같은 일로 평가된다. 아시아의 네 마리 용 가운데 남한은 가장 성공한 예로 꼽힌다.[43] 한국경제발전의 성공에 대해서는 여러 가지 설명들이 있지만 세계자본주의 체제에 들어가 해외 자본과 기술, 시장을 적절히 이용한 것이 결정적인 도움이 되었다. 종속이론가들을 비롯한 일부 좌파 경제학자들이 주장하는 내부지향적 발전전략은 감정적 만족은 주었을지 몰라도 한국경제의 폭발적 성장과 발전을 가져오지 못했을 것이라는 점은 확실하다.[44]

한국의 경제발전을 위해서는 서양을 배우는 것이 필요하였다. 증산 상제는 조선이 상등국이 되기 위해서는 "서양 신명을 불러와야 할진대 이제 그 신명이 배에 실려 오는 화물표를 따라 넘어오게 되므로 그리하노라"고 말했다.(5:389) 이는 조선의 발전을 위해서는 서양의 과학과 기술, 문화를 받아들여야 함을 의미하는 동시에 서양과의 교역을 통해 한국의 발전이 가능하다는 것을 뜻한다.

그런데 경제발전 과정에서 서양의 과학과 기술만 받아들이고 다른 문화의 유입을 차단하는 것은 불가능한 일이다. 한국의 근대화와 경제발전 과

---

43) 1993년 세계은행 보고서 제목이 'The East Asian Miracle'이다. 네 마리 용은 싱가포르와 홍콩, 대만, 남한을 말한다. 서양에서는 네 마리 호랑이로 표현한다. David Landes, *The Wealth and Poverty of Nations : Why some are so rich and some so poor*, W. W. Norton, 1999. p.475. 싱가포르와 홍콩은 도시국가로 한국과는 달리 산업부문은 제한되어 있고 무역과 금융업이 발전하였다. 대만과 달리 한국은 재벌기업 위주의 발전을 하였는데 이는 첨단산업을 키우는 데 유리하게 작용하였다. 한국은 IMF의 추계에 따르면 2021년 추정치로 GDP 규모가 1조 8천억 달러로 홍콩과 싱가포르의 다섯 배, 대반의 두 배 정도 된다. 물론 일인당 GDP로는 싱가포르와 홍콩이 한국보다 훨씬 높다. 선진국 클럽이라 할 수 있는 OECD에는 네 마리 호랑이 가운데 한국만 가입되어 있다.
44) 세계자본주의 체제로의 편입을 거부한 북한 경제가 남한과 같은 발전을 이룩하지 못했음은 우리에게 큰 시사점을 던져준다.

정에서 다양한 수준에서의 서양 문화 유입도 불가피하였다. 증산 상제가 기유년 여름 용머리 고개에서 천지공사를 하면서 류찬명에게 "장차 서양 기운이 조선에 들어오리라"라고 한 말은 이러한 관점에서 이해할 수 있지 않을까 한다.(7:76)

6) 관운장을 서양으로 보내어 전란을 일으키게 하다

증산 상제의 천지공사에서 관운장을 서양으로 보내어 전쟁을 일으키게 하는 공사가 있다. 관운장은 조선에서 극진히 공대를 받았는데 이 때문에 공사에 진력 협조함이 옳다고 하였다.(5:166) 임진왜란 때 명나라 군사들에 의해 조선에 관왕묘가 만들어지고 관왕숭배가 전파되었던 것과 관련이 있는 말씀인 듯하다.[45] 『도전』 기록에 의하면 관운장은 서양에 가서 전란을 일으키라는 증산 상제의 명에 선뜻 내키지 않아 머뭇거렸다. 그러자 상제 왈 "때가 때이니 만큼 네가 나서야 하나니 속히 나의 명을 받들라. 네가 언제까지 옥경삼문의 수문장 노릇이나 하려느냐"라고 꾸짖으셨다. 그래서 관운장의 신명이 서양으로 갔다.

전란은 서양 열강들 사이의 싸움을 말한다. 태인 관왕묘에서 관운장의 신명에게 천명을 내리는 공사는 1907년(정미) 4월에 있었다. 몇 년 뒤 서양에서 일차세계대전이 일어났는데 이를 서양 사람들은 '대전쟁'(the Great War)이라고 부른다. 참전국이나 희생자 등 그 이전에는 유례를 찾기 힘든 큰 전쟁이었기 때문이다. 영국과 프랑스, 러시아, 독일, 오스트리아-헝가리, 오스만 투르크, 이탈리아 등 유럽 열강들이 해외영토와 유럽 내에서의 대립구도와 이해관계에 따라 모두 참전하였다. 또 오스트레일리아, 캐나

---

45) 관왕묘가 조선에 세워진 과정에 대해서는 원정근, 『충의의 화신 관우』, 상생출판, 2014, 제3장 '한국의 관우신앙' 참조.

다 등의 영연방 국가들도 연합국의 일원으로 참전하였으며 미국과 중국, 일본 등 비유럽 국가들도 각각의 이해관계에 따라 참전하였다.[46] 유럽은 말할 것도 없고 아시아와 아메리카 등의 30여개 나라에서 7천만 명 이상이 참전한 1차 세계대전은 진정한 세계전쟁이었다. 물론 그 희생자도 엄청난 규모였다. 참전군인 850만, 민간인 1,300만 정도가 전쟁을 통해 희생된 것으로 추정된다.(Wikipedia)

1차 세계대전은 많은 나라들이 다양한 동기로 참전한 만큼 전쟁의 원인이 다양하다. 서양 열강들 사이의 해외식민지 및 세력권 확대 경쟁, 유럽 내에서의 영토분쟁, 민족주의, 제3자로부터 공격을 받는 경우 함께 맞서 싸운다는 군사동맹 등이 결합하여 대전쟁을 연출해 낸 것이다.

1차대전의 원인 이상으로 중요한 것이 그 결과였다. 1차 세계대전은 네 개의 제국을 멸망으로 이끌었다. 러시아 제국은 전쟁 중에 볼셰비키 혁명이 일어나 전선에서 일찌감치 이탈하였으며 전후에는 러시아 제국의 지배하에 있던 폴란드, 핀란드, 라트비아, 리투아니아, 에스토니아 등의 나라들이 러시아의 지배로부터 독립하였다. 패배한 오스트리아-헝가리 제국은 해체되어 오스트리아는 소규모 공화국으로 전락하였고 그 지배하에 있던 헝가리, 체코, 세르비아, 크로아티아 등의 동유럽 민족들은 독립하여 새로운 민족국가들을 건설하였다. 역시 패배한 오스만 투르크 제국도 아나톨리아만 남겨놓고 중동과 아프리카의 모든 지배 영토를 내어놓아야 하였다. 이 영토들은 전승국인 영국과 프랑스의 보호령이 되었다. 독일 제국은

---

46) 미국이 1917년 참전하게 된 것은 독일이 중립국인 미국 상선을 잠수함으로 공격한 후 중립국 선박에 대한 무제한 공격을 계속 하겠다고 선언했기 때문이다. 일본은 서양 열강들이 서로 싸우는 틈을 타 중국에서 세력을 확대하기 위해 참전하였다. 일본은 독일이 차지하고 있던 산동반도 지역과 남양군도를 차지하기 위해 1914년 독일에 선전포고를 하였는데 영일동맹이 좋은 구실이 되었다. 중국은 1917년 독일에 선전포고하였지만 이는 산동문제에 대한 협상에서 유리한 고지를 점하기 위해서였다. 산동 지역은 일본이 이미 점령하고 있었기 때문에 중국은 직접 독일군과 싸우지는 않았다.

동프로이센 지역과 알자스-로렌 지방을 상실하는 등 영토가 축소되었다. 네 제국 모두 군주정이 폐지되고 공화국이 되었다.

서양 열강들 사이의 전쟁은 20년 후 다시 일어났다. 제2차 세계대전이다. 1차 대전에서 패한 독일에 대한 연합국의 지나친 배상요구가 독일에서 나치의 대두를 가져오게 만들었다. 독일 제3제국 즉 나치 독일은 2차 세계대전을 일으켜 동쪽으로는 소련, 서쪽으로는 영국과 독일, 미국과 싸웠다. 일본은 이 전쟁을 틈타 동남아시아에서 세력을 확대하려 하였는데 이는 미국과의 전쟁을 초래하였다. 일본은 미국과의 전쟁에서 패배하기는 하였지만 일본 제국주의는 동남아에서 서양의 식민지배 체제를 무너뜨리는 역할을 하였다. 그리고 일본이 패전하면서 조선과 대만이 독립할 수 있었다.[47]

증산 상제가 관운장을 서양으로 보낸 것은 서양에서 큰 전쟁을 일으켜 서양 세력을 약화시키고 더 나아가 서양 제국주의에 의해 위기에 처한 약소국들을 건지기 위함이었다.(5:166) 그리하여 "천하의 모든 약소민족이 조선과 같이 제 나라 일은 제가 주장하게 될 것이다."(5:177)

7) 개벽기의 동서양 전쟁

증산 상제의 말씀에 의하면 개벽기에 동서양 전쟁이 있다. 이 전쟁은 동서양 사이의 전쟁으로 여겨진다. 기울어진 판을 바로 잡으려고 동서양 전쟁을 붙인다는 것인데 여전히 서양의 힘이 우월하다. 그래서 증산 상제는 병으로 판을 고른다고 하였다.(7:34) 이러한 동서양 사이의 전쟁은 병란과

---

47) 증산 상제는 동양을 위협하는 서양 세력을 물리치기 위해서는 일본의 역할이 필요하다고 보았다. 러시아와 일본 사이의 전쟁 기운이 무르익어가던 1903년(계묘년) 러시아를 일본이 물리치도록 동남풍 공사를 보았다. 전주 남고산성에서 49일 동안 동남풍이 불도록 하는 공사였는데 이 공사 후 일본이 쓰시마 해전에서 러시아 함대를 격파하고 승기를 잡았다.(5:53) 물론 당시 성도들은 일본이 서양의 대제국 러시아와 싸워 승리하리라 믿지 않았다.(5:50)

함께 온다고 했으니 아직까지 일어난 전쟁은 아닌 듯하다.[48] 개벽기의 전쟁인 셈인데 이 전쟁의 시작은 삼팔선에 있다고 하였다. 이는 한반도에서 남북한 간의 충돌로 일어나는 것으로 짐작된다. 증산 상제는 이 싸움을 세계 상씨름의 전초라고 하였다. 상씨름은 애기판과 총각판이 지난 후 오는 최후의 씨름판으로 후천개벽과 연관이 있다.[49]

8) 동서양 운세가 서로 바뀌리라

증산 상제의 반려자인 고수부 역시 서양에 대해 여러 말씀을 하였는데 그 가운데 가장 주목할 만한 것이 동서양의 운세가 바뀔 것이라는 말이다. "지금은 서양이 잘 살지만 나중에는 동양이 잘살게 되느니라"고 하면서 "조선과 미국의 운세가 서로 바뀔 것"이라고도 말하였다.(11:261) 가난하고 무력한 조선이 일본의 식민지로 전락한 암담한 시기에 조선과 미국의 운세가 서로 바뀔 것이라는 말은 놀라운 말이 아닐 수 없다.[50]

---

48) 1차 세계대전 말기인 1918년에 스페인독감이 발명하여 수천만 명이 희생되었지만 1차 세계대전을 동서양 전쟁이라고 하기는 힘들다.
49) 안경전, 『개벽 실제상황』 제4부 '대개벽의 문' 참조.
50) 『도전』 11편은 고수부에 관한 기록이다.

• 김현일

5 비교사적 시각에서 본 동양과 서양

동서양에 대한 비교사적 시각으로 역사를 접근한 학자로는 막스 베버를 들 수 있다. 그는 법제사와 경제사 더 나아가 비교종교사에 관한 탁월한 연구를 남겨놓은 인물이다. 만년에 그가 매달린 주된 문제는 근대 자본주의와 국가, 합리적 과학과 법률 등이 다른 곳과는 달리 서구에서 발전하게 된 역사적 원인을 규명하는 것이었다. 특히 죽기 전에 행한 강의에서 그는 서구의 중요한 특징으로서 정치적 공동체로서의 도시의 존재와 합리적 자본회계에 토대를 둔 자본주의, 합리적 법률체계와 관료제를 가진 근대국가의 존재를 강조하였다.[51]

베버는 서양의 고대 폴리스와 중세 도시가 그 경제적 지향의 차이점에도 불구하고 공통적으로 가진 성격이 정치적 선서공동체라고 보았다. 즉 기원으로 볼 때 양자는 모두 공동의 방어를 위해 자비로 무장을 한 시민들 집단으로서 이는 주군(군사지도자) 소유의 무기로 무장한 집단과는 그 성격이 완전히 다르며 시민공동체로 발전할 수 있었다.[52] 물론 초기에는 말을 동원하거나 중무장을 할 수 있었던 시민들만이 정치적 권리를 독점하였으나 일반 보병들도 전쟁에서 중요한 역할을 하게 됨에 따라 일반 서민들에게까지 정치적 권리가 확대되어 민주정이 발전하게 되었다.[53]

---

51) 1919-1920년 겨울 뮌헨대학에서 행한 강의로 독일어로는 '일반사회경제사 요강'(Abrisse der universalen Sozial- und Wirtschaftsgeschichte)라는 평범한 제목으로 되어 있다. 그러나 이 책은 결코 평범한 경제사 개설서가 아니다. 영역본은 *General Economic History* (Dover, 1927)로 나왔다.
52) 중세 유럽에서는 이러한 시민공동체를 '코뮌'이라고 불렀다.
53) Max Weber, *General Economic History*, pp.320-321.

증산도 서양문명론 249

베버는 근대적 자본주의의 일반적 전제로서 합리적 자본회계를 들고 있는데 그러한 합리적 회계는 사적 소유권, 자유로운 시장의 존재, 합리적 기술, 예측 가능한 법률, 노동력을 팔아야만 하는 자유로운 노동대중, 경제생활의 상업화를 포함한다고 보았다.[54]

베버가 생각한 서구 근대국가는 무엇보다 전문적인 능력을 가진 관료들을 보유한 국가이다. 그는 기술적, 상업적, 법률적 훈련을 받은 서구 근대국가의 관료는 문학적 소양을 갖추고 고전 지식에만 정통한 중국의 관료와 대비된다고 보았다.[55]

베버는 또 죽기 전에 집필한 『종교사회학논총』 서론에서 그 외에도 서구 문화의 특징을 여럿 들고 있다. 합리적 증명을 바탕으로 한 기하학, 합리적 실험에 바탕을 둔 과학, 합리적 법학, 합리적 음정계산에 기반을 둔 음악, 합리적 건축, 신문과 잡지, 종합대학, 의회와 정당, 정치적 공법기관으로서의 국가 등.[56]

베버의 이러한 서구의 합리주의에 대한 강조는 유럽중심주의적인 색채를 띠기 때문에 무조건 받아들일 수 없으며 비판적 검토를 필요로 한다.[57]

----

54) ibid. pp.276-278. 마지막 특징으로 들고 있는 경제생활의 상업화는 소유권의 유가증권화를 의미하는 것이다.

55) ibid. p.338.

56) 전성우 역, 『막스 베버 종교사회학 선집』, 나남, 2008, pp.282-286. 막스 베버는 말년에 역사와 문명에서 종교가 차지하는 중요성을 인식하고 세계 주요 종교들에 대한 비교사회학적 연구를 하였다. 그의 연구는 서구의 프로테스탄티즘 뿐 아니라 중국의 도교, 인도의 힌두교, 서양의 유대교 등을 포괄하였다.(Gesammelte Aufsätze zur Religionssoziologie) 한국어로는 그 일부만 번역되어 있다. 베버를 연구한 전성우 교수가 그 서론을 비롯한 몇 논문들을 위에서 언급한 『막스 베버 종교사회학 선집』에 번역하여 실어놓았다. 중국의 종교와 유대교에 대한 부분은 단행본으로 각각 번역되었다. 이상률 역, 『유교와 도교』, 문예출판사, 1990, 진영석 역, 『야훼의 예언자들』, 백산, 2004.

57) 『유교와 도교』 결론 부분에서 막스 베버는 유교와 퓨리터니즘을 비교하면서 유교가 합리주의적인 종교이기는 했지만 근대 자본주의의 탄생에 필요한 자본주의 정신을 낳지 못했다고 지적한다.

대사상가인 베버가 20세기 후반 동아시아의 경제발전을 목도하였더라면 그의 생각이 어떻게 달라졌을지 궁금하다.

그런 면에서 최근 서양중심주의를 벗어나 비교사적 시각에서 동양과 서양의 역사발전과정을 객관적으로 분석한 역사가를 한 사람 소개하려고 한다. 영국 출신의 고고학자로서 스탠퍼드 대학의 고전학과 교수로 있는 이언 모리스Ian Morris이다. 그는 『왜 서양이 지배하는가』라는 책에서 신석기 시대부터 현재까지 동양과 서양의 발전을 비교분석하였다.[58] 그는 자신만의 '사회발전지수'를 고안하여 이를 수치로 나타내어 동서양의 발전을 비교하였다.[59]

그 연구에 의하면 산업혁명이 시작되던 1770년대부터 서양은 급속히 사회발전지수가 높아져 동양을 추월하기 시작하였다.[60] 서양 제국주의는 바로 이러한 높은 수치를 반영하는 현상일 따름이다. 그 이전 수백 년 동안 사회발전지수는 오히려 동양이 더 높았다. 간단히 말해 산업혁명이 결정적인 분기점이 되어 서양이 동양을 능가하고 현재까지 세계를 지배할 수 있었다는 것이다. 그는 18세기 말 산업혁명이 유럽에서 가능할 수 있었던 배경으로 15, 16세기의 대서양경제의 발전, 17세기의 스텝지대 폐쇄를

---

58) 이안 모리스, 『왜 서양이 지배하는가』, 최파일 역, 글항아리, 2013.

59) 모리스는 사회발전을 "일을 처리하고자 물리적, 지적 환경을 제어하는 집단의 능력"으로 정의하고 다음과 같이 덧붙여 설명하였다. "사람들이 의식주를 해결하고 재생산하며 주변의 세계를 설명하고, 공동체 내부의 분쟁을 해소하고 다른 공동체를 희생시켜 자신들의 세력을 확장하며, 다른 집단의 세력 확장 시도에 맞서 스스로를 방어하는 데 이용하는 모든 생존 수단, 기술적, 조직적, 문화적 성과들이다. 말하자면 사회발전은 일을 처리해내는 한 사회의 능력을 가늠하며, 원칙적으로 시공을 초월하여 비교될 수 있다."(p.211) 구체적으로 그는 사회발전지수를 1) 에너지 획득 2) 도시화(urbanism) 3) 정보처리 능력 4) 전쟁수행 능력의 네 가지 항목 점수를 합하여 산정하였다.

60) 모리스는 1770년대에 일어난 주목할 만한 일들로 미국의 독립혁명, 아담 스미스의 『국부론』 출간, 매슈 볼턴의 증기기관 제작 등을 든다. 물론 그의 사회발전지수와 직접적인 관계를 가진 것은 증기기관 제작이다.

들고 있다.[61] 스텝지대 폐쇄란 주기적으로 동서양의 정착문명을 위협하던 유목민의 세력을 동서양의 대제국들이 꺾어놓고 유목민들을 제국의 지배 하에 둔 것을 말한다.[62]

산업혁명은 석탄을 주된 에너지 자원으로 도입하였다. 당시 새로운 산업으로 부상하던 면방적 공업은 석탄으로 움직이는 증기기관을 장착하여 획기적으로 생산성을 증가시켰다. 또 증기기관은 기선과 철도를 낳았고 제철업을 혁신하였다. 우월한 제철업은 우수한 성능의 대포제작을 가능하게 하였다. 그리하여 산업혁명은 19세기 중반에 중국과 일본과의 전쟁에서 보인 서양 군사력의 압도적 우세를 뒷받침하였다.

서양의 제1차 산업혁명은 19세기 말에는 제2차 산업혁명으로 이어졌다. 전기와 석유에 기반을 둔 여러 가지 전기제품과 자동차가 이 시기에 등장하여 다시 한 번 서양의 발전은 가속되었다. 그러나 서양의 경제적 발전은 해외진출, 해외투자를 일으켜 비유럽 세계도 발전의 가능성을 접하게 되었다. 19세기 말 일본은 이러한 가능성을 잽싸게 쟁취한 성공사례였다. 일본은 서양에서 배운 기술로 서양에 군사적으로 도전하여 패배하였지만 일본의 경제적 발전은 중단되지 않았다.[63]

일본은 미국을 비롯한 서방 국가들과 샌프란시스코 평화조약을 체결함으로써 미국이 주도하는 자본주의 진영 편에 섰다. 일본은 미국의 지원 하

---

61) ibid. p.794.

62) 구체적으로 말하면 서양의 러시아와 동양의 청나라가 그런 역할을 하였다. 17세기에 이 두 제국은 총과 대포를 동원하여 유목민들을 정복하였을 뿐 아니라 제국의 영역도 확대하여 결국은 서로 접경하게 되었다. 1689년의 네르친스크 조약이 두 제국 사이의 국경을 확정하는 조약이었다. 러시아 제국의 시베리아 정복에 대해서는 필자의 『유럽과 만난 동양 유목민』, 상생출판, 2020, 참조.

63) 증산 상제의 말에 의하면 서양의 기술을 배워 서양 사람들에게 대항하는 것은 배사율背師律을 범하는 것이다. 일본이 2차 세계대전에서 미국의 원자탄 공격으로 참혹한 패배를 겪은 것이 이에 해당한다.(5:119) 미국이 전후 일본을 완전히 파괴하지 않은 것은 소련과의 경쟁 즉 냉전 때문이었다.

에 20년 동안 연평균 10%가 넘는 고도성장을 달성하였다. 그리하여 1968년에는 미국 다음가는 세계 제2위의 경제대국이 되었다.

그 다음은 한국과 대만, 홍콩, 싱가포르의 네 마리 용의 차례였다. 네 마리 용 모두 대외개방경제를 공통적으로 채택하였다. 비교적 낮은 임금에 고급 제품을 만들어낼 수 있는 노동윤리가 이 나라들의 성공을 뒷받침하였다.[64] 급속히 부유해진 네 마리 용의 뒤를 이어 동남아 국가들이 발전도상에 뛰어들었다.[65] 그리고 등소평 하에서 중국이 여기에 합세하였다. 중국의 급속한 경제발전은 중국을 G2의 하나로 만들었다. 이언 모리스는 "조만간 – 2030년이 되면 아마도, 2040년이 되면 거의 확실히 – 중국의 GDP는 미국의 GDP를 능가하게 될 것으로" 전망한다.[66] 그리고 덧붙여 다음과 같은 예언을 하고 있다. "21세기 어느 시점에 중국은 후진성의 이점이 바닥나겠지만 그때가 되면 세계의 경제적 무게중심은 아마도 여전히 동양에 머무를 것이며 팽창하여 남아시아와 동남아시아를 포괄하게 될 것이다. 21세기 서양에서 동양으로의 부와 권력 이동은 아마도 19세기에 일어난 동양에서 서양으로의 이동만큼 불가피할 것이다." 산업혁명기로부터 시작된 서양의 지배시대가 21세기에 끝난다는 것이다. 그는 자신의 그래프를 바탕으로 그 시기가 2045년과 2103년 사이일 것으로 추정한다. 그런데 모리스 교수는 동양이 서양을 능가하겠지만 사회발전이 어느 수준에 도달하면 지리는 더 이상 의미가 없어질 것이라고 지적한다. 치솟는 사회발전

---

64) 이는 랜디스 교수가 강조하는 바이다. David Landes, *The Wealth and Poverty of Nations*, p.475. 세계은행 보고서 *The East Asian Miracle* (1993)에서는 동아시아의 교육제도와 고수익 부분으로의 인적 및 물적 자본의 높은 투입을 고도성장의 비결로 제시한다. 물론 동아시아 나라들에 공통된 경제발전 모델은 존재하지 않으며 나라마다 정책과 발전경로가 달랐다.
65) 랜디스는 말레이시아, 태국, 인도네시아를 꼽는데 이들 국가들은 중국계 화교들이 경제권을 쥔 나라들이다. 저자는 동아시아의 성공에 이들 나라의 문화가 중요한 역할을 했다고 본다. Landes, op. cit. pp.477-478.
66) 이언 모리스, 『왜 서양이 지배하는가』, p.846.

과 줄어드는 세계로 인하여 "동양도 서양도 경계도 혈통도 출생도 없어질 것이다." 마치 15,000년 전 빙하기가 끝나기 이전에 동서양이라는 구분이 의미가 없었듯이.[67]

---

67) ibid. pp.852-855.

6 맺는 말

역사에서 동서양 관계의 중요성을 부인하는 사람은 없을 것이다. 근대 세계사는 동서양 관계에 의해 좌우되었다. 동양을 동아시아에 한정해 본다면 동서양 관계는 초반 2, 3세기 동안은 예수회 신부들을 매개로 평화적인 문명교류와 또 제한적인 상업적 교역으로 이루어졌다. 그러나 19세기 중반 이후 그 관계는 서양의 제국주의적 압박으로 인해 급속히 악화되었다. 증산 상제가 천지공사를 행했던 시기에는 일본이 급속한 근대화에 성공하여 제국주의 국가대열에 합류하여 조선을 집어삼키려 하였다. 중국은 여러 열강들의 세력권으로 분할되어 반식민지로 전락하고 있었다. 다른 한편으로는 서양 제국주의의 압박에 대한 대응으로서 동양의 근대화, 서구화가 시작되었다. 서양 국가들에 문호를 상대적으로 늦게 개방한 조선도 예외가 아니었다. 조선에는 서양의 기술 뿐 아니라 기독교도 급속히 확산되었다.

증산 상제의 천지공사에는 이러한 서양의 위협과 서구화의 문제 등이 그대로 반영되어 있다. 증산 상제는 서양 현대문명의 기원 뿐 아니라 당신의 지상 탄강에서도 서양사람 이마두가 한 역할을 강조하였다. 또 당시에 서양의 지배하에 넘어가려는 동양을 건지기 위해 관운장을 서양으로 보내 대전쟁을 일으키게 하였다. 서양 현대문명이 인류의 교만과 잔포殘暴를 길러내어 삼계를 혼란하게 만들었다고도 하였지만 다른 한편으로는 서양 과학기술의 가치를 긍정하였다. 그러한 과학기술에 바탕을 두고 서양의 경제가 발전하였으므로 재주財主 기운을 서양에 두며 후일 조선은 서양으로부터 재물을 보급받으리라고 하였다. 증산 상제의 공사대로 한국은 20

세기 중반 이후 급속한 경제발전에 성공하였다. 증산 상제는 장차 조선이 세계의 일등국이 되리라 하였는데 당시에는 도저히 이해하기 어려운 말이었다.(7:83) 그러나 이러한 말씀은 이제 현실로 될 가능성이 눈앞에 닥쳐왔다. 증산 상제는 "내가 이곳 해동조선에 지상천국을 만들리니 ... 장차 조선이 천하의 도주국道主國이 되리라"고 하였다. 최근 갑자기 한국문화, K-culture가 세상에서 인기를 끌고 있다. 많은 세계인들이 한국말을 배우고 한국의 음식을 좋아하며 한국의 춤과 노래를 따라 하려고 한다. 증산 상제가 천지공사를 행하던 백여 년 전은 말할 것도 없고 필자가 대학에서 서양사를 배우던 40여 년 전에도 짐작조차 할 수 없던 일이 일어나고 있는 것이다.

≡ 참고문헌 ≡

- 김용옥, 『동경대전 1, 2』, 통나무, 2021.
- 김현일, 「마테오 리치와 동서양 문명 교류」 증산도사상연구소, 『증산도사상』 3집, 2000.
- 김현일, 『유럽과 만난 동양 유목민』, 상생출판, 2020.
- 막스 베버 저, 이상률 역, 『유교와 도교』, 문예출판사, 1990.
- 막스 베버 저, 진영석 역, 『야훼의 예언자들』, 백산, 2004.
- 안경전, 『개벽 실제상황』, 대원출판, 2005.
- 옥성득, 『다시 쓰는 한국초대 교회사』, 새물결플러스, 2016.
- 원정근, 『충의의 화신 관우』, 상생출판, 2014.
- 이안 모리스 저, 최파일 역, 『왜 서양이 지배하는가』, 글항아리, 2013.
- 이정립, 『증산교사』, 증산교본부, 1977.
- 이정식 저, 권기붕 역, 『이승만의 청년시절』, 동아일보사, 2002.
- 장동하, 「한불조약과 종교문제」, 신학과 사상학회, 『Catholic Theology and Thought』 35호, 2001.
- 전성우 편역, 『막스 베버 종교사회학 선집』, 나남, 2008.
- 정교 저, 이철성 역주, 『대한계년사』, 소명출판, 2004.
- 천도교중앙총부 편, 『천도교경전』, 1993.
- 최덕수, 『근대 조선과 세계』, 열린책들, 2021.
- 최석우, 「한불조약과 신교자유」, 한국사학회, 『사학연구』 21호, 1969.
- 최익현, 『국역면암집 제1권』, 민족문화추진회, 1977.
- 페르낭 브로델 저, 주경철 역, 『물질문명과 자본주의 III-2』, 까치, 1997.
- 표영삼, 『동학 1, 2』, 통나무, 2005.
- 한영우, 『다시 찾는 우리역사 3』, 경세원, 2004.
- D. Mungello, *East Meets West : The Jesuits in China*, 1582-1773, University Press of Hawaii, 1985.
- David Landes, *The Wealth and Poverty of Nations : Why some are so rich and*

some so poor, W. W. Norton, 1999.

- Max Weber, *General Economic History*, Dover, 1927.
- World Bank, *The East Asian Miracle : Economic Growth and Public Policy*, 1993.

칠성신앙과 칠성도수

윤창열

필자약력

윤창열

경희대학교 한의과대학 졸업
동대학원 석사 박사 학위 취득
대전대학교 한의과대학 교수

저서
『의역학』
『의철학』
『한중의학각가학설』
『한중의학사개설』
『난경연구집성』
『현토완역 소문입식운기론오』

1 들어가는 말

증산 상제님은 대우주를 통치하시고 주재하시는 조화주 하느님이시다. 상제님께서는 우주의 여름과 가을이 교차하는 하추교차기에 동방의 땅에 강세하시어 삼계대권을 주재하시어 선천개벽 이래로 상극의 운에 갇혀 살아온 뭇 생명의 원冤과 한恨을 풀어주시고 후천 5만년 지상 선경세계를 세워 온 인류를 새 생명의 길로 인도하시는 천지공사를 집행하셨다. 상제님께서는 다양한 표현으로써 당신의 신원을 밝혀주셨는데 우리가 익숙하게 알고 있는 옥황상제님, 미륵부처님, 천주님, 삼신상제님, 하느님 등의 용어 외에 "나는 칠성이니라."(『도전』 6:7:4)라는 말씀도 해주셨다. 그리고 상제님과 태모님의 성언聖言과 성적聖蹟이 집대성되어 있는 『도전』을 보면 칠성도수라는 말이 많이 등장한다. 도수라는 말은 천지가 변화하는 질서로 궁극적으로는 인사를 통해 역사속에서 실현되는 것이다.

주지하다시피 북두칠성은 북방에 있는 7개의 별로 말(두斗)의 형상을 이루고 있기 때문에 북두칠성이라고 부른다. 증산 상제님의 또 다른 표현은 10무극 상제님이시다. 모든 조화를 머금고 있는 10무극의 상수는 현실속에서 3과 7로 나뉘어 삼신하느님과 칠성하느님으로 나뉘어 작용하는데 『도전』에서는 "삼신은 낳고 칠성은 기르느니라"(『도전』 11:240:10)라고 말씀해 주셨다. 낙서洛書를 보면 정동방에 3이 배치되어 있고 정서방에 7이 자리잡고 있다. 본래 서방은 4와 9의 금金이 작용하는데 금화교역의 원리에 의해 서방은 금金을 체體로 하고 7화火가 용사한다. 그리하여 태모님께서는 "앞 세상은 칠성으로 돌아간다."(『도전』 11:99:2)라고 하셨고 또 "칠성도수는 천지공사를 매듭짓는 도수"(『도전』 11:360:4)라고 말씀해 주셨다. 7

이라는 숫자는 특별한 의미를 가지고 있는 수이다. 기본적으로 소양수小陽數이고 화火의 성수成數이다. 또한 북방의 생성수인 1과 6이 합쳐진 수이고 음양과 오행이 합쳐진 수이며 종삼횡사縱三橫四가 합쳐진 수이고 천부경의 운삼사運三四가 합쳐진 수이며 또 천부경의 대삼합육大三合六에 다시 하늘의 기본수인 1을 더한 수이고 성수 중에서 1과 자신의 수로만 나뉘어지는 유일한 소수素數이다.

칠성에 대하여 상제님께서는 "북두칠성이 내 별이니라"(『도전』 3:89:6)라고 하셨고, 또 당신님의 등에 붉은 점으로 뚜렷하게 북두칠성이 새겨져 있었다(『도전』 3:320:4).

『동의보감東醫寶鑑』 「신형身形」 인심합천기人心合天機 조를 보면 "하늘은 북두칠성으로 작용의 중심을 삼고 사람은 마음으로 작용의 중심을 삼으니 마음이 몸속에서 움직이는 것이 마치 북두칠성이 하늘 가운데에서 운행하는 것과 같다[天은 以斗爲機하고 人은 以心爲機하니 心運於身中이 猶斗運於天中也라]."라고 하였다. 북두칠성은 하늘의 황극皇極으로 하늘의 모든 별뿐만 아니라 땅과 인간까지 천지인 삼재三才를 주재하고 있다. 인간의 생명은 이곳의 기운을 받아 탄생하며 복을 내려주고 재앙을 없애주며 건강을 내려주어 무병장수하게 하며 깨달음과 도통을 열어주고 더 나아가 불멸의 선仙의 생명을 내려주는 신성한 별이다. 그리하여 우리 민족은 신교神敎시대부터 이 별을 숭배하고 신앙하였으며 소원성취를 기원하였다.

『태종실록太宗實錄』 권 31, 태종 16년(1416년) 1월 庚申조를 보면 태종이 천황대제天皇大帝를 소격전昭格殿에 옮겨서 제사지내는 것과 관련하여 "지금 아무 군君, 아무 제帝라고 칭하며 제사지내는 것이 아주 많으나 그윽히 생각해 보면 잘못된 것이다. 내가 기꺼이 접수하여 경배敬拜할 수 있는 것은 북두칠성뿐이다[今稱某君某帝而祀者가 甚衆이나 竊以爲謬라 予所甘接敬拜者는 北斗而已라]."고 하였다.

칠성도수는 북두칠성의 신성神性과 덕성德性, 생명生命과 조화造化가 인간의 역사 속에 모두 드러나는 것이다. 상제님께서는 1901년 대원사의 칠성각에서 천지대신문을 여셨으며 어천하시던 1909년 다시 칠성각에 가시어 49일 동안 공사를 보셨다. 이를 보면 천지공사의 시작과 끝이 칠성도수로 시작하여 칠성도수로 끝난다고 말해도 지나친 말은 아닐 것이다. 본문은 크게 세 부분으로 나뉘어진다. 첫째 부분은 역대문헌에서 기술하고 있는 북두칠성에 대해서 살펴보았고, 둘째 부분은 북두칠성의 신앙과 문화에 대해서 살펴보았으며, 셋째 부분은 칠성도수의 철학적 개념과 『도전』에서 언급하고 있는 칠성도수에 대하여 내용을 나누어 구체적으로 살펴보았다.

2 북두칠성의 내용과 역할

먼저 여러 문헌에 보이는 북두칠성에 대한 내용을 종합하면 다음과 같다. 『삼재도회三才圖會』에서는 다음과 같이 말하고 있다.

북두칠성은 자미원에 가까이 있고, 태미원의 북쪽에 있으니 칠정七政의 핵심이 되고 음양의 근본이 된다. 따라서 하늘 가운데에서 운행하면서 사방에 임어하고 통제하여 사계절을 세우고 오행을 고르게 하며 법도를 가지런히 하며 기강을 바로 잡는다. 국자 부분의 네 개의 별이 선기璇璣가 되고 자루의 세 개의 별이 옥형玉衡이 되니 일월성신을 호령하는 주인으로 상제가 타는 수레가 되니 움직인다는 뜻을 취한 것이다. 또 국자 쪽 첫 번째 별을 천추라 하고 두 번째 별을 선이라 하고 세 번째 별을 기라 하고 네 번째 별을 권이라 하고 다섯 번째 별을 옥형이라 하고 여섯 번째 별을 개양이라 하고 일곱 번째 별을 요광이라 한다. 첫 번째에서 네 번째 별이 괴가 되고, 다섯 번째에서 일곱 번째 별이 표가 되며 추성은 하늘이 되고 선성은 땅이 되고 기성은 사람이 되고 권성은 때가 되고 옥형은 소리가 되고 개양은 악율이 되고 요광은 별이 된다.[1]

---

1) 松下見林, 『運氣論奧疏鈔』 卷之六, pp.24-25.
北斗七星은 近紫微垣하고 在太微之北하니 七政之樞機오 陰陽之元本也라 故로 運乎天下而臨御四方하야 以建四時而均五行하며 齊節度하며 定綱紀也라 魁四星이 爲璇璣오 杓三星이 爲玉衡이니 天象號令之主로 是爲帝車니 取乎運動之義也라 又魁第一星曰天樞오 二曰璇이오 三曰璣오 四曰權이오 五曰玉衡이오 六曰開陽이오 七曰搖光이라 一至四爲魁오 五至七이 爲杓며 樞爲天이오 璇爲地오 機爲人이오 權爲時오 玉衡爲音이오 開陽爲律이오 搖光爲星이라

이를 도표로 그리면 다음과 같다.

	제1성	제2성	제3성	제4성	제5성	제6성	제7성
명칭	天樞	璇	璣	權	玉衡	開陽	搖光
주관	一天	二地	三人	四時	五音	六律	七星
구분	璇璣(魁星)				玉衡(杓星)		

〈삼재도회의 칠성〉

위의 내용을 다시 한번 살펴보면 다음과 같다. 칠정七政이란 일월日月과 오행성五行星의 운행법칙을 말한다. 『서경書經』에서는 일월과 오성이 하늘에서 운행할 때 느리거나 빠른 경우가 있고, 순행하는 것도 있고 역행하는 것도 있어 마치 임금이 정사政事를 하는 것과 같기 때문에 칠정이라 한다[2]고 하였다. 북두칠성은 일월과 오성의 운행을 주재하는 사령탑이 되니 이것이 칠정지추기七政之樞機이다. 음양지원본陰陽之元本이란 북두칠성이 음양작용이 일어나게 하는 근원이 된다는 것이다. 북두칠성은 하루에 반시계방향으로 한 바퀴씩을 도는데 이를 기준으로 월건月建을 정하고 24절기를 확정한다. 이에 대해 『유경도익類經圖翼』「두강해斗綱解」에서 다음과 같이 말하고 있다.

1년 사시의 기후는 모두 12진에서 통제하니 12진은 두강斗綱이 가리키는 곳으로 절기가 이에 의해 확정된다. 정월에는 인방寅方(동북방)을 가리키고 2월에는 묘방卯方(정동방)을 가리키고 3월에는 진방辰方(동남방)을 가리키고 4월에는 사방巳方(남동방)을 가리키고 5월에는 오방午

2) 성백효 역주, 『현토완역 서경집전』 상, 서울: 전통문화연구회, 2007, p.40.
七者 運行於天에 有遲有速하고 有順有逆하니 猶人君之有政事也라

方(정남방)을 가리키고 6월에는 미방未方(남서방)을 가리키고 7월에는 신방申方(서남방)을 가리키고 8월에는 유방酉方(정서방)을 가리키고 9월에는 술방戌方(서북방)을 가리키고 10월에는 해방亥方(북서방)을 가리키고 11월에는 자방子方(정북방)을 가리키고 12월에는 축방丑方(북동방)을 가리키니 월건月建이라고 한다. 하늘의 원기元氣는 형체가 없어서 볼 수 없으나 북두칠성이 가리키는 방위를 보면 알 수가 있다.

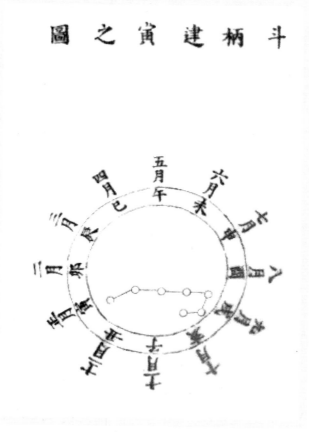

〈두병건인지도〉

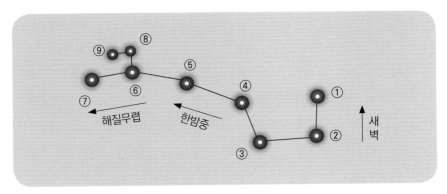

〈북두칠성의 하루 밤의 운행과 월건〉

북두칠성은 7개의 별로 되어 있으니 첫 번째 별은 괴성魁星이라 하고 5번째 별을 형성衡星이라 하고 7번째 별을 표성杓星이라고 부르니 두강斗綱이라고 한다. 가령 정월의 월건은 인寅인데 초저녁에는 표성(6번째, 7번째 별이 가리키는 방향)이 인방寅方을 가리키고 한밤중에는 형성(4번째, 5번째 별이 가리키는 방향)이 인방寅方을 가리키고 새벽에는 괴성(2번째, 첫 번째 별이 가리키는 방향)이 인방寅方을 가리키니 나머지 달도 이와 같다.[3] 한 번 더 부연 설명하면 다음과 같다. 북두칠성의 첫 번째 두 번째 별의 길이의 5배 되는 곳에 북극성이 있다. 그래서 이 두 개의 별을 지극성指極星이라고 한다. 북두칠성뿐만 아니라 하늘에 있는 모든 별들은 북극성을 중심으로 매일 반 시계 방향으로 선회旋回한다. 그리하여 하늘의 중심이 되는 북극성을 북신北辰 또는 태을太乙이라고 불렀다. 예를 들어 음력 6월의 월건은 미未인데 이 달

---

3) 張介賓, 『類經圖翼』, 서울: 성보사 1982, p.23.
一歲四時之候는 皆統于十二辰하니 十二辰者는 以斗綱所指之地로 卽節氣所在之處也라 正月指寅하고 二月指卯하고 三月指辰하고 四月指巳하고 五月指午하고 六月指未하고 七月指申하고 八月指酉하고 九月指戌하고 十月指亥하고 十一月指子하고 十二月指丑하니 謂之月建이라 天之元氣는 無形可觀이나 觀斗建之辰하면 卽可知矣라 斗有七星하니 第一曰魁오 第五曰衡이오 第七曰杓니 此三星을 謂之斗綱이라 假如正月建寅은 昏則杓指寅하고 夜半衡指寅하고 平旦魁指寅하니 餘月仿此라

에는 초저녁에 북두칠성은 6번째 7번째 별의 연장선이 未方(남서방)을 가리키고 북극성을 중심으로 반 시계 방향으로 돌아 한 밤중에는 4번째 5번째 별의 연장선이 미방을 가리키고, 새벽녘에는 2번째 첫 번째 별의 연장선이 미방을 가리킨다. 북두칠성은 하늘에 떠 있는 시계로 시간의 신神이라고도 말할 수 있다. 옛 사람들은 이를 통해 절기와 달과 계절 그리고 시간을 파악하였다. 두병斗柄(북두칠성의 자루)이 동방을 가르키면 온 천하에 봄이 온 것이고, 두병이 남방을 가르키면 온 천하에 여름이 온 것이고, 두병이 서방을 가르키면 온 천하에 가을이 온 것이고, 두병이 북방을 가르키면 온 천하에 겨울이 왔다는 것을 알았다. 이것이 건사시建四時 균오행均五行 제절도齊節度 정강기定綱紀이다.

또 북두칠성은 상제가 타는 수레[제거帝車]라 하였고 『운급칠첨雲笈七籤』에서 "초요招搖(북두칠성의 일곱 번째 별)와 옥형玉衡(북두칠성의 다섯 번째 별)은 수레바퀴가 된다."[4]고 하였으니 상제는 말이 끄는 북두칠성의 마차를 타고 천상天上을 순행巡行하고 계신다는 것이다. 첫 번째 별이 하늘을, 두 번째 별이 땅을, 세 번째 별이 사람을, 네 번째 별이 사계절을, 다섯 번째 별이 소리를, 여섯 번째 별이 악율을, 일곱 번째 별이 별들을 주관한다는 것은 다음의 설명을 보면 이해에 도움이 된다.

만약에 천자가 종묘에 공손하지 않아서 귀신을 공경하지 않으면, 괴의 첫 번째 별이 밝지 않거나 색깔이 변한다. 만약에 궁궐을 넓게 짓기 위해 망령되이 산이나 구릉을 파헤치면 두 번째 별이 밝지 않거나 색깔이 변한다. 만약에 백성을 사랑하지 않아서 정벌에 백성을 자주 동원하면 세 번째 별이 밝지 않거나 색깔이 변한다. 만약에 호령하는 것이 사시에 어긋나서 천도天道를 밝히지 못하면, 네 번째 별이 밝지

---

4) 張君房編, 『雲笈七籤』(二冊), 북경: 중화서적, 2014, p.547.

않거나 색깔이 변한다. 만약에 바른 음악[正樂]을 폐하고 음탕한 소리 듣기에 힘쓴다면, 다섯 번째 별이 밝지 않거나 색깔이 변한다. 만약에 농사짓고 누에 치는 것을 권하지 않아서 농사나 길쌈에 힘쓰지 않으며, 법을 어렵게 하고 형벌을 남용하고, 어진 사람을 관직에서 물러나게 하여 정치를 잘못하면, 여섯 번째 별이 밝지 않거나 색깔이 변한다. 만약에 사방을 어루만지지 않아서 변방국가들과 중국이 불안해지면 일곱 번째 별이 밝지 않거나 색깔이 변한다.[5]

『진서晉書』「천문지天文志」에서는 북두칠성에 대해 다음과 같이 설명하고 있다.

석씨가 말하였다. 첫 번째인 정성은 양덕을 주관하며 천자를 상징한다. 두 번째인 법성은 음형을 주관하며 여왕을 상징한다. 세 번째인 영성은 재앙을 주관한다. 네 번째인 벌성은 하늘의 이치를 주관하며 무도한 자를 징벌한다. 다섯 번째인 살성은 중앙을 주관하며 널리 주변을 돕고 죄인을 죽인다. 여섯 번째인 위성은 하늘의 창고로 오곡을 주관한다. 일곱 번째인 부성 또는 응성은 군사를 주관한다. 또한 첫 번째는 하늘天을 주관하고, 두 번째는 땅地을 주관하고, 세 번째는 화火를 주관하고, 네 번째는 수水를 주관하고, 다섯 번째는 토土를 주관하고, 여섯 번째는 목木을 주관하고, 일곱 번째는 금金을 주관한다.[6]

---

5) 김수길 윤상철 공역, 『천문유초』, 서울: 대유학당, 1998, p.289.
6) 房玄齡等撰, 『晉書』(二), 북경: 중화서적, 1991, pp.290-291.
石氏云 "第一曰 正星이니 主陽德하니 天子之象也오 二曰法星이니 主陰刑하니 女主之位也오 三曰令星이니 主中禍하고 四曰伐星이니 主天理하니 伐無道하고 五曰殺星이니 主中央하니 助四旁하며 殺有罪하고 六曰危星이니 主天倉五穀하고 七曰部星이오 亦曰應星이니 主兵이라" 又云

이를 도표로 만들면 다음과 같다.

	제1성	제2성	제3성	제4성	제5성	제6성	제7성
명칭	正星	法星	令星	伐星	殺星	危星	部星, 應星
주관	陽德	陰刑	中禍	天理, 伐無道	中央, 助四 旁 殺有罪	天倉五穀	主兵
주관 천체	天	地	火星	水星	土星	木星	金星

〈진서 천문지의 칠성〉

주관하는 천체에 대해 『사기史記』의 주석인 「색은索隱」에서는 마융馬融이 주注를 단 『상서尙書』를 인용하여 다음과 같이 달리 이야기하고 있다.

첫 번째 별은 정성正星으로 해를 주관하고, 두 번째 별은 법성法星으로 달을 주관하고, 세 번째 별은 명성命星으로 화성을 주관하니 형혹성을 말하고, 네 번째 별은 살성殺星으로 토성을 주관하니 전성(지금은 진성鎭星으로 많이 쓴다.)을 말하고, 다섯 번째 별은 벌성伐星으로 수성을 주관하니 진성辰星을 말하고, 여섯 번째 별은 위성危星으로 목성을 주관하니 세성歲星을 말하고, 일곱 번째 별은 표성剽星으로 금성을 주관하니 태백성太白星을 말한다.[7]

북두칠성이 일월과 오성을 주재하고 일월은 천지를 대행함으로 제1성, 제2성이 앞에서 말한 천지 대신 일월을 주관한다고 한 것은 이해할 수 있고 제4성과 제5성의 배합이 바뀌어 있는데 토는 오행의 중앙에 위치함으

"一主天하고 二主地하고 三主火하고 四主水하고 五主土하고 六主木하고 七主金이라
7) 사마천, 『사기』 (四), 북경: 중화서적, 1982, p.1292.
第一曰正日이오 第二曰主月法이오 第三曰命火니 謂熒惑也오 第四曰煞土니 謂塡星也오 第五曰伐水니 謂辰星也오 第六曰危木이니 謂歲星也오 第七曰剽金이니 謂太白也라

로 『진서晉書』의 배합이 옳다고 사료된다. 또 「색은索隱」에서는 『진서』와 달리 제4성인 벌성伐星과 제5성인 살성殺星의 위치가 바뀌어져 있는데 이를 바로잡으면 역시 『진서』와 일치한다.

위의 내용을 보면 북두칠성에는 태양계의 solar system이 압축되어 있고 인간사의 다양한 일들을 주관하고 있으며 일월과 오성에 각각 상응하는 칠성의 별이 있다는 것도 알 수 있다.

『운급칠첨雲笈七籤』에서는 다음과 같이 북두칠성을 기술하고 있다.

북두성은 태극의 자주빛 덮개이고 현인玄人 진인眞人의 신령스런 평상이며 구황九皇의 신령스런 자리이고 천존天尊이 누워서 쉬는 방이다. 첫 번째는 태성인데 정령精靈의 명칭은 현추이고 신의 이름은 양명이다. 두 번째는 원성인데 정령의 명칭은 북대이고 신의 이름은 음정이다. 세 번째는 진성인데 정령의 명칭은 구극상진이고 신의 이름은 진인이다. 네 번째는 뉴성인데 정령의 명칭은 선근이고 신의 이름은 현명이다. 다섯 번째는 강성인데 정령의 명칭은 태평이고 신의 이름은 단원이다. 여섯 번째는 기성인데 정령의 명칭은 명기이고 신의 이름은 북극이다. 일곱 번째는 관성인데 정령의 명칭은 현양이고 신의 이름은 천관이다. 여덟 번째는 제성인데 명칭은 고상황이고 신의 이름은 팔경허원군이다. 아홉 번째는 존성인데 정령의 호칭은 태미옥제군이고 신의 이름은 태소칠신원군이다.[8]

----

8) 張君房編, 『雲笈七籤』(二冊), 북경: 중화서적, 2014, pp.546-547.
北斗星者는 太極之紫蓋오 玄眞之靈床이오 九皇之神席이오 天尊之偃房이라 第一太星은 精名玄樞오 神曰陽明이며 第二元星은 精名 北台오 神曰陰精이며 第三眞星은 精名九極上眞이오 神曰眞人이며 第四紐星은 精名璇根오 神曰玄冥이며 第五綱星은 精名太平이오 神曰丹元이며 第六紀星은 精名命機오 神曰北極이며 第七關星은 精名玄陽이오 神曰天關이며 第八帝星은 名曰高上皇이오 神曰八景虛元君이며 第九尊星은 精號太微玉帝君이오 神曰太素七晨元君이라

이를 도표로 그리면 다음과 같다.

	제1성	제2성	제3성	제4성	제5성	제6성	제7성	제8성	제9성
명칭	太星	元星	眞星	紐星	綱星	紀星	關星	帝星	尊星
精名	玄樞	北台	九極上眞	璇根	太平	命機	玄陽	高上皇	太微玉帝君
神名	陽明	陰精	眞人	玄冥	丹元	北極	天關	八景虛元君	太素七晨元君

〈운급칠첨의 칠성 〉

위의 내용을 보면 북두칠성은 본래 아홉 개의 별로 이루어져 있음을 알 수 있다. 이를 칠성경에서는 북두구진北斗九辰이라고 부른다. 그런데 우리가 지금 읽고 있는 칠성경에는 제8성이 존성尊星으로 되어 있고 제9성이 제성帝星으로 되어 있다.

『오행대의五行大義』에서는 다음과 같이 기술하고 있다.

『황제두도黃帝斗圖』에 이르기를 "첫 번째는 탐랑성貪狼星이라고 하니 자子생의 사람이 속하고, 두 번째는 거문성巨門星이라고 하니 축丑·해亥생의 사람이 속하며, 세 번째는 녹존성祿存星이라고 하니 인寅·술戌생의 사람이 속하고 네 번째는 문곡성文曲星이라고 하니 묘卯·유酉생의 사람이 속하며, 다섯 번째는 염정성廉貞星이라고 하니 진辰·신申생의 사람이 속하고, 여섯 번째는 무곡성武曲星이라고 하니 사巳·미未생의 사람이 속하며, 일곱 번째는 파군성破軍星이라고 하니 오午생의 사람이 속한다."[9] 고 했다.

9) 소길원 저 김수길 윤상철 번역, 『오행대의』(下), 서울: 대유학당, 2008, p.494.

이를 도표로 만들면 다음과 같다.

	제1성	제2성	제3성	제4성	제5성	제6성	제7성
명칭	貪狼	巨門	祿存	文曲	廉貞	武曲	破軍
生人	子	丑亥	寅戌	卯酉	辰申	巳未	午

〈황제두도의 칠성〉

이와 함께 외보성 내필성까지를 표시하면 다음과 같다.

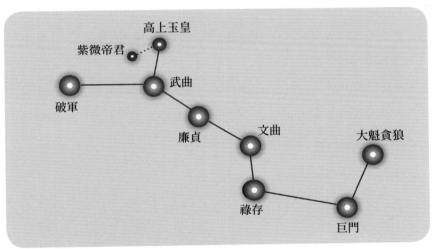

〈북두구진도〉

『운급칠첨』에서 외보성과 내필성을 설명하는 내용이 있는데 이를 살펴 보면 다음과 같다. 북두구성에서 일곱 개는 보이고 두 개는 보이지 않는 다. 여덟 번째 아홉 번째 별은 제성帝星과 태존太尊의 정신精神이다. 전한시 대 때 상국相國인 곽광霍光의 집에 농사를 짓는 노비가 있었는데 이름이 還 車였다. 문득 두 별이 북두칠성 속에서 보이는데 대단히 밝게 빛났다. 이 에 절을 하고 돌아왔는데 이후 600살을 더 살았다. 내보內輔 일성一星은 북

두칠성의 제3성 가까이 있는데 볼 수가 없고, 보게 되면 장생을 하고 신성
神聖함을 이룬다. 외보外輔 일성—星은 북두칠성의 제6성 아래에 있는데 거
리가 일촌 정도 떨어져 있다. 만약 놀라거나 두렵고 가위눌렸다가 일어나
면서 보게 되면 길吉하다.[10]

　위의 그림과 달리 여기서는 내보성內輔星이 세 번째 별의 근처에 있다고
말하고 있어 차이가 보인다.

　『운급칠첨』의 「북두구성직위총주北斗九星職位總主」에서는 구성九星의 직책
과 주관하는 일에 대해서 다음과 같이 기술하고 있다.

　* 양명성陽明星은 하늘의 태위太尉로 정치를 관장하고(政은 正으로도 해
　　석할 수 있다.) 그릇된 것들을 주관한다. 위로는 구천九天의 상진上眞을
　　총괄하고, 가운데로는 오악五嶽의 비선飛仙을 감독하며 아래로는 뒤에
　　진인眞人을 배우려는 사람을 영도한다. 천지의 신령神靈과 공과功過의
　　경중輕重이 여기에 매이지 않은 것이 없다.

　* 음정성陰精星은 하늘의 상재上宰로 녹봉과 벼슬을 주관한다. 위로는
　　하늘의 별자리를 총괄하고 아래로는 모든 신령[만령萬靈] 및 신선을
　　배우려는 사람을 영도한다. 모든 도道를 배우는 사람 및 만백성의 타
　　고나는 운명[숙명宿命]과 녹봉, 벼슬이 여기에 매이지 않은 것이 없다.

　* 진인성眞人星은 하늘의 사공司空으로 신선을 주관한다. 위로는 구천
　　九天의 높은 진인[고진高眞]을 총괄하고 가운데로는 오악의 신령스런
　　선인仙人을 감독하며 아래로는 도를 배우려는 사람을 영도한다. 진선
　　眞仙의 부류가 여기에 매이지 않은 것이 없다.

----
10) 張君房編, 『雲笈七籤』(二冊), 북경: 중화서적, 2014, pp.547-548.

* 현명성玄冥星은 하늘의 유격장군으로 반역을 치는 것을 주관한다. 위로는 구천九天의 귀신을 총괄하고 가운데로는 북제北帝의 삼관三管을 영도하고 아래로는 만백성을 감독한다. 반역하고 불충한 신하를 치고 모든 흉악하고 발역勃逆하는 자들이 여기에 매이지 않은 것이 없다.

* 단원성丹元星은 하늘의 두군斗君으로 생명 장부를 주관한다. 위로는 구천九天의 보록譜錄을 총괄하고 가운데로는 귀신의 장부 목록을 통솔하고 아래로는 진인眞人을 배우려는 만백성의 생명장부를 거느린다. 모든 하늘과 모든 땅을 총괄하여 통솔하지 아니함이 없다.

* 북극성北極星은 하늘의 태상太常으로 승진昇進을 주관한다. 위로는 구천九天의 상진上眞을 총괄하고 가운데로는 오악五嶽의 비선飛仙을 거느리고 아래로는 도를 배우는 사람의 몸을 거느린다. 모든 부지런히 노력하여 도를 얻고(교감에 따라 득도得道로 해석했다.) 관직과 보직의 순환을 모두 여기에서 총괄한다.

* 천관성天關星은 하늘의 상제上帝로 천지의 기틀과 운행을 주관한다. 사시의 장양長養(단단短을 교감에 의해 양양으로 해석했다.)과 오랜 세월에 따라 옮겨가는 천지비天地否, 지천태地天泰의 운세가 여기에 매이지 않는 것이 없다.

* (여덟 번째) 보성輔星은 천존天尊인 옥황상제[옥제玉帝]의 별로 상常이라고 부르니 상常은 상양常陽이고(뒤의 「하도보록河圖寶錄」조문에 '天尊玉帝之星이니 日常陽이라'한 것이 더 좋은 듯하다.) 비선飛仙을 주관한다. 위로는 구천九天을 총괄하고 아래로는 구지九地, 오악五嶽, 사독四瀆을 거

느리니 신선의 벼슬이 모두 이로 말미암는다.

* (아홉 번째) 필성弼星은 태제太帝 진성眞星이다. 공空이라 부른다. 공空은 항상 텅비고 보이지 않는다는 뜻이니 (뒤의 「하도보록」에는 '太帝眞人星이니 日空隱也라'고 하였다.) 변화가 방소方所가 없는 것을 주관한다.[11]

위의 내용에서 구성九星의 명칭과 직책만을 도표로 만들면 다음과 같다.

	제1성	제2성	제3성	제4성	제5성	제6성	제7성	제8성	제9성
명칭	陽明星	陰精星	眞人星	玄冥星	丹元星	北極星	天關星	輔星	弼星
직책	太尉	上宰	司空	遊擊	斗君	太常	天之上帝	天尊玉帝	太帝

〈북두칠성의 관직〉

-----

11) 張君房編, 『雲笈七籤』(二冊), 북경: 중화서적, 2014. pp.553-554.
陽明星은 天之太尉니 司政主非라 上總九天上眞하고 中監五嶽飛仙하며 下領後學眞之人하니 天地神 靈과 功過輕重이 莫不隸焉이라
陰精星은 天之主宰니 主祿位라 上總天宿하고 下領萬靈及學仙之人하니 諸學道와 及兆民宿命祿位가 莫不隸焉이라
眞人星은 天之司空이니 主神仙이라 上總九天高眞하고 中監五嶽靈仙하며 下領學道之人하니 眞仙之流가 莫不隸焉이라
玄冥星은 天之遊擊이니 主伐逆이라 上總九天鬼神하고 中領北帝三管하며 下監萬兆하니 伐逆不臣과 諸以凶勃이 莫不隸焉이라
丹元星은 天之斗君이니 主命祿籍이라 上總九天譜錄하고 中統鬼神簿目하며 下領學眞兆民命籍하니 諸天諸地를 莫不總統이라
北極星은 天之太常이니 主昇進이라 上總九天上眞하고 中統五嶽飛仙하며 下領學道之身하니 凡以功勤得(九神玉經에 得道라 했다.)과 轉輪階級이 悉總之焉이라
天關星은 天之上帝니 主天地機運이라 如四時長短(앞 부분에서 短을 養이라 했다.)과 天地否泰 劫會가 莫不隸焉이라
輔星은 天尊玉帝之星也니 曰常이라 常者는 常陽이니 主飛仙이라 上總九天하고 下領九地 五嶽四瀆하니 神仙之官이 悉由之焉이라
弼星은 太帝眞星也니 曰空이라 空者는 常空隱이니 主變化無方이라

위의 내용을 보면 신선과 관련된 내용이 매우 많은 것을 살펴볼 수 있으며 하느님인 옥황상제玉皇上帝는 북두칠성의 8번째 별에 머물고 계시며 나머지는 상제의 분신으로서 또는 각자 명을 받아서 하늘과 땅과 인간을 주재하고 있다는 것을 알 수 있다.

북두칠성이 하늘에 있는 28수宿와 땅의 9주州를 다스리는 것은 다음과 같다.

북두는 28수를 거느리고 한 별이 네 별자리를 주관하니, 괴성은 28수 중에 실室에서 일으키고 강성剛星은 각角에서 일으켜서 차례로 나누어 소속시킨다.

『춘추합성도春秋合誠圖』에 이르기를 "추성은 옹주雍州가 되고, 선성은 기주冀州가 되며, 기성은 청주靑州·연주兗州가 되고, 권성은 서주徐州·양주楊州가 되며, 형성은 형주荊州가 되고, 개양성은 양주梁州가 되며, 표광성標光星은 예주豫州가 된다."고 하니, 이것은 삼재三才의 도가 모두 북두의 정치하는 대로 되는 것이다.[12]

위의 내용을 도표로 만들면 다음과 같다.

	제1성	제2성	제3성	제4성	제5성	제6성	제7성
28수	室壁奎婁	胃昴畢觜	參井鬼柳	星張翼軫	角亢氐房	心尾箕斗	牛女虛危
9주	雍州	冀州	靑州兗州	徐州楊州	荊州	梁州	豫州

〈북두칠성과 28수, 9주 배합〉

---

12) 소길원 저 김수길 윤상철 번역, 『오행대의』(下), 서울: 대유학당, 2008, pp.497-498.

이제까지의 내용을 종합하여 북두9성의 명칭과 관련 내용을 하나의 도표로 만들면 다음과 같다.

	제1성	제2성	제3성	제4성	제5성	제6성	제7성	제8성	제9성
삼재도회	天樞	璇	璣	權	玉衡	開陽	搖光		
진서천문지	正星	法星	令星	伐星	殺星	危星	部星,應星		
운급칠첨	太星	元星	眞星	紐星	綱星	紀星	關星	帝星	尊星
운급칠첨	玄樞	北台	九極上眞	璇根	太平	命機	玄陽	高上皇	太微玉帝君
운급칠첨	陽明	陰精	眞人	玄冥	丹元	北極	天關	八景虛元君	太素七晨元君
황제두도	貪狼	巨門	祿存	文曲	廉貞	武曲	破軍		
주관	一天	二地	三人	四時	五音	六律	七星		
주관	陽德	陰刑	中禍	天理,伐無道	中央,助四旁殺有罪	天倉五穀	主兵		
주관천체	天(日)	地(月)	火星	水星	土星	木星	金星		
주관生人	子	丑亥	寅戌	卯酉	辰申	巳未	午		
직책	太尉	上宰	司空	遊擊	斗君	太常	天之上帝	天尊玉帝	太帝
주관28宿	室壁奎婁	胃昂畢觜	參井鬼柳	星張翼軫	角亢氐房	心尾箕斗	牛女虛危		
주관9州	雍州	冀州	靑州兗州	徐州楊州	荊州	梁州	豫州		

〈북두칠성의 명칭과 역할〉

끝으로 인간들의 다양한 소원을 각기 들어주는 북두구진의 역할을 살펴 보면 다음과 같다.

* 상대방의 잘못을 고소하고 나의 옳음을 밝히며 다른 사람의 악惡을 막고 자기의 선善을 펴며 스스로를 책망하고 남을 원망하지 않으며 이치를 통하고 각각 도와주기를 빌며 죄를 벗고 복을 구하려면 하늘 의 태위인 제1 옥황군玉皇君에게 고하고 청해야 한다.

* 음양의 학관(관리)들이 녹과 벼슬을 구하려면 하늘의 상재上宰인 제 2 옥황군에게 고하고 청해야 한다.

* 도를 배우고 신선이 되기를 바라며 신도神道를 통하고 성덕을 통달 하려면 하늘의 사공司空인 제3 옥황군에게 고하고 청해야 한다.

* 귀신과 악역惡逆을 제압하여 복종시키고 숨어 있거나 드러난 흉사凶 邪를 주벌誅伐하려면 하늘의 유격遊擊인 제4 옥황군에게 고하고 청해 야 한다.

* 공덕을 세우고 오래 살려면 하늘의 두군斗君인 제5 옥황군에게 고 하고 청해야 한다.

* 굽혀지고 막힌 것과 질병과 재액을 펴고 면하기를 바란다면 하늘 의 태상太上인 제6 옥황군에게 고하고 청해야 한다.

* 천지기운이 막혀 부딪히고 기후가 고르지 않으면 하늘의 상제上帝 인 제7 옥황군에게 고하고 청해야 한다.

* 여러 재앙을 물리치고 하늘을 날고 땅을 밟으려면(축천축지縮天縮地 의 법인 듯하다.) 하늘의 존귀한 옥제玉帝인 제8 옥황군에게 고하고 청 해야 한다.

* 변화가 방소方所가 없고 일체一切를 응당 구원하려면 하늘의 태제초

帝인 제9 옥황군에게 고하고 청해야 한다.[13]

위의 내용을 보면 북두칠성은 인간이 죄를 용서받고 복을 구하며 녹봉을 구하고 벼슬을 구하며 신선이 되고 도통을 하며 악신惡神과 흉사凶邪를 제압하며 공덕을 세우고 건강하게 오래 살며 질병을 벗어나고 재앙을 피하며 기후를 고르게 하고 신통神通을 부리고자 하는 모든 소원을 비는 대상이 된다는 것을 알 수 있다.

북두칠성은 하늘에 있는 모든 별들을 주재하는 황극의 별이다. 황극은 5를 체로하고 7을 용으로 한다. 모두 9개의 별로 이루어져 있으니 9의 중심이 5가 되고 현실적으로 7개로 드러나기 때문이다. 황극은 중심의 뜻이 있고 주재의 뜻이 있다. 이를 『증산도 도전』에서는 다음과 같이 기술하고 있다.

하루는 상제님께서 "천지가 역逆으로 가니 역 도수를 볼 수밖에 없노라." 하시고 공사를 보시며 글을 쓰시니 이러하니라.

左旋
좌선

四三八 天地는 魍魎이 主張하고
사삼팔 천지　　망량　　주장

九五一 日月은 竈王이 主張하고
구오일 일월　　조왕　　주장

二七六 星辰은 七星이 主張이라
이칠륙 성신　　칠성　　주장

좌선이라. 사삼팔, 천지는 망량이 주장하고

구오일, 일월은 조왕이 주장하고

이칠륙, 성신은 칠성이 주장하느니라. (『도전』 4:141:1~2)

---

13) 張君房編, 『雲笈七籤』(二冊), 북경: 중화서적, 2014, pp.557-558.

위에서 천지가 역逆으로 간다는 것은 선천이 역도수逆度數로 운행하는 것을 말하며 역도수를 보셨다는 것은 낙서洛書의 이칠륙二七六 구오일九五─ 사삼팔四三八을 순서를 바꾸어 사삼팔 구오일 이칠육으로 왼쪽에서부터 시작하였다는 의미이다. 성신星辰은 빛을 내는 별을 성星이라 하고 빛을 내지 않는 별을 신辰이라고 하는데 이 모든 별들을 북두칠성이 주장하고 있다는 것이다.

3 북두칠성 신앙

앞에서 살펴보았듯이 북두칠성은 하늘의 상제上帝가 머무시는 별이고 일월日月과 오성五星뿐만 아니라 하늘의 모든 별들을 주장하는 중심별이고 황극의 별이다. 리바이 도우링(1844~1911)이 쓴 『보병궁복음서』의 113장 6절에 "하나님은 10이시며 거룩한 JOD(히브리어로 10)이시다"[14]란 말이 있고 동양철학에서 하느님을 10무극無極 상제님이라고 말하니 하느님의 숫자는 10이 된다. 10은 1, 2, 3, 4가 합쳐진 수로 동서남북과 춘하추동을 구성하는 사상四象을 조화하고 통일하는 완전수이고 대자연의 모든 기운을 가지고 있는 무궁한 조화수이다. 10무극의 상제의 조화수는 삼신을 체로하여 칠성으로 작용한다. 『증산도 도전』에서 "삼신은 낳고 칠성은 기르느니라"(『도전』11:240:10), "칠성 기운은 사람의 생명이니 자손은 칠성 기운으로 생기느니라"(『도전』 11:57:7)라고 하셨듯이 삼신과 칠성은 음양적으로 작용하여 삼신은 생명을 포태하고 칠성은 생명을 낳고 길러준다. 만물을 낳고 기르는 천지의 수인 3·7의 구조를 바탕으로 10무극의 우주의 조화의 바다에 계신 상제님의 창조성과 완전성이 인간 세상에 펼쳐지는 것이다.[15]

1) 북두칠성과 인간의 몸

사람은 삼신三神의 기운으로 삼혼三魂을 받고 칠성七星의 기운으로 칠백七魄을 받으니 삼신과 칠성의 기운이 합해져서 생명을 부여받는다. 이를 『도

----

14) 안병섭 역, 『성약성서』, 서울: 대원출판, 1984, p.258.
15) 안경전, 『개벽 실제상황』, 서울: 대원출판, 2005, p.248.

전』에서 "삼신 일을 보고 칠성 일을 보면 두 기운이 합해져서 생명이 잉태되더라"(『도전』11:58:4)라고 하였고 『태상현령북두본명연생진경주太上玄靈北斗本命延生眞經注』에서 "북두칠성은 곧 천지의 으뜸가는 성령이요 신과 인간의 근본생명이다[北斗者는 乃天地之元靈이요 神人之本命也라]"[16]라고 하였다.

이처럼 북두칠성은 인간생명의 근원이 되어 사람에게 구규九竅가 있는데 드러나 있는 칠규七竅와 보이지 않는 이규二竅는 칠성 기운이 응한 것이라고 하셨다.

> 또 사람마다 칠성을 얼굴에 붙이고 다니느니라. 눈 둘, 콧구멍 둘, 귓구멍 둘, 입 하나, 칠성 아니냐! 그리고 두 구멍은 감추고 다니느니라. 그러고도 이용을 잘 못하는구나. (『도전』 6:57:3~4)

또 우리의 조상들은 상투를 틀었는데 증산 상제님께서는 이에 대해 다음과 같이 말씀해 주셨다.

> 상제님께서 말씀하시기를 "상투가 앞으로는 네 번 돌고, 뒤로는 세 번 돌아 칠성七星이 응하였나니 너희들 각자가 칠성을 짊어지고 다니느니라." 하시니라. 상제님 어천 후에 성도들은 이 말씀을 상기하여 각기 상투를 보전하니 김자현金自賢, 차경석, 안내성安乃成 등 많은 성도들이 상제님의 말씀을 중히 여겨 죽을 때까지 머리를 깎지 않으니라. (『도전』 6:57:3~4)

상투는 홍산문화 후기의 우하량 제2지점 1호총 21호묘의 옥기玉器 중에

---

16) 안경전, 『개벽 실제상황』, 서울: 대원출판, 2005, p.249.

서 머리 위에 상투를 고정시키는 옥고玉箍가 출토된 것으로 보아 늦어도 5,500년 이전부터 상투를 틀었다는 것을 알 수 있다.

〈우하량 제2지점 1호총 21호묘 도표〉

〈상투를 고정시켰던 옥고〉

우리 민족은 하늘에 계신 하느님을 삼신상제님이라고 불렀다. 칠성은 삼신상제님께서 머무시는 별로써 인간의 생명과 건강 생사화복 연년익수 불노장생 깨달음을 내려주는 별이며 일체의 죄업罪業을 소멸하고 모든 소원을 성취시켜 주는 별이다. 사람이 상투를 틀었다는 것은 나의 마음을 삼신상제님께 맞추고 나의 의식을 삼신상제님과 일체관계로 유지하려고 한 예식이었으며 하늘로부터 내려오는 칠성의 기운을 받고자 하는 안테나였으며 항상 칠성님과 한마음 한뜻으로 살겠다는 의지의 표현이기도 하였다.

2) 국가에서, 역사 속에서의 북두칠성 신앙

칠성숭배에 대한 가장 오래된 자취는 흑룡강성 보청현寶淸縣에 있는 봉림고성鳳林古城 속에 있는 북두칠성과 북극성의 유적이다.

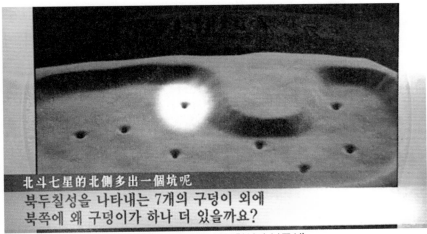

〈봉림고성에 있는 북두칠성과 북극성〉

위의 사진을 보면 북극성의 위치가 지금과는 달리 되어 있는데 이것은 세차운동 때문이라 사료된다.

중국의 제왕문화에 봉선封禪이 있다. 봉封은 태산의 정상에 올라 하늘에 제사를 지내는 일인데 단순히 하늘을 향해 제사를 올린 것이 아니라 반드시 북두칠성을 향해 올렸는데 그것은 북두칠성이 뭇 별의 중심임을 알았기 때문이다. 그리고 태산 아래 낮은 산에서 태산을 바라보며 땅에 제사를 지내는 것을 선禪이라고 하였다. 여기서 태산북두泰山北斗라는 말이 나왔고, 이를 줄여 태두泰斗라는 말이 탄생하였다.

고구려의 고분벽화를 보면 북두칠성을 대단히 강조하고 있는 것이 특징적으로 나타난다. 연구자들에 의하면 25기의 별자리 고분 중 19기에 20

개가 그려져 있다고 한다.[17]

집안에 있는 장천 1호분에는 2개의 북두칠성이 마주하여 그려져 있으며 동서에 해와 달이 있고 해 속에는 삼족오가, 달 속에는 두꺼비와 약을 찧는 옥토끼가 들어 있다.

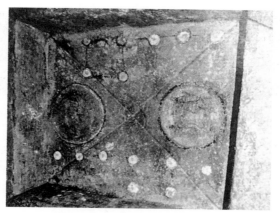

〈장천 1호분 천장고임에 그려진 해와 달, 북두칠성〉

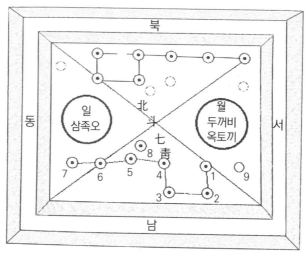

〈장천 1호분 성수도 배치〉

---

17) 김일권, 『우리 역사의 하늘과 별자리』, 서울: 고즈원, 2008, pp.114-115.

장천 1호분 이외에 북두칠성이 그려진 고분으로는 안악 1호분, 안악 3호분 평양에 있는 개마총, 진파리 4호분, 남포에 있는 덕흥리 고분, 약수리 고분, 대안리 1호분, 집안에 있는 각저총, 무용총, 삼실총, 사신총, 오회분 4호묘, 5호묘 등이 있다.

조선시대에 들어와 소격전昭格殿을 세워 북두칠성을 비롯하여 여러 별들과 도교의 신들을 제사지냈다. 소격전에는 삼청전三淸殿, 태일전太一殿, 직숙전直宿殿, 십일요전十一曜殿의 네 전각殿閣이 있었는데 칠성의 초제醮祭는 태일전에서 지냈다고 한다.

3) 도교의 북두칠성 신앙

도교에서 칠성을 숭배하고 신앙하는 의식은 대단히 다양하며 제1성부터 제7성에 대한 각각의 부적도 있다. 여기에서는 『도전』에 있는 칠성경에 대해서만 살펴보고자 한다.

하루는 김덕찬金德燦에게 양지 한 장을 주시며 "칠성경七星經을 쓰라." 하시므로 덕찬이 글자의 크기를 여쭈니 "네 마음대로 쓰라." 하시거늘 뜻대로 쓰매 글자가 종이 전체에 가득 차고 다만 글자 석 자 쓸 만한 여백이 남는지라 이에 말씀하시기를 "그 여백에 칠성경 석 자를 쓰라." 하시고 그 종이를 받아 불사르시니라. 상제님께서 말씀하시기를 "칠성경은 재액災厄을 물리치고 복을 구하는 큰 경문經文이요, 개벽주에는 천하의 큰 권능이 깃들어 있느니라." 하시니라. 상제님께서 평소 성도들을 공부시키실 때는 먼저 칠성경을 읽히시고 후에 개벽주開闢呪를 읽히시니 그 주문은 이러하니라.

七星經
칠 성 경

七星如來 大帝君 北斗九辰 中天大神
칠 성 여 래 대 제 군 북 두 구 진 중 천 대 신

上朝金闕 下覆崑崙 調理綱紀 統制乾坤
상 조 금 궐 하 부 곤 륜 조 리 강 기 통 제 건 곤

大魁貪狼 文曲巨門 祿存廉貞 武曲破軍
대 괴 탐 랑 문 곡 거 문 녹 존 염 정 무 곡 파 군

高上玉皇 紫微帝君 大周天際 細入微塵
고 상 옥 황 자 미 제 군 대 주 천 제 세 입 미 진

何災不滅 何福不臻 元皇正氣 來合我身
하 재 불 멸 하 복 부 진 원 황 정 기 내 합 아 신

天罡所指 晝夜相輪 俗居小人 ○○生 ○○○ 好道求靈
천 강 소 지 주 야 상 륜 속 거 소 인 　생　 　호 도 구 령

願見尊儀 永保長生 三台虛精 六淳曲生
원 견 존 의 영 보 장 생 삼 태 허 정 육 순 곡 생

生我 養我 護我 形我 許身形
생 아 양 아 호 아 형 아 허 신 형

魁尳尳尳 尳尳尳 尊帝急急 如律令
괴 작 관 행 화 보 표 존 제 급 급 여 율 령

칠성경의 내용을 번역하면 다음과 같다.

칠성경

칠성여래는 대제군이시다.

북두칠성은 아홉 개의 별로써 중천의 대신명이시다.

위로는 옥황상제가 계신 금궐을 조회하고 아래로는 온 지구를 덮고
있다.

우주의 법도를 고르게 다스리고 천지를 통제한다.

제1성이 큰 우두머리인 탐랑성, 제2성 거문성, 제3성 녹존성,

제4성 문곡성, 제5성 염정성, 제6성 무곡성, 제7인 파군성과 (본래의

위치대로 번역하였다.)

내보성인 고상옥황과 외필성인 자미제군께서

크게는 하늘 끝까지 두루 미치고 가늘게는 작은 티끌의 세계까지 들어가신다.

어떤 재앙인들 없어지지 아니하며 어떠한 복인들 이르지 않으랴.

원원하면서도 큰 바른 기운 내 몸에 와서 합쳐지소서.

두강斗綱인 제1, 제5, 제7성이 가리키는 방위가 변하면서

밤과 낮이 항상 돌아간다. (상相은 상常으로 되어 있는 곳이 많다.)

속세에 살고 있는 소인 ○○생 ○○○는

도를 좋아하여 성령을 구하옵니다.

원컨대 존귀한 모습을 알현하여 영원히 장생하는 몸을 갖고 싶습니다.

삼태성의 상태上台인 허정, 중태中台인 육순, 하태下台인 곡생과 함께

나를 낳아 주시고, 길러 주시고, 보호해 주시고, 육신을 주시어

저의 몸을 이루어 주셨습니다.

제1성인 괴성, 제2성인 작성, 제3성인 관성, 제4성인 행성,

제5성인 화성, 제6성인 보성, 제7성인 표성, 제8성인 존성, 제9성인 제성이시여

조속히 법률과 명령을 집행하는 것처럼 저의 소원을 이루어 주시옵소서.

칠성경은 본래 『도장경』의 『태상현령북두본명연생진경太上玄靈北斗本命延生眞經』 속에 들어 있던 것으로 증산 상제님께서 후천개벽기에 인류를 구원하고 후천문명을 여시기 위하여 공사로써 이화理化한 것이다. 『도전』에서는 칠성경에 대해 다음과 같이 설명하고 있다.

후천 선경 문화를 여는 선仙 기운과 깨달음의 도기道氣를 받아내려 모든 병기病氣를 벗는 생명의 힘이 칠성으로부터 온다. 칠성은 인간 생명의 중추적인 기능을 하는 황극의 별이다. 그러므로 칠성경을 많이 읽으면 무병장수하고, 인간의 정신이 내명內明해진다. 상제님 일꾼들은 이 칠성 기운을 받아 칠성 도수로써 선천 문화를 문 닫고 새 우주를 여는 천지 대업을 완성한다.[18]

칠성경에 대해 태모님께서는 다음과 같이 말씀하셨다.

칠성경七星經은 복을 이끌고 재앙을 없애 주며 영원한 생명과 건강한 몸을 얻게 하는 신령스런 주문이라. (『도전』 11:180:8)

4) 불교의 북두칠성 신앙

불교가 우리나라에 들어와 자리 잡으면서 우리의 고유의 칠성신앙과 습합되어 우리나라 대부분의 사찰에 북두칠성을 봉안하는 칠성각이 있거나 칠성탱화가 있다.

조선시대 불교 의례집인 『석문의범釋門儀範』(1931)의 칠성단七星壇 예경문禮敬文에 따르면 치성광여래를 중심으로 일월과 칠성이 보좌하는 형식이 성립되었다.

지심귀명례至心歸命禮 금륜보계金輪寶界 치성광여래불熾盛光如來佛
지심귀명례至心歸命禮 좌우보처左右補處 일광월광日光月光 양대보살兩大菩薩
지심귀명례至心歸命禮 북두대성北斗大聖 칠원성군七元星君 주천열요周天列曜

---

18) 증산도 도전편찬위원회, 『증산도 도전』, 서울: 대원출판, 2003, p.704.

曜 제성군중諸星君衆

자미대제통성군紫微大帝統星君 십이궁중태을신十二宮中太乙神

칠정제림위성주七政齊臨爲聖主 삼태공조작현신三台共照作賢臣

고아일심故我一心 귀명정례歸命頂禮

『석문의범』의 칠성단 예경문 중에서 "자미대제통성군 십이궁중태을신紫微大帝統星君 十二宮中太乙神"이라 부연된 대목은 도교의 천문사상과 관련되며, 도교 천문 전통에서 북극성 신격으로 옹립한 자미대제紫微大帝 또는 한대 천문 전통에서 북극성 신격으로 제기되었던 태을신太乙神(다른 말로는 태일신太一神)을 불교의 치성광여래와 동일한 신격으로 간주하였음을 보여 주는 것으로, 이 역시 도불 교섭의 중요한 측면을 담고 있다.[19]

『석문의범』에 기술된 북두칠성의 역할에 대해 살펴보면 다음과 같다.

북두칠성의 첫 번째 별은 자손에게 만덕을 전해주는 탐랑성군이고

북두칠성의 두 번째 별은 장애와 재난을 멀리 떠나게 하는 거문성군이고

북두칠성의 세 번째 별은 업장을 소멸시켜 제거하는 녹존성군이고

북두칠성의 네 번째 별은 구하는 바를 모두 얻게 해주는 문곡성군이고

북두칠성의 다섯 번째 별은 모든 장애를 모두 없애주는 염정성군이고

북두칠성의 여섯 번째 별은 복과 덕을 모두 갖추게 해주는 무곡성군이고

북두칠성의 일곱 번째 별은 수명을 길게 늘여주는 파군성군이시다.[20]

---

19) 김일권, 『우리 역사의 하늘과 별자리』, 서울: 고즈원, 2008, pp.186-188.

20) 안진호, 『석문의범』, 서울: 법륜사, 1982, pp.325-326 .
北斗第一은 子孫萬德하시는 貪狼星君이오 北斗第二는 障難遠離하시는 巨門星君이오 北斗第三은 業障消除하시는 祿存星君이오 北斗第四는 所求自得하시는 文曲星君이오 北斗第五는 百障

최종석은 도교의 칠성을 불교의 칠여래七如來로 신앙하고 있음을 칠성신앙의궤七星信仰儀軌나 칠성탱화에서 찾아볼 수 있다고 하면서 이를 다음과 같은 도표로 제시하였다.[21]

도교	불교	비고
북극성 北極星	치성광여래 熾盛光如來	
해 (日)	일광변조보살 日光遍照菩薩	
달 (月)	월광변조보살 月光遍照菩薩	
탐랑성군 貪狼星君	동방최승세계운의통증여래불 東方最勝世界運意通證如來佛	자손만덕 子孫萬德
거문성군 巨門星君	동방묘보세계광음자재여래불 東方妙寶世界光音自在如來佛	장난원리 障難遠離
녹존성군 祿存星君	동방원만세계금색성취여래불 東方圓滿世界金色成就如來佛	업장소제 業障消除
문곡성군 文曲星君	동방무우세계최승길상여래불 東方無憂世界最勝吉祥如來佛	소구개득 所求自得
염정성군 廉貞星君	동방정주세계광달지변여래불 東方淨住世界光達智辨如來佛	백장진멸 百障殄滅
무곡성군 武曲星君	동방법의세계법해유희여래불 東方法意世界法海遊戱如來佛	복덕구족 福德具足
파군성군 破軍星君	동방유리세계약사유리광여래불 東方琉璃世界藥師琉璃光如來佛	수명장원 壽命長遠

〈북두칠성 등의 별과 불교 여래 상합〉

殄滅하시는 廉貞星君이오 北斗第六은 福德具足하시는 武曲星君이오 北斗第七은 壽命長遠하시는 破軍星君이라
21) 최종석, 「한국불교와 도교신앙의 교섭」, (사)한국불교학회 『한국불교학』 제61집, 2011, pp.33-34.

5) 우리 민족의 북두칠성 신앙과 문화

칠성은 인간의 복록과 수명, 생사화복, 도통 등을 주관하고 소원을 성취시켜주는 별로 숭봉되었기 때문에 우리 민족은 단군조선시대 이전부터 북두칠성을 숭배하였다. 우리의 어머니 할머니들이 장독대 위에 정화수를 떠 놓고 가정의 평안과 가족의 건강을 비는 대상도 칠성이었는데 신교神敎 시대 때부터 내려오는 하느님 신앙의 단면이었다. 그리고 단군조선시대 족장들의 무덤으로 알려진 고인돌 뚜껑 위에 북두칠성을 새겨 넣었고 이러한 전통이 고구려의 무덤 속에 북두칠성을 비롯한 별자리를 그려 넣는 문화로 계승되었으며 조선시대에 이르러서는 칠성판의 풍속으로 계승되었다고 사료된다.

칠성판은 염습殮襲한 시신을 눕히기 위해 관 속 바닥에 까는 얇은 널판인데 북두칠성을 본떠 일곱 개의 구멍이 뚫려 있어 그렇게 부르는 것이다. 이때 머리는 제1성인 탐랑성을 향하게 하고 다리는 제7성인 파군성으로 향하게 한다.

이익李瀷(1681~1763)은 성호사설星湖僿說에서 칠성판을 방상方相이나 무덤 앞에 세우는 석인石人처럼 묘터의 지기地氣를 억누르거나 사귀邪鬼를 쫓기 위한 것이며 칠성판에 북두칠성 모양의 구멍을 뚫는 이유는 죽음을 관장

〈칠성판〉

하는 북두신에게 빌어 죽음을 구제받기 위한 것이라고 하였다. 논자의 입장에서 칠성판이 고인돌에서 시작되어 고구려의 고분벽화를 계승하여 조선시대에 장례의 풍속으로 나타난 것이기 때문에 역사성을 가지고 해석하는 것이 타당하다고 생각된다. 즉 북두칠성은 하느님이 계시는 별이고 인간이 생명을 부여 받은 근원이 되는 별이기 때문에 죽어서 하느님 곁으로 또는 고향으로 돌아간다는 의미가 강하고 칠성은 영원한 생명을 주관함으로 사후死後의 영원한 삶을 희구하는 의미가 있다고 사료된다.

조선시대 때 전쟁터에서나 행군할 때 대장이 장수들을 부르고 지휘하던 군기軍旗에 초요기招搖旗가 있는데 북두칠성을 그렸으므로 북두칠성기 또는 칠성기라고도 부른다. 전시상황이 아닌 때에는 국왕이 참여하는 대열병식 때 세우거나 국왕의 행차 시 어가의 앞에서 선도하였다.

초요성은 북두칠성의 7번째 별인 요광성搖光星을 말하며 다른 이름이 파군성破軍星이므로 전쟁에서 북두칠성의 기운, 특히 제7성인 파군성의 힘을 빌어 적을 격파하고자 하는 의지가 담겨 있다고 볼 것이다. 우리들에게는 이순신 장군이 명량해전에서 초요기를 올리고 대승을 거두었다는 사실이 널리 알려져 있다.

〈초요기〉

끝으로 윷놀이와 북두칠성의 관계를 살펴보고자 한다. 조선 선조 때의 문인 김문표金文豹(1568~1608)는 사도설枢圖說을 지어 윷판을 다음과 같이 설명하였다.

윷판의 바깥이 둥근 것은 하늘을 본뜬 것이고, 안이 모진 것은 땅을 본뜬 것이니, 즉 하늘이 땅바닥까지 둘러싼 것이요, 별이 가운데에 있는 것은 28수宿를 본뜬 것이니, 즉 북신北辰이 그 자리에 있으매 뭇 별이 둘러싼 것이다.

위의 설명은 중심에 있는 북극성을 28수宿가 돌고 있다는 것이다. 그러나 28수의 주천周天은 우리 눈에 가시적으로 보이지 않고 반시계 방향으로 윷말이 진행을 한다. 이러한 점에 근거하여 김일권은 "① 밤하늘의 북두칠성 별자리가 북극성을 중심점으로 두고 매일 한 바퀴씩, 일 년 사계절을 다하면서 다시 한 바퀴씩 일주천하는 천문 원리를 관찰하였을 것이고, ② 그러다 천구상에 동서남북 사방위로 북두칠성 위치를 고정하여 포착한 뒤, ③ 자루를 꺾어 넣고 가상 연결선을 떼고 나면. ④ 놀랍게도 우리가 보는 바로 그 윷판 도형 그대로가 만들어지는 것이다."라고 하여 윷판 자체는 한국 고대인이 최초로 창안한 북두칠성 주천도라고 주장하였다. 그리고 북두칠성의 주천周天운동에서 윷판이 만들어지는 과정을 다음과 같이 도식화하였다.[22]

---

22) 김일권, 「한국 윷의 문화사와 윷판 암각화의 천문사상」, 한국암각화연구 18집, 2014, pp.111-113.

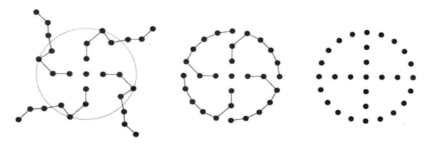

〈북두칠성의 주천운동에서 윷판도로의 도식화 과정〉

논자는 김일권의 주장에 적극적으로 찬성하는데 그 근거는 『환단고기』에 있는 다음의 내용에 의거한다.

> 마침 이때 자부 선생이 칠회제신력七回祭神曆을 만들고 『삼황내문三皇內文』을 천황께 바쳤다. 천황께서 기뻐하시고 삼청궁三淸宮을 지어 기거하게 하셨다.
> 공공·헌원·창힐·대요의 무리가 찾아와서 모두 자부 선생에게 배웠다. 그때 윷놀이를 만들어 「환역桓易」을 자세히 설명[演繹]하였는데, 대체로 (초대 환웅 때) 신지神誌 혁덕赫德이 기록한 『천부경』이 전하는 취지이다.[23]

「신시본기神市本紀」를 보면 신시시대때 자부선생이 만든 칠회제신력七回祭神曆은 첫째 날에는 천신(삼신상제님)께, 둘째 날에는 월신께, 셋째 날에는 수신께, 넷째 날에는 화신께, 다섯째 날에는 목신께, 여섯째 날에는 금신께, 일곱째 날에는 토신에게 제사를 지냈는데 모든 책력을 만드는 방법이

23) 안경전 역주, 『환단고기』, 대전: 상생출판, 2012, pp.434-435.
適以是時에 紫府先生이 造七回祭神之曆하고 進三皇內文於天陛하니 天王이 嘉之하사 使建三淸宮而居之하시니 共工 軒轅 倉頡 大撓之徒가 皆來學焉이니라. 於是에 作柶戲하야 以演桓易하니 盖神誌赫德所記 天符之遺意也라.

여기에서 시작되었다고 하였다. 우리가 앞에서 살펴본 바와 같이 일월과 오성의 기운이 뭉쳐 칠성을 이루었고 또 칠성은 일월과 오성을 주재하니 칠성과 일월오성은 표리의 관계를 이룬다. 「소도경전본훈」에서는 자부선생이 "일월의 운행도수를 측정하고 오행五行으로 이루어진 오성五星의 수리數理를 추정하여 칠정운천도七政運天圖를 지었는데 이것이 칠성력七星曆의 기원"이라고 하였으니 윷판은 일월오성의 기운이 응축된 북두칠성의 운행과정에서 유래하였을 개연성이 아주 크다고 할 것이다. 우리가 지금 쓰고 있는 일주일을 구성하는 일, 월, 화, 수, 목, 금, 토의 명칭과 주기도 이때 시작되었다고 볼 수 있으니 칠성의 작용이 두루 미치고 있음을 다시 한번 확인할 수 있다.

4 칠성도수

1) 도수란 무엇인가

증산 상제님께서는 "내가 삼계대권을 맡아 선천의 도수度數를 뜯어 고치고 후천을 개벽하여 선경을 건설하리라."(『도전』 2:74:2)고 하셨고 또 "인사는 기회가 있고 천리는 도수度數가 있나니 그 기회를 지으며 도수를 짜 내는 것이 공사의 규범이라."(『도전』 2:74:8)고 하셨다. 『증산도 도전』에서는 도수에 대해 다음과 같이 설명하고 있다.

> 문자적으로는 변화의 진전 정도度의 수數란 뜻이다. 상수象數 원리에 근거하여 일정한 시간의 마디를 가지면서 전개되는 천지와 인사의 변화 질서를 뜻한다. 또한 상제님께서 쓰시는 '도수', '천지도수', '천지도수를 뜯어고친다.'는 말씀은 그 변화 질서의 정신까지를 내포한다.[24]

『황제내경』『소문素問』「육절장상론六節藏象論」에서는 도수와 관련된 다음과 같은 내용이 기술되어 있다.

> 6·6의 절도(간지干支가 결합하여 60일을 이루고 이것이 6번 반복하여 360일을 이루는 것)와 9·9제회制會(9·9의 법칙이 천도天道와 회통會通하는 것)는 천도天度와 기수氣數를 확정하는 것입니다. 천도는 일월이 운행하는

---

24) 증산도 도전편찬위원회, 『증산도 도전』, 서울: 대원출판, 2003, p.159.

노정路程을 계산하는 것이고 기수는 만물화생의 절기를 표시하는 것입니다.[25]

여기서 천도天度는 해와 달이 28수宿를 기준으로 운행하는 변화 정도程度를 말하고 기수氣數는 일월의 운행에 의해 지기地氣의 변화가 절기節氣의 일수日數로 구체적으로 드러나는 것을 말하니 천도지수天度地數의 의미가 있다. 『정역正易』에서도 "5와 10은 천도이고 지수이다. 五十은 天度而地數라"[26]라는 말이 있다. 증산 상제님께서도 천지도수天地度數라는 말을 대단히 많이 사용하였다.

"지금은 천지도수가 정리되어 각 신명의 자리가 잡히는 때라." 하시며 천지공사를 행하시니라. (『도전』 4:9:3)
이제 천지도수天地度數를 뜯어고치고 (『도전』 4:16:4)
천지를 개벽하여 선경을 세우려면 먼저 천지도수를 조정調整하고 (『도전』 4:19:1)
선천에는 천지도수와 음양이 고르지 못하기 때문이라. (『도전』 11:179:3)

위의 내용을 보면 천지도수의 본래적 의미는 천리天理와 지의地義에 합당하게 천지가 운행하는 변화의 법칙과 질서를 말하며 이것을 넓게 해석하면 도수가 인사를 통해 실현되는 사건까지를 포함한다. 삼계대권의 주재자이신 증산 상제님께서는 상극相剋으로 전개되던 구천지舊天地의 변화법칙을 신천지新天地의 상생相生으로 전개될 수 있도록 새로운 도수度數를 질정質

---

25) 홍원식, 정교황제내경, 서울: 동양의학연구원, 1981, p.25.
夫六六之節과 九九制會者는 所以正天之度와 氣之數也니 天度者는 所以制日月之行也요 氣數者는 所以紀化生之用也라
26) 金周成 편저, 正易集註補解, 서울: 新易學會, 1999, p.347.

표 하시고 이것이 인사로 전개되도록 이화理化하셨다.

2) 왜 칠성도수인가

칠성은 일곱 개의 별로 이루어져 있다. 『삼국유사』「가락국기駕洛國記」를 보면 "하나에서 셋을 이루고 셋에서 일곱을 이룬다.[自一成三하고 自三成七 이라]"[27]는 말이 있다. 이는 본체인 하나가 셋으로 나누어지고 그 목적은 일곱을 통해 실현된다는 말이다. 이것은 하나의 빛이 빨강, 파랑, 초록의 삼원색으로 이루어지고 7빛깔의 무지개 색으로 드러나는 것과 같은 이치라 할 것이다. 천부경에서도 "하나가 천지인 3극三極으로 나누어지고[一析三極] 운행은 3과 4로 이루어지고 순환하는 동력은 5와 7에 의해서 나온다.[運三四 成環五七]"고 하였다. 1은 우주의 본체인 태극을 말하고 3은 만물구성의 기본을 상징하고 7은 완성과 성숙을 상징한다. 앞에서도 이야기하였듯이 10무극 상제님은 삼신하느님과 칠성하느님으로 나누어서 작용하니 이를 『도전』에서는 "삼신은 낳고 칠성은 기르느니라"(『도전』 11:240:10)고 하였다. 이를 상징하여 증산도에서 모시고 있는 상제님의 어진御眞을 보면 면류관에 삼태성과 북두칠성이 그려져 있다. 낳는 시간대는 봄이 되고 기르고 성숙시키는 때는 가을이 된다. 우리가 살고 있는 지금의 시간대는 129,600년으로 순환하는 우주 1년에서 우주의 여름철이 끝나고 가을철로 접어들려고 하는 하추교역기이다. 그리고 이 후천개벽의 시간대가 지나면 우주의 가을철이 열리게 된다. 칠성도수를 정확하게 이해하기 위해서는 하도와 낙서에 대한 이해가 선행되어야 한다.

하도는 천지창조의 설계도이고 본체도이며 낙서는 우주 변화의 운행도이고 작용도이다. 하도는 중궁에 5·10토가 자리하고 동방에 3·8목, 남방

27) 김원중 옮김, 삼국유사, 서울: 을유문화사, 2002, p.257.

에 2·7화, 서방에 4·9금, 북방에 1·6수가 음양이 짝을 이루어 자리 잡고 있다. 그러나 낙서를 보면 중궁의 5토를 중심으로 **구궁팔풍九宮八風** 운동을 하고 있다. 비록 팔방위에서 운동을 하지만 오행의 수리數理를 살펴보면 중앙에 5토가 있고 동방에 3·8목, 남방에 4·9금, 서방에 2·7화, 북방에 1·6水가 있어 하도와 비교하면 삼동이이三同二異하다. 즉 중앙과 북방, 동방은 하도 낙서의 수리가 같고 남방과 서방은 교역交易되어 있다. 이것을 금화교역金火交易이라고 부른다.

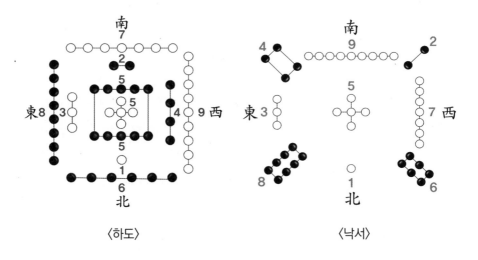

〈하도〉　　　　　　〈낙서〉

『도전』을 보면 이에 대해 정역正易의 원문을 이용하여 "기동북이고수氣東北而固守 이서남이교통理西南而交通"(『도전』 6:111:9)이라고 하셨다. 이를 체體가 되는 하도를 안쪽에 두고 용用이 되는 낙서를 밖에 두어 도표로 만들면 다음과 같다.

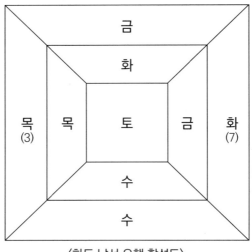

〈하도 낙서 오행 합성도〉

　이서남이교통理西南而交通이라는 말은 우주 변화의 원리에서 금화교역의
원리가 있어 남방과 서방에서 화와 금이 동시에 작용하고 있다는 것이다.
우주의 목적이 봄, 여름에 분열한 생명의 양기를 가을에 포장하여 열매를
맺는 것인데 이것이 너무나도 중요하여 여름철에서부터 금이 작용하여
화를 싸기 시작한다는 것이고, 가을의 금의 시대가 되면 포장되었던 화가
용사를 한다는 것이다. 낙서를 보면 동삼서칠東三西七로 되어 있는데 이것
이 봄에는 생명을 내는 삼신하느님이 작용하고 가을이 되면 칠성하느님
이 작용한다는 계시인 것이다. 가을이 되면 본체는 금金이 되지만 작용은
화火로 하는 것이다. 이와 관련된 내용을 좀 더 살펴보면 하도에 있는 서
방의 상수 4와 9를 더하면 13이 되고, 『정역』에서 "칠七은 십삼지중十三之
中이니라"라고 하였다. 13이라는 금金의 수의 중심에는 7화가 작용하고
있다는 것이다. 이것은 상제님께서 13달 만에 태어나시고 발바닥에 13개
의 점이 있는 것과 관련성이 있다. 그리고 한의학에서 간肝에는 3혼三魂이
머무르고 있고 폐肺 속에는 7백七魄이 자리 잡고 있다고 하는데 폐는 오행

에서 금에 속하고 7은 화에 속하니 금에 뿌리를 두고 화가 작용하고 있
는 것이다.

또 상제님께서 1902년 김형렬의 집에다 식주인食主人을 정하시며 다음과
같은 말씀을 하셨다.

> 시속에 '아무 때 먹어도 김가가 먹을 밥'이라는 말이 있나니 대저 무
> 체無體면 무용無用이라. 서西는 금金인 고로 김金씨에게 주인을 정하였
> 노라. (『도전』 2:15:9~10)

위의 말씀을 보면 가을 세상을 맞이하여 김씨 성을 가진 김형렬 성도의
집을 체體로 삼고 상제님께서는 화火로써 용사를 하신다는 뜻이다. 증산
상제님께서 화火로 용사하고 계심은 상제님의 성령의聖靈衣가 붉은 색인 것
에서도 알 수 있다.

12월에 고부 운산리 신경수의 집에서 공사를 보실 때 하루는 신원일
에게 이르시기를 "네가 일찍이 동쪽 하늘을 향하여, 붉은 옷을 입고
구름을 타고 앉은 사람에게 사배四拜한 일이 있을지니, 이제 다시 그
와 같이 절하라. 내가 곧 그 사람이로다." 하시니라. 이에 원일이 일
어나 상제님께 사배를 올리거늘 성도들이 모두 의아해하며 원일에게
그 연고를 묻는지라 원일이 대답하기를 "연전年前에 우연히 병이 들
어 죽게 되었는데 별안간 정신이 황홀해지더니 어떤 큰 사람이 사인
교四人轎를 타고 와서 내게 말하기를 '새 옷을 입고 문밖에 나가서 동
쪽 하늘에 붉은 옷을 입고 구름을 타고 앉은 어른께 사배하라. 그러
면 네 병이 나으리라.' 하므로 그 말대로 새 옷을 입고 문밖에 나가
동쪽 하늘을 바라보니 과연 그와 같은 어른이 계시므로 사배를 올렸

더니 그로부터 병이 곧 나았는데 누워 앓던 사람이 갑자기 새 옷으로 갈아입고 밖으로 나가 허공에 대고 절을 하니 집안사람들이 모두 해괴하게 여기더라." 하니라. (『도전』 3:222)

그리하여 증산도 도장에서는 홍룡포紅龍袍를 입고 계신 어진을 모시고 있으며 성전의 휘장도 안쪽은 노랗고(10토의 자리에 계심을 상징) 밖은 붉은 색으로 된 휘장을 치고 있다.(휘장은 색이 겉이 붉고 안쪽이 노란색인 것은 비토脾土가 현상적으로 화火로 작용하는 원리로도 설명할 수 있다.) 가을철에 7화火가 용사하는 것은 다음과 같은 관점으로도 설명할 수 있다. 하도에 있는 여름의 2와 7은 더하면 9가 되어 금화교역을 준비하고 있는 상象이며 가을철의 작용을 상징하고 있다. 그리고 하도에서 가을의 생성수는 4와 9인데 성수인 9가 실질적으로 작용한다. 그런데 9는 2와 7로 나누어지고 2화火가 체體가 되고 7화火가 용用이 된다. 이것은 북두칠성이 9개의 별로 이루어져 있지만 2개는 보이지 않아 체가 되고 7개가 들어나 작용하는 모습과 동일하며 사람의 구규九竅가 보이지 않는 곳에 전음과 후음의 2규가 있고 얼굴에 작용하는 7규가 있는 것과 동일한 이치이다. 낙서를 보면 서남방에 2화가 있고 정서방에 7화가 있어 전체적으로 9금이 작용하고 있다. 그런데 9금은 2를 체로 하고 7을 용으로 하여 작용하고 있으니 이것이 또한 가을철에 7화가 작용하는 원리인 것이다.

다음으로 우주 가을철 칠성도수에 대해서 살펴보고자 한다. 하늘(하느님)은 천天이라 하고 팔괘八卦에 오행을 배속하면 건乾은 양금陽金이 되고 태兌는 음금陰金이 되고 이離는 화火가 되고 진震은 양목陽木이 되고 손巽은 음목陰木이 되고 감坎은 수水가 되고 간艮은 양토陽土가 되고 곤坤은 음토陰土가 된다. 오행 작용의 중심이 되는 수화는 1개씩이고 나머지는 음양으로 2개씩 있다. 건乾이 금金이라는 것은 대단히 중요한 의미가 있다. 이것은 가을의 금金의 시대가 되면 하느님의 전면모가 드러난다는 것이고 하느님이 꿈과 이상이 실현된다는 것이며 하느님의 세상이 열린다는 것이다. 가을의 하느님은 칠성하느님이시다. 그리하여 증산 상제님께서도 칠성의 기운을 가지고 이 땅에 오신 것이다.

나는 칠성七星이니라. (『도전』 6:7:4)

하루는 필성이 상제님과 목욕을 하는데 상제님께서 "필성아, 내 등 좀 밀어라." 하시는지라 필성이 등을 밀려고 보니 붉은 점으로 북두칠성北斗七星이 선명하게 박혀 있거늘 … 하루는 상제님께서 말씀하시기를 "북두칠성이 내 별이니라." 하시니라. (『도전』 3:89:3, 4, 6)

성도들이 일렬로 강을 건너며 미륵불로 서 계신 상제님을 다시 뵈니 가슴에 밝은 별이 칠성처럼 찬연하게 빛나거늘 (『도전』 5:378:10)

하느님의 꿈은 가을 세상을 맞이하여 칠성도수를 실현시키는 것이다. 그리하여 상제님께서는 1901년 신축년辛丑年 음력 7월 7일 대원사大願寺의 칠성각七星閣에서 신천지의 도통문을 여시었다. 음력 7월 7일은 칠석七夕날로 사찰에서 치성광여래와 일광변조보살, 월광변조보살, 칠성여래에게 재齋를 올려 모든 재앙을 없애고 복덕을 내려 달라고 기원하는 날이다. 또 성도절成道節의 일진은 경오庚午였는데 경庚은 천간에서 7번째에 위치하고 오午도 지지에서 7번째에 위치하고 있으며 경庚의 9금이 오午의 7화를 싸고 있어 금화교역金火交易을 이루고 있는 날이다. 또 어천하시던 1909년 다시 대원사 칠성각에 가시어 49일(7×7) 동안 대공사를 보시었으니 천지공사의 시종을 대원사 칠성각에서 보신 것이다. 태모님께서는 항상 담뱃대를 가지시고 천지공사를 보셨는데 담뱃대에 칠성기운이 있음을 다음과 같이 말씀해 주셨다.

> 담뱃대에는 칠성七星 기운이 붙어 있으니 담배는 목木이요, 통은 금金
> 이요, 불을 붙이니 화火요, 대에서 물이 나오니 수水요, 재를 떨면 토土
> 요, 통은 일日이요, 물부리는 월月이라. (『도전』 11:409:4)

상제님께서 "앞 세상은 칠성으로 돌아가느니라"(『도전』 11:99:2)라고 하셨고 또 "칠성도수는 천지공사를 매듭짓는 도수니라."(『도전』 11:360:4)고 하셨듯이 후천 가을 세상은 하늘에 있는 북두칠성의 신성神性과 지혜智慧, 덕성德性과 광명光明, 생명生命과 조화造化가 후천 인간을 통해 모두 발현하는 선경낙원세계로, 이 바탕에 칠성도수가 자리하고 있는 것이다.

3) 칠성도수의 구체적인 내용

(1) 칠성도수는 일꾼 포교 도수이다

상제님께서 "태을주로 포교하라. 포교는 매인이 천 명씩 하라." 하시니 성도들이 모두 전하지 못하겠다 하였으나 형렬과 자현 두 사람만은 "전하겠습니다." 하고 대답하매 말씀하시기를 "전하기 쉬우니라. 먼저 7인에게 전한 후에 매인이 7인씩 전하면 천 명이 많은 것 같아도 시작하면 쉬우니라.(『도전』 5:360)"라고 하셨다. 먼저 7인에게 전하고 다시 7인씩 전해나가라는 것은 생명을 내려주는 칠성의 조화기운을 받아 사람을 살려내라는 뜻이다. 『증산도의 진리』에서는 『도전』을 인용하여 칠성도수 포교를 다음과 같이 설명하고 있다.

하루는 상제님께서 백로지 한 장에 무엇을 쓰시어 불사르시고 그 재를 물에 풀어 밖으로 뿌리시며 "계룡산 금옥아!" 하고 소리치시니 이는 신명을 부르심이라. … "너 가서 너희 어른을 불러 박적 몇 개 가져 오너라." 하시니라. … 얼마가 지난 후 금옥이 바가지를 큰 것, 작은 것으로 세 개를 가지고 와서 상제님께 올리며 "가져오라고 하시어 가져왔지만 어떻게 하실 건가요?" 하고 여쭈니 말씀하시기를 "이것이 그냥 박적이 아니라 내가 씀으로 인하여 조화박적이 되는 것이니라. … 내가 날을 잡아 신장들의 기운을 보기 위하여 힘을 겨루어 볼 터이니 준비해라. 시원찮게 하면 못쓰느니라. 새겨들어라." 하시니라. … 그 신명들이 상제님 일행을 보니 자기들보다 숫자도 적거니와 모두들 비루먹은 말을 타고 박 하나씩만 덜렁덜렁 차고 오는지라 '한 손으로도 이기겠다.'고 쉽게 생각하니라. … 이어 상제님께서 박을 가운데에 놓고 주문을 외우시니 한 박에서는 투구를 쓰고 기치창검을 한 아주 작은 사람들이 헤아릴 수 없이 나오고 또 다른 박에서는 무장된 말들이 고자리처럼 꼬작꼬작 나오더라. 이에 상제님께서 그 작은 사람과 말들을 현무지玄武池의 물속에 넣으시니 실제의 사람과 말 크기가 되어 검은 옷을 입고 말을 타고 기치창검을 한 채 줄지어 늘어서매 그 숫자가 저쪽의 세 배도 넘더라. … 좌우로 정렬한 신병들이 상제님의 명을 받아 일제히 나서매 저쪽 신장들은 모두 삼대 쓰러지듯 하는지라 상제님께서 말씀하시기를 "기운 좋~다!" 하시니라. (『도전』 5:366~368)

상제님께서 "내가 이것을 씀으로 인하여 조화박적이 된다."라고 하심은 칠성도수에 천지 조화권을 붙이셨음을 선언하신 것입니다. 이로써 상제님 일꾼은 천지 조화성령을 받아 내려 칠성도수 포교 조직을 완수하게 됩

니다.[28]

태모님께서 "칠성 공사는 후천 인간을 내는 공사요, 낳아서 키우는 공사니라."(『도전』 11:99:1)라고 하셨으니 상제님을 신앙하고 일꾼이 된다는 것은 후천인간으로 자리잡는 과정이 된다. 태모님께서는 수석성도 고민환을 내세워 다음과 같이 칠성용정 공사를 보셨다.

> 하루는 태모님께서 고민환을 수석 성도로 세우시어 칠성용정 공사七星用政公事를 보시니라.…이윽고 태모님께서 밖으로 나오시어 말씀하시기를 "내가 증산甑山이니라." 하시고 "민환의 나이 마흔에 일곱을 더하면 내 나이 마흔일곱이 되고, 내 나이 마흔일곱에서 일곱을 빼면 민환의 나이 마흔이 되니 민환이 곧 나의 대리代理요, 증산의 대리도 되느니라." 하시니라. 또 청년 일곱 사람을 선출하시어 칠성 도수를 정하시니, 의복을 새로 지어 입히시고 공사에 수종 들게 하시며 말씀하시기를 "신인합일神人合一이라야 모든 조화의 기틀을 정한다." 하시니라. (『도전』 11:98:1, 5~9)

이 곳의 칠성용정 공사는 제 3변 도운의 추수일꾼을 내세우는 공사이다. 청년 일곱 사람을 선출하신 것은 앞으로 젊은 일꾼(초립동)이 나와서 상제님 도판을 이끌어 나간다는 것을 암시하고 있다. 그리고 고민환을 수석성도로 내세우신 것은 태모님과 민환의 나이가 일곱 살 차이라서 칠도수七度數를 취한 것이고 그의 심지心志 바르고 사욕이 없으며 성품이 온순하여 남과 시비하는 것을 싫어하여 그의 심법을 보시고 도수를 정하신 것이다.

상제님께서는 포교에 대해서 또 다음과 같은 말씀을 해 주셨다.

---

28) 안경전, 증산도의 진리, 대전: 상생출판, 2015, pp.806~807.

나를 믿는 자는 매인每人이 6인씩 전하라. 포교의 도道가 먼저 육임六任을 정하고 차례로 전하여 천하에 미치게 되나니 이것이 연맥連脈이니라. (『도전』 8:101:1~2)

육임六任이라는 말은 동학에서 처음 사용하였다. 처음 여섯 교직教職이라는 의미로 사용되었는데 2대 교주 최시형이 고종 21년(1884년)에 정한 것으로 교세를 확장하기 위하여 중앙에 교장教長, 교수教授, 도집강都執綱, 집강執綱, 대정大正, 중정中正의 직분을 두었다. 증산도의 육임六任 조직은 한 명의 포감布監 아래 6명의 일꾼으로 조직되는데 이것이 병겁시에는 구원의 조직으로 전환되어 6명에게 각자 임무가 주어진다. 1과 6을 더하면 7이 되어 칠성도수가 된다.

안내성 성도가 9년 천지역사(1929~1937)가 끝날 때 봄부터 여름 동안 석 달 간 윷 도수를 보셨고(『도전』 10:125:5) 태모님께서 육임구호대 도체 조직 공사를 보실 때 윷판을 그려 놓으시고 공사를 보셨는데 앞에서 살펴 보았듯이 윷판은 북두칠성의 주천周天 운동에서 유래하였기 때문에 위의 윷 공사는 칠성도수 포교 공사라고 생각된다.

(2) 칠성도수는 의통집행 도수이다

모든 인간은 삼태성과 칠성으로부터 생명을 부여받고 생명을 유지한다. 이를 칠성경에서는 생아生我 양아養我 호아護我 형아形我 허신형許身形이라고 하였다. 이번의 가을 개벽은 세 벌 개벽으로 전개되어 추살秋殺의 법도에 의해 인간의 명줄을 끊는다. 세 벌 개벽은 첫 번째는 자연개벽이고 두 번째는 문명개벽이고 세 번째는 인간개벽이다. 문명개벽은 상씨를 전쟁으로 나타나고 인간개벽은 병겁으로 엄습한다. 이때 육임 구호대가 인존칠성이 되어 세상에 나가 의통을 집행하여 죽어가는 사람을 살리게 된다. 이것은 칠성의 기운을 받아서 인간에게 새로운 부활의 생명을 부여해 주는 성스러운 과업이다. 이것이 증산 상제님의 9년 천지공사의 결론이며 증산도의 존재 이유이다. 상씨름판에서 죽음을 극복하고 인류를 구원하는 주인공을 상제님께서는 상씨름꾼이라고 말씀해 주셨다.

> 나의 일은 상씨름판에서 주인이 결정되나니 상씨름꾼은 술, 고기 많이 먹고 콩밭太田에서 잠을 자며 끝판을 넘어다보는 법이니라. (『도전』 6:72:2)

> 상제님께서 또 말씀하시기를 "상씨름은 상두쟁이가 하네." 하시거늘 공우가 상두의 뜻을 여쭈니 "상두上斗는 북두北斗니 칠성七星이니라." 하시니라. (『도전』 6:56:5~6)

『도전』에서는 병겁의 과정, 병겁이 처음 발생하는 곳과 확산되어 나아가는 대세에 대해 다음과 같이 밝혀주고 있다.

> "시두손님인데 천자국天子國이라야 이 신명이 들어오느니라. 내 세상이 되기 전에 손님이 먼저 오느니라. 앞으로 시두時痘가 없다가 때가 되면 대발할 참이니 만일 시두가 대발하거든 병겁이 날 줄 알아라. (『도전』 7:63:7~9)

> 태모님께서 말씀하시기를 "장차 괴질怪疾이 군산群山 해안가로부터 들어오느니라." 하시고 "그 괴질의 기세가 워낙 빨라 약 지어 먹을 틈도 없을 것이요, 풀잎 끝에 이슬이 오히려 더디 떨어진다." 하시니라. 또 말씀하시기를 "소병, 대병이 들어오는데 죽는 것은 창생이요, 사는

것은 도인道人이니 오직 마음을 바르게 갖고 태을주를 잘 읽는 것이 피난하는 길이니라." 하시니라. (『도전』 11:386)

"이 뒤에 병겁이 군창群倉에서 시발하면 전라북도가 어육지경魚肉之 境이요 광라주光羅州에서 발생하면 전라남도가 어육지경이요 인천仁 川에서 발생하면 온 세계가 어육지경이 되리라. 이 후에 병겁이 나돌 때 군창에서 발생하여 시발처로부터 이레 동안을 빙빙 돌다가 서북으로 펄쩍 뛰면 급하기 이를 데 없으리라. 조선을 49일 동안 쓸고 외국으로 건너가서 전 세계를 3년 동안 쓸어버릴 것이니라. (『도전』 7:41:1~5)

괴질이 창궐하여 전 세계를 3년 동안 휩쓸 때 모든 의술은 무용지물이 되고 오직 상제님께서 전해주신 의통에 의해서만 구원 받을 수 있다. 칠성 기운을 받은 육임의통 구호대를 인존칠성人尊七星이라고 부른다.

이 뒤에는 병겁이 전 세계를 엄습하여 인류를 전멸케 하되 살아날 방법을 얻지 못할 것이라. 그러므로 모든 기사묘법奇事妙法을 다 버리고 오직 비열한 듯한 의통醫統을 알아 두라. 내가 천지공사를 맡아봄으로부터 이 땅의 모든 큰 겁재를 물리쳤으나 오직 병겁만은 그대로 두고 너희들에게 의통을 붙여 주리라. (『도전』 7:33:4~7)

태모님께서는 윷판으로 공사를 보시며 개벽기 때 살 수 있는 길은 오직 한 길 뿐이라고 하셨는데 이도 오직 칠성도수에 의해서만 구원받을 수 있다는 것을 설명한다.

태모님께서 평소 윷놀이를 즐기시더니 하루는 웃옷을 벗어 젖을 늘어뜨리시고 속곳만 입으신 채 "윷판 가져오너라." 하시니라. 이에 한 성도가 윷판을 대령하니 태모님께서 윷판의 출구를 항문肛門 쪽으로 놓으시고 말씀하시기를 "들어가기는 어느 구멍으로나 다 들어가 서로 잡아먹다가 나올 적에는 한 구멍밖에는 나오는 데가 없으니 꼭 그리 알라. 윷놀이는 천지놀음이니라." 하시니라. (『도전』 11:216: 1~4)

(3) 칠성도수는 도통도수이다

도통은 모든 인간의 소망이며 인간 완성의 길이다. 도통은 자신의 노력에 의해서만 성취하는 정력통精力通이 있고 자신의 노력과 도조道祖의 감화력感化力에 의해 성취되는 감화통이 있다. 명나라 때의 주장춘朱長春은 진인도통연계眞人道通聯系를 지어 선천 성자들과 증산 상제님의 도통의 대세에 대하여 다음과 같이 기술하고 있다.

주장춘이 말하기를 "산의 근원은 곤륜산崑崙山이니 곤륜산의 본래 이름은 수미산須彌山이라. 곤륜산의 제1맥이 동해 쪽으로 뻗어 나가 유발산儒拔山을 일으키고 유발산이 니구산尼丘山을 낳아 72봉을 맺으니라. 공자가 니구산 정기를 타고 태어나 72봉의 기운으로 그의 제자 72현賢이 배출되니라. 곤륜산의 제2맥이 불수산佛秀山을 낳고 불수산이 석정산釋定山을 일으켜 이곳에 499봉이 솟으니라. 석가모니가 석정산의 영기靈氣를 타고 왔나니 그의 도통제자 499명이 나오니라." 하니라. 그가 또 말하기를 "곤륜산의 제3맥이 동방으로 쭉 뻗어 백두산白頭山에 맺히고 그 맥이 다시 남으로 뻗어 금강산을 수놓아 일만 이천 봉이 솟았느니라. 그리하여 이 기운을 타고 증산甑山께서 오시어 천지의 문호인 모악산母岳山 아래에서 결실의 추수진리秋道를 열어 주

시나니 그 도道는 '모든 진리를 완성'시키는 열매가 되리라. 후에 그
분의 도문에서 금강산의 정기에 응해 일만 이천 명의 도통군자道通君
子가 출세하리라." 하니라. (『도전』 1:10:4~10)

앞에서 살펴본 『운급칠첨』의 내용을 다시 한번 되돌아 보면 양명성陽明星
은 뒤에 진인眞人을 배우려는 사람을 영도[領後學眞之人]한다 하였고 음정
성陰精星과 진인성眞人星은 도를 배우려는 사람이 매여 있다[學道之人 莫不隸
焉] 하였으며 단원성丹元星은 진인을 배우려는 사람의 장부를 관리한다 하
였고 북극성北極星은 도를 배우려는 사람의 몸을 거느린다[領學道之身]고
하여 북두칠성이 도통을 주관하고 있음을 밝히고 있다.

『도전』을 보면 상제님께서 금강산 1만 2천 봉의 기운을 받아 1만 2천
명의 도통군자를 출세시키는 공사를 다음과 같이 보고 있다.

상제님께서 순창 농바우에 계실 때 조선 국운 심판 공사를 마치시고
형렬에게 이르시기를 "허미수가 중수한 성천成川 강선루의 일만 이천
고물에는 녹祿줄이 붙어 있고 금강산 일만 이천 봉에는 겁살劫煞이 끼
어 있나니 이제 그 겁살을 벗겨야 하리라." 하시고 "너는 광찬과 원
일을 데리고 구릿골로 돌아가 열흘 동안 아침저녁으로 청수 한 동이
씩을 길어서 스물네 그릇에 나누어 놓고 밤에는 칠성경을 스물한 번
씩 읽으며 백지를 사방 한 치씩 오려 그 종이에 한 사람이 모실 시侍
자 사백 자씩 써서 네 벽에 돌려 붙이고 나를 기다리라." 하시고 엄히
경계하시기를 "붙일 때는 종이가 포개져서도 안 되고 요만치 틈이 있
어도 안 되나니 끝이 딱 맞아야 하느니라." 하시니라. 원일이 형렬로
부터 이 말씀을 전해 듣고 싫은 기색을 띠거늘 형렬이 상제님께 아뢰
니 상제님께서 "이도삼李道三을 데려가 행하라." 하시매 형렬이 도삼,

광찬과 함께 구릿골로 돌아가 명하신 대로 행하여 열흘에 마치니 글자의 총수 일만 이천 자요, 종이도 틈 하나 없이 정확하게 붙었더라. (『도전』 5:184)

상제님께서 구릿골에 이르시어 갑칠에게 염소 한 마리를 사 오라 하시거늘 갑칠이 염소를 사서 지고 오매 말씀하시기를 "너 소 한 마리 메고 오느라고 욕봤다." 하시고 염소를 잡아 그 피를 손가락으로 찍어 벽에 돌려 붙인 일만 이천 모실 시 자 위에 일일이 점을 치시니라. (『도전』 5:185:1~3)

위의 내용은 상제님을 지극하게 모시는[시侍] 1만 2천 명 일꾼들에게 도통을 내려 주시는 공사이다. 상제님께서 염소를 소라 하시고 그 피를 일일이 찍어 주신 것은 상제님의 정신과 소의 기운을 가진 지도자의 정신을 일꾼들에게 직접 전수해주시는 예식이며 이 공사를 보실 때 칠성경을 읽었다는 것은 칠성의 기운을 받아 도통이 열린다는 것을 암시하고 있다. 칠성경이 도통과 관련이 있다는 것은 동생 영학이 도통을 원할 때 부채에 학鶴을 한쌍 그려 주시며 이 부채를 부치면서 칠성경七星經을 무곡파군武曲破軍까지 읽고 대학大學을 읽으면 도술을 통한다고 하셨고, 고송암高松庵 사건 당시 칠성경의 문곡文曲의 위치를 바꾸어 도통문을 잠그셨던 일에서도 살펴볼 수 있다.

(4) 칠성도수는 복록과 수명을 내려 주는 도수이다

모든 인간이 인생을 살면서 궁극적으로 소망하는 것은 행복하게 살고 건강하게 오래 사는 것이다. 그리고 복록과 수명은 성경신誠敬信에 의해 성취되므로 상제님께서는 천지의 진액津液이 뭉쳐 있는 오주五呪를 내려 주시면서 복록성경신 수명성경신을 주문 속에 넣어서 모든 사람이 항상 읽을 수 있도록 공사로서 처결하셨다. 또한 천지불天地佛 주문에서도 광제미륵 수명불廣濟彌勒壽命佛(널리 인류를 구원하시는 미륵부처님은 인간이 오래 살 수 있도록 수명을 늘려 주시는 부처님이십니다.), 수명미륵복수불壽命彌勒福授佛(오래살 수 있도록 수명을 늘려 주시는 미륵부처님은 복록을 내려 주시는 부처님이십니다.)이라 하시어 미륵불이신 상제님께서 복록과 수명을 내려 주시는 주인이심을 밝히고 있다.

> "인간의 복록을 내가 맡았느니라. 그러나 태워 줄 곳이 적음을 한하노니 이는 일심 가진 자가 적은 까닭이라. 만일 일심 자리만 나타나면 빠짐없이 베풀어 주리라." 하시니라. (『도전』 9:1:7~9)

후천세상이 되면 인간의 수명과 복록을 칠성에서 주관한다.

3월 25일에 태모님께서 치성을 봉행하신 후 남녀 신도 수십 명을 소집하여 말씀하시기를 "모든 것이 칠성에게 매여 있으니 중천 공사中天公事를 조정調定하리라." 하시고 "선천에는 창생의 수명壽命을 명부冥府에서 결정하였으나 후천에는 중천신계中天神界에서 책임을 맡아 균일하게 결정할 것이요 복록은 천지에서 평등하고 넉넉하게 정하여 후천 오만년 동안 끊이지 않고 베풀게 할지라." 하시며 하늘을 향해 "중천신! 중천신! 중천신!" 하고 중천신을 부르시니 구름이 마치 머리를 숙이고 영命을 받는 사람의 형상을 하고 있더라. 하루는 태모님께서 말씀하시기를 "칠성경을 많이 읽어라." 하시고 "살고 죽는 판단은 중천신이 하니, 중천신에게 빌어야 조상길이 열리느니라." 하시니라. (『도전』 11:236:1~8)

위에서 말하는 중천신은 칠성경에 있는 중천대신이고 중천공사는 칠성 공사라고 말할 수 있는데 중천신은 자손을 두지 못한 신으로 이들이 복록과 수명을 고르게 분배하는 것이다. 태모님께서 이진묵李眞黙 성도에게 대불大佛도수를 정하시고 후천 대불을 내는 칠성七星 공사를 보신 다음 진묵에게 '복록성경신福祿誠敬信 수명성경신壽命誠敬信'을 송주케 하며 "중생의 복록과 수명을 통찰하여 후천 성인시대에는 복록과 수명을 고르게 할지라." (『도전』 11:360:5~6) 하셨는데 이 역시 칠성도수가 복록과 수명을 내려주는 도수라는 것을 알 수 있는 내용이다.

(5) 칠성도수는 신선을 내는 도수이고 선경세계를 여는 도수이다

앞에서 설명한 『운급칠첨』의 내용을 보면 북두칠성의 대부분의 별들이 신선神仙을 주관한다고 기술하고 있다. 칠성도수의 주된 내용 중의 하나는 후천세상의 신선을 내는 도수이다. 『증산도의 진리』에서는 오주五呪의 일구一句인 신천지가가장세新天地家家長世를 설명하면서 "그러면 새로워지는 하늘땅, 신천지의 이상과 목적은 어디에 있을까요? 그것은 '가가장세家家長世'입니다. 가가는 '집집마다', 장세는 '선세仙世'로서 집집마다 무병장수의 세계, 신선 세상이 온다는 뜻입니다. 가정을 건져서 가을개벽 세상으로 인도하는데 그 목적지가 바로 장세, 즉 후천 5만 년 무병장수의 선仙 세계입니다."[29]라고 하였다.

태모님께서 여동빈을 부르시어 "세계 창생들로 하여금 모두 갱소년 되게 하라."(『도전』 11:298:5)고 명을 하셨고 상제님께서는 "앞세상에는 지지리 못나도 병 없이 오백 세는 사느니라"(『도전』 9:183:5)라고 하셨다. 또 태모님께서 후천의 신선과 인간의 수명에 대해서 다음과 같이 말씀해 주셨다.

----
29) 안경전, 증산도의 진리, 대전: 상생출판, 2015, p.790.

하루는 태모님께서 말씀하시기를 "내가 하는 일은 다 신선神仙이 하는 일이니 우리 도는 선도仙道니라." 하시고 "너희들은 앞으로 신선을 직접 볼 것이요, 잘 닦으면 너희가 모두 신선이 되느니라." 하시니라. 또 말씀하시기를 "신선이 되어야 너희 아버지를 알아볼 수 있느니라." 하시니라. (『도전』 11:199:7~9)

하루는 성도들이 태모님께 여쭈기를 "저희들은 얼마나 오래 살 수 있습니까?" 하니 말씀하시기를 "후천 가면 너희들이 모두 선관이 되는데, 선관도 죽는다데?" 하시니라. 태모님께서 말씀하시기를 "후천선경에는 수壽가 상등은 1200세요, 중등은 900세요, 하등은 700세니라." 하시고 "그 때에는 장수 시대가 열려 백 리 안에 할아버지가 셋이면 손자는 하나인 세상이 되느니라." 하시니라. (『도전』:11:299)

인간이 죽음을 극복하고 장생불노長生不老하는 것을 선仙이라고 말할 수 있는데 그렇다면 후천 선後天仙은 유불선의 선仙과 어떠한 차이점이 있을까.

첫째, 후천 선은 생활 속의 선이다. 선천에 신선의 도를 구하는 사람들은 가족과 사회를 떠나 산속에 들어가 홀로 살면서 선을 추구하였는데 후천에는 가족과 함께 살고 사회 속에서 살면서 장수하는 생활선生活仙이다.

둘째, 삼도합일선이다. 상제님께서는 이에 대해 다음과 같이 말씀해 주셨다.

이제 불지형체佛之形體 선지조화仙之造化 유지범절儒之凡節의 삼도三道를 통일하느니라. 나의 도道는 사불비불似佛非佛이요, 사선비선似仙非仙이요, 사유비유似儒非儒니라. 내가 유불선 기운을 쏙 뽑아서 선仙에 붙여 놓았느니라. (『도전』 4:8:7~9)

선천에는 유불선의 궁극의 인간상이 유는 대인 군자, 불은 부처, 선은 신선이 되는 것이었으나 후천에는 대인군자이면서 부처이면서 신선이 되는 인간이 나오게 되는 것이다.

셋째, 후천 선은 태을선太乙仙이다. 태을선은 단순히 오래 살기만 하는 것이 아니고 태을천의 조화성령을 받고 천지부모와 하나된 경계에서 장생불노하는 궁극의 선仙이다.

넷째, 후천 선은 삼랑선三郎仙이다. 삼신상제님을 모시고 삼신상제님의 이상과 꿈을 실현한 바탕 위에서 삼신상제님의 축복으로 받아 누리는 선仙이다.

다섯째, 후천 선은 과학선科學仙이다. 현재의 생명공학이 고도로 발달한 바탕 위에서 노화老化와 죽음을 극복하는 문명선이다.

여섯째, 후천 선은 관왕선冠旺仙이다. 관왕은 포태 양생 욕대하는 생장의 과정도 아니고 쇠병 사장하는 노사老死의 과정도 아닌 생명이 가장 충만된 상태이다. 상제님께서 다음과 같은 글을 쓰셨다.

受天地之虛無하여 仙之胞胎하고
수 천 지 지 허 무　　　선 지 포 태
受天地之寂滅하여 佛之養生하고
수 천 지 지 적 멸　　　불 지 양 생
受天地之以詔하여 儒之浴帶하니
수 천 지 지 이 조　　　유 지 욕 대
冠旺은 兜率 虛無寂滅以詔니라
관 왕　　도 솔 허 무 적 멸 이 조
천지의 허무(無極)한 기운을 받아 선도가 포태하고
천지의 적멸(太極의 空)한 기운을 받아 불도가 양생 하고
천지의 이조(皇極)하는 기운을 받아 유도가 욕대 하니
이제 (인류사가 맞이한) 성숙의 관왕冠旺 도수는

도솔천의 천주가 허무(仙) 적멸(佛) 이조를 모두 통솔하느니라. (『도전』
2:150:3)

위의 내용은 선천 선불유仙佛儒의 기운을 종합하여 새로운 후천 선을 여
신다는 뜻이다. 관왕에 대해 『도전』에서는 다음과 같이 설명하고 있다.

천지가 만물을 생성·변화해 가는 12포태의 과정 중 성숙의 단계를 말한
다. 이제 가을개벽을 맞이하여 선불유가 추구하는 궁극의 이상이 통합된
성숙의 도가 열린다. 전 인류가 상제님의 도로써 성숙한 가을 인간으로 거
듭 태어나는 것이다.

상제님께서는 무병장수하는 신선도수를 다음과 같이 칠성도수로 공사
를 보시었다.

9월에 상제님께서 양지 일곱 장에 좌서左書하시니 이러하니라.

病은 自己而發하나니
병　자기이발
葬死病衰旺冠帶浴生養胎胞니라
장 사 병 쇠 왕 관 대 욕 생 양 태 포

이 글을 봉하여 형렬에게 주시며 '전주에 가서 아는 사람을 만나거든
한 장씩 내어 주고 날 저물기 전에 돌아오라.' 하시니라. 이에 성도들
이 그 글의 뜻을 여쭈니 말씀하시기를 "지금은 말하여도 모를 것이
요, 성편成編한 뒤에 스스로 알게 되리라." 하시니라. 형렬이 명을 받
고 전주에 이르러 김낙범, 김병욱, 김광찬, 김준찬金俊燦, 김윤근金允根
등 다섯 사람에게 나누어 주고 해지기 전에 돌아오라는 명을 어기지
않으려고 서둘러 돌아와 남은 두 장을 상제님께 올리니 상제님께서
"이 땅에 사는 사람으로서 아는 사람이 일곱 명도 없느냐!" 하고 꾸
짖으시며 "마당에 멍석을 펴고 청수 한 동이를 길어다가 자리 가운데

모신 후 남은 두 장을 소지하여 올리라." 하시매 형렬이 명하시는 대로 일일이 거행하니라. 그 후 형렬이 공사 내용을 여쭈니 말씀하시기를 "칠성 도수를 보았노라." 하시니라. (『도전』 5:318)

상제님께서 신선 도수를 맡고 있는 김형렬 성도에게 일을 행하게 하셨고, 7장을 7명에게 전하게 하셨으며 12포태법胞胎法을 거꾸로 돌려 생명을 원시반본 시켜 늙어 죽지 않는 몸을 만드시는 공사를 보셨으니 이곳의 칠성 도수는 무병장수하는 신선神仙 도수라는 것을 알 수 있다.

후천 선에 대해서 한마디 더 추가한다면 후천 선은 칠성 도수에 의해서 실현되므로 칠성선七星仙이고 조화주 하느님의 뜻에 의해서 펼쳐지므로 조화선造化仙이라고 말할 수 있다.

(6) 칠성도수는 후천 대불을 내는 도수이다

하루는 태모님께서 이진묵李眞黙에게 진묵대사震黙大師의 기운을 붙여 대불大佛도수를 정하시며 여러 성도들에게 말씀하시기를 "불교 막장 공사는 진묵이니라." 하시고 "이 공사는 선천 불교 막장 공사요, 후천 대불을 내는 칠성七星 공사니라. 칠성 도수는 천지공사를 매듭짓는 도수니라." 하시니라. (『도전』 11:360:1~4)

칠성경에서 북두칠성의 7개의 별을 칠성여래七星如來라 하였다. 여래如來는 부처의 뜻이다. 후천 가을 세상이 되어 하늘에 있는 북두칠성의 이상이 실현되면 대도통을 하였던 진묵대사와 같은 인물들이 출현하게 되는데 이러한 인물들이 후천 대불이 되며 신선이 된 부처인 선불仙佛이 된다.

가을 세상은 금金이 체體가 되지만 작용은 7화七火가 된다. 또 가을의 성수인 9를 2와 7로 나누어 2가 체가 되고 7이 용이 된다고도 말할 수 있다.

전자이든 후자이든 후천 가을 세상에는 낙서의 정서방正西方에 7이 자리 잡고 있듯이 칠성의 세상이 열리게 된다. 칠성은 하느님이 계시는 별이니 하느님의 꿈과 이상이 지상에 펼쳐지는 세상이 되는 것이다. 후천세상은 칠성의 신성神性과 덕성德性, 생명生命과 조화造化가 모두 드러나 개벽 전에는 칠성기운을 받아 포덕布德을 하고, 개벽기에는 인류에게 부활의 새 생명을 주고, 후천세상에서는 도통을 받고 신선이 되고 대불이 되어 복록과 수명을 진진하게 받아 누리는 선경낙원의 세상이 되게 한다. 이 모든 것을 실현 하는 것이 칠성 도수이다.

태모님께서 말씀하시기를 "칠성 공사는 후천 인간을 내는 공사요, 낳아서 키우는 공사니라." 하시고 "후천 기운은 사람을 키우는 칠성 도수七星度數이니, 앞세상은 칠성으로 돌아가느니라." 하시니라. (『도전』 11:99:1~2)

5 맺는 말

북두칠성의 내용과 역할, 북두칠성 신앙과 문화 그리고 칠성 도수에 대하여 연구한 결과 다음과 같은 결론을 얻었다.

1. 북두구성의 명칭과 역할을 하나의 도표로 만들면 다음과 같다.

	제1성	제2성	제3성	제4성	제5성	제6성	제7성	제8성	제9성
삼재 도회	天樞	璇	璣	權	玉衡	開陽	搖光		
진서 천문지	正星	法星	令星	伐星	殺星	危星	部星, 應星		
운급 칠첨	太星	元星	眞星	紐星	綱星	紀星	關星	帝星	尊星
운급 칠첨	玄樞	北台	九極 上眞	璇根	太平	命機	玄陽	高上皇	太微玉 帝君
운급 칠첨	陽明	陰精	眞人	玄冥	丹元	北極	天關	八景虛 元君	太素七 晨元君
황제 두도	貪狼	巨門	祿存	文曲	廉貞	武曲	破軍		
주관	一天	二地	三人	四時	五音	六律	七星		
주관	陽德	陰刑	中禍	天理, 伐無道	中央, 助四旁 殺有罪	天倉 五穀	主兵		
주관 천체	天(日)	地(月)	火星	水星	土星	木星	金星		
주관 生人	子	丑亥	寅戌	卯酉	辰申	巳未	午		

	제1성	제2성	제3성	제4성	제5성	제6성	제7성	제8성	제9성
직책	太尉	上宰	司空	遊擊	斗君	太常	天之上帝	天尊玉帝	太帝
주관 28宿	室壁奎婁	胃昴畢觜	參井鬼柳	星張翼軫	角亢氐房	心尾箕斗	牛女虛危		
주관 9州	雍州	冀州	靑州兗州	徐州楊州	荊州	梁州	豫州		

2. 북두칠성은 일월日月과 오성五星 음양과 오행의 기운이 한 곳에 모인 별로 태양계의 solar system이 압축되어 있으며 또한 일월과 오성 및 하늘의 모든 별을 주재하는 사령탑이 된다.

3. 북두칠성의 별들이 가리키는 방향으로 월건을 확정하고 이에 의해 절기 계절 그리고 시간 등을 파악하였으니 북두칠성은 하늘에 떠 있는 시계이며 시간의 신神이라고 말할 수 있다.

4. 천지를 주재하는 상제님은 북두칠성 안에 계시며 북두칠성은 또한 상제가 타는 수레가 되어 상제는 북두칠성의 마차를 타고 천상을 순행하신다.

5. 북두칠성은 하늘과 땅과 인간의 모든 것을 주관한다. 녹봉을 구하고 벼슬을 구하며 신선이 되고 도통을 하며 악신惡神과 흉사凶邪를 제압하며 공덕을 세우고 건강하게 오래 살며 질병을 벗어나고 재앙을 피하며 기후를 고르게 하고 신통神通을 부리고자 하는 모든 소원을 비는 대상이 되는 별이다.

6. 북두칠성은 하늘에 있는 모든 별들을 주재하는 황극의 별이 된다.

7. 10무극 상제님은 3과 7로 나뉘어 삼신하느님과 칠성하느님으로 작용하는데 인간은 삼신과 칠성 기운을 받고서 이 세상에 태어난다.

8. 인간은 삼신 기운으로 삼혼을 받고 칠성 기운으로 칠백을 받으며 인간의 몸은 북두구진北斗九辰의 기운을 받아 보이는 칠규와 보이지 않는 이규를 가지고 있으며 사람이 상투를 튼 것은 칠성의 기운을 받고자 한 것이며 칠성하느님과 한마음 한뜻으로 살겠다는 의지의 표현이었다.

9. 북두칠성 숭배와 신앙은 도교 불교에서 뿐만 아니라 국가 차원에서 민간 차원에서 보편적으로 이루어졌는데 봉선封禪 의식 고인돌의 성혈星穴 고구려 고분벽화 관 속에 까는 칠성판, 초요기招搖旗 등에 그 자취가 남아 있다.

10. 윷놀이는 신시시대 때 자부선생이 창안하였고, 윷판은 일월 오성의 기운이 응축된 북두칠성의 운행 과정에서 유래하였을 개연성이 아주 크다.

11. 칠성 도수는 우주의 가을철을 맞이하여 북두칠성의 신성과 지혜, 덕성과 광명, 생명과 조화가 후천 인간을 통해 발현하는 천지공사를 매듭짓는 도수로 하느님의 꿈과 이상이 실현되는 도수이다.

12. 가을철 세상에 칠성 도수가 발현하는 것은 낙서의 정서방에 7화가 자리잡고 있는 원리에 의한 것인데 금화교역의 원리에 의해 가을에는 금金

이 체體가 되고 7화가 작용을 한다. 또 9금이 나뉘어 2화가 체가 되고 7화가 작용한다고도 볼 수 있다.

13. 칠성 도수의 시작은 상제님께서 대원사 칠성각에서 음력 7월 7일 경오일庚午日에 신천지의 도통문을 여신 것이고 칠성 도수를 매듭짓는 것은 어천하시던 1909년에 다시 칠성각에서 49일 동안 공사를 보신 것으로도 해석할 수 있다.

14. 칠성 도수의 구체적인 내용은 첫째, 일꾼포교 도수이고 둘째, 의통 집행 도수이고 셋째, 도통 도수이고 넷째, 복록과 수명을 내려주는 도수이고 다섯째, 신선을 내고 선경세계를 여는 도수이고 여섯째, 후천대불을 내는 도수이다. 총 결론으로서 후천 가을 세상은 칠성으로 돌아가기 때문에 칠성 도수는 후천인간을 내는 도수이고 낳아서 키우는 도수라고 말할 수 있다.

≡ 참고문헌 ≡

1. 저서

• 김수길 윤상철 공역, 『천문유초』, 서울: 대유학당, 1998.
• 김원중 옮김, 『삼국유사』, 서울: 을유문화사, 2002.
• 김일권, 『우리 역사의 하늘과 별자리』, 서울: 고즈원, 2008, pp.186~188.
• 房玄齡等撰, 『晉書』(二), 북경: 중화서적, 1991.
• 사마천, 『사기』(四), 북경: 중화서적, 1982.
• 성백효 역주, 『현토완역 서경집전』상, 서울: 전통문화연구회, 2007.
• 소길원저 김수길 윤상철 번역, 『오행대의』(下), 서울: 대유학당, 2008.
• 松下見林, 『運氣論奧疏鈔』卷之六.
• 안경전, 『개벽 실제상황』, 서울: 대원출판, 2005.
• 안경전, 『증산도의 진리』, 대전: 상생출판, 2015,
• 안경전 역주, 『환단고기』, 대전: 상생출판, 2012.
• 안병섭 역, 『성약성서』, 서울: 대원출판, 1984.
• 안진호. 『석문의범』, 서울: 법륜사, 1982.
• 張介賓, 『類經圖翼』, 서울: 성보사, 1982.
• 張君房編, 『雲笈七籤』(二冊), 북경: 중화서적, 2014.
• 증산도 도전편찬위원회, 『증산도 도전』, 서울: 대원출판, 2003.
• 홍원식, 『정교황제내경』, 서울: 동양의학연구원, 1981.

2. 논문

• 김일권, 「한국 윷의 문화사와 윷판 암각화의 천문사상」, 한국암각화연구 18 집, 2014.
• 최종석, 「한국불교와 도교신앙의 교섭」, (사)한국불교학회 『한국불교학』 제61 집, 2011.

천부경과 하도 상수학으로 본 훈민정음 제자해

신민식

필자약력

신민식

경희대학교 한의과대학 졸업
동대학원 석사 박사학위 취득
인하대 융합고고학 박사과정

저서
『수험생 동의보감』
『공부가 쉬워지고 일이 즐거워지는 두뇌혁명』
『내몸을 살리는 해독』

1 들어가는 말

　전 세계 모든 언어 학자들이 인정하는 『훈민정음』은 우리나라의 가장 큰 보배이다. 뿐만 아니라 유네스코에서는 매년 '세종대왕 문맹 퇴치상(king Sejong Literacy Prize)'을 1989년에 제정하여 세계에서 문맹 퇴치에 공로가 있는 사람이나 단체에게 1990년부터 수여하고 있다.

　훈민정음은 먼저 음운학적인 방법을 비롯한 훈민정음 문자 기원에 대한 연구와 훈민정음 창제가 세종의 친제인지, 또는 협찬인지를 연구하는 방법 등이 이루어져 왔다. 『훈민정음』 해례본의 최초 한글 번역서로 홍기문이 쓴 『증보정음발달사』의 '증보 서문'에서 이상규는 훈민정음의 현대 언어학적 재해석도 중요하지만 더욱 중요한 것은 텍스트의 온전한 해독이 필요하다고 하였다.[1] 그리고 훈민정음 해례의 제자해制字解 부분은 음양오행사상을 바탕으로 역학, 악학樂學, 상수학象數學, 성운학聲韻學등의 융합적인 사유를 통해 그 가치와 의미를 새롭게 하여야 한다고 하였다. 이에 본 논문은 훈민정음을 천부경과 하도 상수학으로 접근하여 훈민정음의 창제 원리를 논구하고자 한다.

　훈민정음 연구사를 살펴보면, 중종 22년(1527) 최세진(1473-1542)이 한자를 배우는 초학자들의 학습을 위하여 편찬한 『훈몽자회』에서 3,360개의 한자에 대하여 훈민정음의 음音과 훈訓을 달았다. 또 범례에서 훈민정음 운용에 대한 규정을 정하였으므로 훈민정음의 사용을 다시 부활시키는데 획기적인 전기를 마련했다고 평가된다.[2] 다만 『훈몽자회』에는 훈민

---

1) 홍기문 원저, 이상규 주해, 『증보정음발달사』, 서울: 역락출판, 2016, 증보 서문
2) 최세진 찬, 오종필 옮김, 『훈몽자회 3360』, 경기도 부천: 부크크 출판, 2018, p.6.

정음의 창제원리로 천부경이나 하도의 상수학을 연결시킨 내용은 없다. 신경준(1712~1781)은 영조 26년(1750)에 지은 『훈민정음 운해』는 중성을 하도에 연관시켜 그린 중성도中聲圖를 제시했으나 천부경을 연관시켜 설명한 내용은 없다.[3] 유희(1773~1837)가 지은 『언문지』도 초성, 중성과 하도의 관계를 설명하지 않았다. 『언문지』와 『훈민정음 운해』는 『훈민정음』 제자해에서 초성의 순脣음을 토로, 후음을 수로 설명한 것과 다른 의견으로 순음을 수로 후음을 토로 설명했다. 이는 훈민정음 발성의 원리가 하도 사시 상생의 순환에서 왔다는 것을 모르고 기존 역학의 원리로 설명한 것이다.[4]

최석정(1646~1715)이 지은 『경세훈민정음도설』[5]은 훈민정음의 원리를 도설圖說로 해설했다. 건곤 두 권으로 되어 있으며 훈민정음을 사상과 팔괘로서 해설하며 소강절의 황극경세서의 원리로 풀었다. 어제언문이십팔자御製諺文二十八字를 인용하며 하늘의 이십팔수二十八宿에서 이십팔자가 기원되었다고 보았고, 초, 중, 종성을 천부경의 원리로 연관시키는 내용은 없다.[6]

하도와 관련된 본격적 연구로는 오봉협의 (1909-1953) 「한글 하도 기원론」이 허동진의 『조선어학사』에서 소개되었다. 이 논문은 단행본으로 나오지 못하고 1951년 잡지 『교육통신』에 연재되었다. 훈민정음에서 모음에 해당하는 수數의 원리로 하도의 숫자적 표음도에 도입하면 모음도가 나온다고 하였다.[7] 이탁(1898~1967)은 초, 중성과 하도의 관련성을 『국어

------

3) 선행 연구에 의하면 신경준의 중성도는 훈민정음 제자해의 내용에 맞지 않는다고 한다. 반재원, 「훈민정음 창제원리와 천문도와의 상관성」, 국제뇌교육종합대학원대학교 박사논문, 2013, p.31.
4) 졸고, 「훈민정음 제자해制字解의 상수철학과 하도상생 사계절 순환법칙의 고찰」, 세계환단학회, 『세계환단학회지』, 2020, pp.49-51.
5) 최석정 저, 김지용 해제, 『경세훈민정음도설』, 서울: 명문당, 2011, p.23, 저작 연대가 정확히 밝혀져 있지 않다. 저작연대는 1701에서 1715년 사이로 추정됨.
6) 위의 책, pp.25-26.
7) 허동진, 『조선어학사』, 서울: 박이정출판사, 1998, pp.345-349.

학논고』에 소개한 바 있다.

중성에 대한 연구는 이정호의 〈중성평면도〉(1972), 조영진이 쓴 〈중성도형도〉(1972), 이성구의 〈하도 오행상생도〉(1983), 윤덕중, 반재원의 〈중성도〉(1983), 김석연의 〈훈민정음 모음도〉(2002)등이 있다. 윤덕중, 반재원의 〈중성도〉와 이정호의 〈중성평면도〉, 이성구의 〈하도 오행상생도〉는 훈민정음 제자해의 중성 내용에 부합된다.[8]

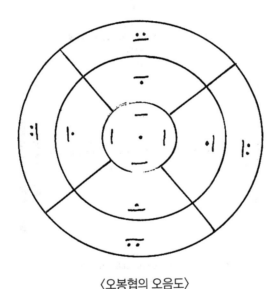

〈오봉협의 오음도〉

오봉협의 오음도는 하도의 상수학에 입각한 배열을 하였는데 방위와 수는 설명하지 않고 위치만 배열한 도표이다. 오음도는 훈민정음의 중성이 하도와 연관된 것을 최초로 도표화한 것에 의의가 있다.

야산 이달(1889~1958)은 중성을 오행에 배당하면서 천간과 지지에 연결하여 설명하였다. 중성을 천간에 붙여서 "ㅏ:갑, ㅑ:을, ㅓ:병, ㅕ:정, ㅗ:무,

8) 반재원, 「훈민정음 창제원리와 천문도와의 상관성」, 국제뇌교육종합대학원대학교 박사논문, 2013, pp.30-38.

ㅛ:기, ㅜ:경, ㅠ:신, ㅡ:임, ㅣ:계"라고 하였다. 이는 훈민정음에서 설명하는 상수의 원리와 맞지 않는데 그 이유는 훈민정음 해례본을 보지 못한 상태에서 중성을 천간과 지지에 배속하였기 때문이다.[9] 중성을 천간과 하도 상수학으로 배속하면서 훈민정음의 상수학의 원리에 맞게 배치된 도표는 반재원, 허정윤의 〈수와 천간이 배속된 중성도〉이다.

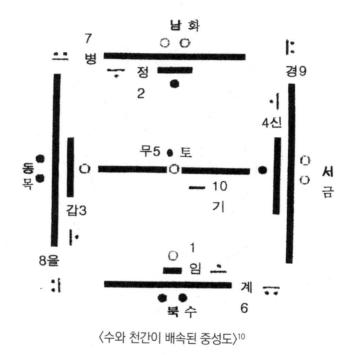

〈수와 천간이 배속된 중성도〉[10]

상수학적으로 천간의 상수는 임은 1수, 계는 6수, 갑은 3목, 을은 8목, 병은 7화, 정은 2화, 무는 5토, 기는 10토, 경은 9금 신은 4금이다. 〈수와 천간이 배속된 중성도〉는 이런 원칙으로 중성도를 배속하여 "ㅗ:임, ㅏ:갑,

9) 반재원·허정윤, 『한글 창제원리와 기능성 한글』, 서울: 역락출판, 2018, pp.144-150.
10) 반재원·허정윤, 『한글 창제원리와 기능성 한글』, 서울: 역락출판, 2018, p.121.

ㅜ:정, ㅓ:신, ㅛ:병, ㅑ:경, ㅠ:계, ㅕ:을, •:무, ㅡ:기"로 하였고 이런 견해는 『훈민정음 제자원리와 역리의 상관성』에서 권오휘도 말했다.[11]

이상의 연구들은 훈민정음 해례본이 알려진 시점을 기준으로 큰 차이가 보인다. 해례본 이후로 하도와 중성을 연결한 오봉협의 〈오음도〉를 비롯하여 자음과 모음을 하도와 천문의 관계로 연구한 반재원등의 많은 연구가들이 등장했다.

그런데 상수학의 바탕과 시원은 천부경으로부터 시작된다.

1~10까지의 상수로 우주와 인간의 존재원리를 설명하는 우주론과 인간론은 하도와 낙서, 천간, 십이지지 상수학의 기원이 되는 것이다. 천부경이 환단고기를 통해 알려지면서 훈민정음의 창제 원리 속에 담겨있는 상수학이 천부경에서 기원했다는 사실이 조금씩 연구되고 있다.[12] 이에 본 연구는 천부경 상수학이 어떤 원리로 훈민정음의 상수학과 연관되어지는지 훈민정음의 본문 내용을 살펴보면서 구체적으로 접근하고자 한다. 또한 하도 상수학의 상수 변화를 통해 훈민정음의 제자 원리를 좀 더 심도 있게 연구하고자 한다.

---

11) 권오휘, 『훈민정음 제자원리와 역리의 상관성』, 서울: 박이정출판사, 2018, p.206.
12) 박덕규, 「훈민정음과 가림토의 연관성 고찰」, 세계환단학회, 『세계환단학회지』, 2019, p.129.

2 천부경의 상수학과 훈민정음

1) 훈민정음 합자 원리와 천부경의 삼일 상수학

훈민정음에 상象이라는 단어가 23번 나오고 취상取象이라는 말은 5번 나온다. 상이란 코끼리 상인데 코끼리 뼈를 보고 그 모습을 상상한다고 하는 의미도 있다.[13] 코끼리 뼈를 보고 코끼리를 상상하듯이 우주의 근원적인 진리나 천지같은 대상을 인식하는 것을 상을 본다고 하거나 취상한다고 한다. 취상이란 우주의 이치를 그림, 문자, 상징 등으로 표현하는 것이다.

상象은 개인마다 주관적으로 인식될 수 있기에 수數를 통해서 나타낼 때 가장 보편적이고 합리적으로 진리를 드러낼 수 있다. 상을 설명하는 수는 단위, 부피, 무게의 일반적인 수치 단위가 아닌 정신과 생명의 현상을 표현하는 상징수학이며, 신성수학의 개념이다.[14] 동양철학은 우주의 상象을 수數를 통해서 알 수 있기에 상수철학象數學이라고 한다.[15]

상수학의 경전은 천부경이다. 천부경은 1에서 10까지의 상수를 통해 천지인의 질서와 인간의 마음을 정의한다.

천부경에는 일一은 삼三으로 펼쳐지고 삼은 일로 합쳐진다는 상수철학이 있다. 81자의 상수철학이 담겨 있는 천부경의 첫구절이 "일시무시일一始無始一 석삼극析三極"이다. 마지막 구절은 "인중천지일人中天地一 일종무종일一終

---

13) 김용옥, 『노자가 옳았다』, 서울: 통나무 출판사, 2020, p.236.
14) Michael S. Schneider, A Beginner's Guide to Constructing the Universe, 이충호 옮김, 『자연, 예술, 과학의 수학적 원형』, 서울: 경문사, 2002, 서론.
15) 한동석, 『우주변화의 원리』, 서울: 대원출판, 2001, pp.174-175.

無終一"로 끝난다. 이는 일—에서 삼극三極으로 펼쳐지고[析三極], 인人 속에 천지가 하나가[人中天地一] 되는 원리를 설명한다. 천부경의 구조를 보면 일즉삼一即三, 삼즉일三即一이라는 삼과 일의 순환사상이다.

단군세기 서문에서도 집일함삼執一含三(하나 속에 셋이 깃들어 있고)과 회삼귀일會三歸一(셋은 하나의 근원으로 돌아간다)의 내용이 나온다.[16] 신시神市시대 때 태호복희씨와 같이 동문수학한 발귀리發貴理께서 부른 송가頌歌에 "삼三은 일—로 본체를 삼고 일—은 삼三으로 작용을 삼으니"라고 하였다.[17] 훈민정음 제자해에서도 같은 사상을 찾을 수 있다.

초성과 중성 종성을 합해서 글자를 이루게 한다. 초성은 혹 중성의 상上에 위치하고 혹 중성의 좌측에 위치하게 한다.[18]

하나 속에 셋이 있고 삼은 일로 본체를 삼는다는 상수 철학이 바탕이 되어 훈민정음에서 초성, 중성, 종성이 한 글자를 이루게끔 창제한 것이다. 초성은 천에 해당하면서 양陽에 해당한다. 양은 상上의 위치이며 좌의 위치이다. 즉 음양의 위치대로 배열하면서 초, 중, 종성을 한 글자 속에 포함시킨 것이다. 지극히 간단한 것 같지만 여기에는 천부경 이후 면면히 내려온 삼과 일의 순환사상이 훈민정음 창제 원리로 표현되어 있다.

천, 지, 인[三才] 3의 서로간의 관계와 법도를 '삼재지도三才之道'라 하는데, 훈민정음에는 삼재, 삼재지도란 단어가 5회 나온다.[19] 훈민정음은 삼

16) 안경전 역주 『환단고기』 「단군세기 서문」, 대전: 상생출판, 2013, p.88, "執一含三하고 會三而歸一者가 是也니라."
17) 위의 책, p.500, "大一其極이 是名良氣라 無有而混하고 虛粗而妙라 三一其體오 一三其用이니"
18) 김승권, 『사람이 하늘과 땅을 품는다』, 대전: 한울벗출판사, 2015, p.207, 『訓民正音』合字解 "初中終三聲 合而成字. 初聲或在中聲之上 或在中聲之左."
19) 制字解에 三才之道가 2회, 三才가 2회, 用字例에 三才之道가 1회 나온다.

재지도의 이치를 바탕으로 창제되었다는 것을 밝힌 것이다. 이 삼재지도 속에서 천지는 서로 순환하며 교감한다. 천지가 서로 교감하고 상응하는 것을 주역에서는 지천태괘地天泰卦에서 천지교태天地交泰라고 한다.[20] 삼재지도로 천지가 서로 상응하듯이 중성에서 천지를 상징하는 •와 ㅡ가 서로 처음 만나서 나온 글자가 ㅗ, ㅜ라고 하였다.[21] 그리고 천지에 해당하는 초성과 종성은 서로 교류하여 초성이 다시 종성이 되고 종성이 다시 초성이 될 수 있다. 이는 마치 겨울이 지나 다시 봄이 오듯이 사시가 순환하는 이치이다.[22]

훈민정음에서 천지의 기운에 대해 설명하는 구절이 있는데, "오행의 기운이 하늘에 있으니 즉 신神의 운행이다. 오행이 땅에 있으면 본질이 완성된다"고 했다.[23] 하늘의 오행을 '오운五運'이라고 하고 땅의 오행을 '육기六氣'라고 한다. 오운육기五運六氣는 하늘과 땅의 오행법칙을 설명하는 이치이다. 기운을 받는다고 할 때 이는 하늘의 오운과 땅의 육기를 받는다는 의미이다. 오운五運에서 운이란 군軍의 행로를 말한다.[24] 즉 군대가 필요에 의해 일진—進 일퇴—退하는 움직임을 자율적으로 하듯이 오운이라고 하는 하늘의 오행은 스스로 행하는 움직임이다. 훈민정음에서 신의 운행[神之運]이라고 한 것은 초성이 하늘 기운과 같이 자율적으로 발음을 일으킨다는 뜻이다. 이에 반해 땅의 오행인 육기六氣는 하늘의 오운 기운을 받아서 만물을 성장시키는 기의 변화를 갖는다. 종성은 땅의 기운이 만물의

----

20) 심종철 역해, 『周易』, 서울: 대지문화사, p.74, 地天泰 "象曰天地交泰니 后以하여 財成天地之道하며 輔相天地之宜하여 以左右民하나니라."
21) 『訓民正音』 制字解, ㅗ與 • 同而口蹙 其形則 • 與ㅡ合而成 取天地初交之義也. ㅜ與ㅡ同而口蹙 其形則ㅡ與 • 合而成 亦取天地初交之義也.
22) 『訓民正音』 制字解. "一元之氣 周流不窮 四時之運 循環無端 故貞而復元 冬而復春. 初聲之復爲終 終聲之復爲初 亦此義也."
23) 『訓民正音』 制字解, 盖五行在天則神之運也 在地則質之成也.
24) 한동석, 앞의 책, p.118.

본질을 완성시키듯이[質之成] 발음의 성질, 본질을 완성, 매듭짓는다는 이치이다. 하늘의 오행은 신의 운행으로 천생天生을 하고 땅의 오행은 본질, 바탕을 이루게 하여 지성地成이 된다는 천지 우주관 철학[三才之道]을 훈민정음의 초성과 종성의 변화에 대입해서 설명한 것이다.

중성에 대해서는 천지인 우주관에서 사람에게 있는 오행으로 신神의 운행과 질質의 완성을 다 이룬 것 같은 역할을 한다고 하였다.

> 오행의 법칙이 사람에게 있어서는 인仁·의義·신信·예禮·지智의 정신의 운행이 되고 간肝·심心·비脾·폐肺·신腎의 바탕을 이룬다.[25]

사람의 오행기운이 정신적인 운행[神之運]과 장기의 질적 바탕[質之成]을 동시에 이룬다는 동양의학의 핵심을 얘기하면서 중성은 초성같이 음을 발동시키는 역할[神之運]과 음을 매듭짓는[質之成] 역할을 한다는 것을 설명한다. 즉, 중성은 초성과 같이 음을 발동시키면서 동시에 '가', '고'와 같이 중성으로 끝날 경우 종성처럼 음을 매듭짓는 역할도 한다는 것을 얘기한다.

이상과 같이 삼즉일三卽一의 원리대로 초성, 중성, 종성이 하나가 되어 음을 이루고, 중성에서는 삼재지도의 이치 아래 ㅗ, ㅜ와 같이 글자가 상형되며 초성과 종성이 서로 반복되게 하는 바탕에는 천부경부터 내려오는 상수학이 있는 것이다.

2) 천부경의 2·3 상수와 훈민정음의 삼극三極·이기二氣

천부경은 "천일일天－－ 지일이地－二 인일삼人－三"에서 상수학을 통한 천지인 삼재三才의 법칙과 질서를 설명한다. 앞 구절인 "천일天－, 지일地－, 인

---

25) 『訓民正音』 制字解, "在人則仁禮信義智神之運也 肝心脾肺腎質之成也."

일ㅅ-"이란 천지인은 동일한 일자-者에서 비롯됨을 설명한다. 이는 천부경에서 천, 지, 인을 동일한 존재가치로 인식했다는 것을 말한다. "천일일天--, 지일이地-二, 인일삼ㅅ-三"에서 천일天-, 지이地二, 인삼ㅅ三이라 한 것은 하늘은 첫 번째이고 땅은 두 번째이며 사람은 세 번째라는 상수학적 의미를 말한다. 이는 생명의 존재로서 천지가 인간의 부모로서의 역할을 하는 존재이며 천天은 첫 번째 바탕이라는 것을 상수학으로 설명한 것이다.

제자해에서 중성의 기본성인 ·, ─, ㅣ가 천지인을 형상하면서 순서적으로 탄생된 존재의 원리를 설명한 내용을 이와 비교해보자.

· 는 혀가 수축이 되면서 소리가 깊다. 하늘이 첫 번째 자시子時에 열린다. · 는 원의 형태로서 천을 형상한 것이다.
─ 는 혀가 조금 수축을 하면서 소리가 깊지도 않고 얕지도 않다. 땅이 두 번째 시간인 축시丑時에 열린 것 같다. 평지의 형태는 땅을 형상한 것이다.
ㅣ 는 혀가 수축이 되지 않아 소리가 얕다. 사람이 세 번째 시간인 인시寅時에 열린다. 서있는 형태가 사람을 형상한 것이다.[26]

이는 "천일일天--, 지일이地-二, 인일삼ㅅ-三"의 내용에서 하늘은 첫 번째가 되고 땅은 두 번째, 인간은 세 번째가 된다는 천부경의 '천지인 삼재 지도'를 설명한 것과 동일한 원리이다. 하늘이 첫 번째로서 땅과 인간의 바탕이 된다는 이치는 훈민정음에 그대로 적용이 된다.

----
26) 『訓民正音』 制字解, "·舌縮而聲深 天開於子也. 形之圓 象乎天地. ─舌小縮而聲不深不淺 地闢於丑也. 形之平 象乎地也."
ㅣ舌不縮而聲淺 人生於寅也. 形之立 象乎人也.

• 가 ㅗ , ㅏ , ㅜ , ㅓ , ㅛ , ㅑ , ㅠ , ㅕ 8성에 관통되는(다 사용되는) 것은 마치 양이 음을 통솔하고 만물을 두루 흐르기 때문이다. (중략) 하늘은 또한 삼재의 시작이다. ·, ㅡ, ㅣ 세 글자는 8성의 머리가 되고 •는 세 글자의 으뜸이 된다.[27]

• 가 8성에 다 사용되는 것은 천지인 3음에서 가장 으뜸이 되는 음이기 때문이라고 했다. •는 양으로서 모든 만물에 두루 흐르듯이 땅을 형상하는 ㅡ 의 상하에 위치하여 ㅗ, ㅜ가 되고, 인을 상징하는 ㅣ의 좌우에 존재하여 ㅏ, ㅓ가 된다는 것을 설명한다.

천부경의 다음 구절인 "천이삼天二三 지이삼地二三 인이삼人二三"은 二와 三의 상수학으로 천, 지, 인의 질서와 법칙을 설명한 것이다. 앞 구절인 천이天二, 지이地二, 인이人二는 천지인의 두 가지 질서를 얘기한다. 천은 음양陰陽으로, 지는 강유剛柔로, 인은 남녀로 존재한다는 것이다. 천의 음양은 시간적으로 낮과 밤으로 나타나며 지의 강유는 공간적인 기의 흐름인 한서寒暑로 전개된다. 인간의 남녀는 천지의 음양과 강유 질서를 바탕으로 살아간다는 것이다. 뒷 구절인 천삼天三, 지삼地三, 인삼人三은 '三數 원리'라고 하는 3의 상수학으로 천지인이 운행이 된다는 것을 설명한다. 이러한 3의 법칙으로 운행된다는 것이 바로 '삼재지도三才之道'이다.

훈민정음은 천지인의 상象을 취상取象하여 삼재三才의 도가 갖추어져 있다고 했다.[28] 천지인을 취상했다고 하는 것은 천지인의 이치를 훈민정음의 창제 원리로 했고 그렇기에 훈민정음에 삼재(천지인)의 도가 갖추어졌다고 한 것이다. 훈민정음에서 "초성과 중성에 대해 말을 하면 음양은 하늘의

---

27) 『訓民正音』制字解, "·之貫於八聲者 猶陽之統陰而周流萬物也. 중략 而天又爲三才之始 猶·ㅡㅣ三字爲八聲之首 而·又爲三字之冠也.
28) 『訓民正音』制字解, "取象於天地人而三才之道備矣"

도이다. 강유는 땅의 도이다. 중성이 한번 깊거나 한번 얕고 한번 열리고 한번 닫힌다. 이러한 법칙은 음양으로 나누어지고 오행의 기가 갖추어져 있어 하늘의 작용이다."[29]라고 하였다.

이는 삼재지도의 이치에 따라 초성, 중성, 종성이 하나로 합해지면서 한 음절이 된다. 초성과 종성은 3의 상수원리대로 청淸음과 탁濁음 그리고 불청불탁음로 나뉜다. 예를 들면 ㄱ, ㄷ, ㅂ, ㅈ, ㅅ 등은 청음이고 ㄲ, ㄸ, ㅃ, ㅉ, ㅆ 등은 탁음이다. 불청불탁음은 ㄴ, ㅁ, ㅇ음이다. 청음은 전청과 차청, 탁음은 전탁과 차청이라는 두 가지 음이 존재한다고 했다. 이는 2와 3은 같이 존재하면서 순환하는 상수학 원리와 동일하다.

또한 중성의 ㅗ, ㅛ, ㅜ, ㅠ는 입이 조금 열리면서[闔] 발음이 되고 ㅏ, ㅑ, ㅓ, ㅕ는 입을 많이 열면서[闢] 발음을 하는 벽합闢闔 2가지 작용으로 발음된다는 것을 설명한다. 이처럼 3과 2의 상수학으로 창제되어 활용한다는 것을 훈민정음 용자례用字例에서는 "삼극의 뜻과 이기의 묘함으로 갖추고 묶지 못할 것이 없다[三極之義 二氣之妙 莫不該括]"고 하여 명확히 밝히고 있다.

천부경의 "천이삼天二三 지이삼地二三 인이삼人二三" 다음 구절이 "대삼합륙 大三合六 생칠팔구生七八九"라는 구절이다. 대삼大三이란 천지인을 말한다. 이 천지인이 합쳐지면 육, 칠, 팔, 구가 된다. 수의 원리에서 1, 2, 3, 4, 5를 생수生數라 하고 6, 7, 8, 9, 10을 성수成數라 한다. 생수는 처음 생명이 발아될 때의 상象(상태)를 설명하는 수이다. 발아된 생명이 바깥으로 드러난 형체를 수학으로 표시한 것은 성수, 물수物數라고 한다.[30] 예를 들어 땅속에서 새싹이 올라오지만 지상으로 나오지 않는 상태와 땅을 뚫고 지상으

---

29) 『訓民正音』 制字解, 以初聲對中聲而言之. 陰陽 天道也. 剛柔 地道也.
中聲者 一深一淺一闔一闢 是則陰陽分而五行之氣具焉 天之用也.
30) 한동석, 앞의 책, 서울: 대원출판, 2001, pp.198-199.

로 출현한 상태로 구분될 수 있다. 이때 지하에 있는 새싹의 상태를 지하지목地下之木이라 하는데 상수로는 3목으로 표현한다. 새싹이 지표면을 뚫고 나오면 8목이라고 한다. 목은 지하지목인 생수 3목과 지상지목地上之木을 표현하는 성수 8목을 합해서 3·8목이라고 한다. 대삼大三인 천(음양), 지(강유), 인(남녀)이 합쳐지면서 6을 이룬다고 하였다[大三合六]. 천지인 삼재가 합일하면서 생명이 형상화되어 탄생을 의미하는 6이 되고, 그 뒤에 화火의 성수인 7, 목木의 성수인 8, 금金의 성수인 9가 이루어진다는 것이다.

이러한 삼재가 만나서 6이 된다는 상수학을 주역에서도 말한다.

역의 서書됨이 넓고 큰 것이 다 갖추어져서, 천도天道가 있으며 인도人道가 있으며 지도地道가 있으니, 삼재를 겸하면서 둘로 존재한다. 그러므로 6이니 6자者는 다른 게 아니다. 삼재의 도다.[31]

위의 『주역』 계사하전繫辭下傳 十章을 인용하면서 6은 천지인 삼재의 도리로 이루어진 수라고 밝힌 선행연구에 의하면, 정인지가 쓴 '삼극지의三極之義'는 삼재지도三才之道를 말하는 것이라고 할 수 있다.[32]

훈민정음은 초, 중, 종성 중에서 특히 중성의 중요성이 강조되는데, 천지를 대행해서 완성시키는 존재가 인간이듯이 중성은 초성과 종성을 이어주는 존재라고 설명된다. 이러한 창제원리는 천지인이 합쳐지면서 만물을 성숙시킨다는 '대삼합륙생칠팔구大三合六生七八九'의 천부경의 상수 이치와 일맥상통한다. 이와 같이 상수학의 이치를 통해 천지와 더불어 인간이 합일되면서 사물이 형상화되고 완성된다는 천부경의 이치는 훈민정음의 삼

---

31) 『周易』繫辭下傳 十章, "易之爲書也廣大悉備 有天道焉 有人道焉 有地道焉 兼三才而兩之 故六 六者 非他也 三才之道也"
32) 황경수, 「훈민정음 중성의 역학사상」, 한국중원언어학회, 『언어학 연구』 11, 2007, p.210.

재지도 창제 원리 속에 그대로 담겨 있다. 이는 인사을 말하는 중성 속에 다시 천지인을 형상하는 ·, ―, ㅣ가 배속되는 훈민정음과 천부경의 상수학을 비교해보면 더욱 명확히 알 수 있다.

3) 천부경의 '인중천지일'과 훈민정음 천지인의 이중 구조

천부경의 끝 구절인 '인중천지일人中天地一'은 천부경의 핵심으로서 인의 존재에 대해 말한다. '인의 중심에 천지가 하나로 된다'는 '인중천지일人中天地一'은 인간 가치 철학의 근본이 되며 모든 깨달음의 궁극의 경계가 된다. '인중천지일人中天地一'에서 중中을 두 가지로 해석할 수 있다. 첫째, 중中을 '중심中心(내부)'으로 해석하면 인중천지일은 '인의 중심[心中]에 천지가 하나가 된다'라는 뜻이다. 둘째, 중中을 '일치하게 하다', '부합되게 하다'라는 동사[33]로 보면 '인은 천지를 하나로 되게 하는' 존재라는 것이다.

훈민정음에는 이상의 두 가지 의미의 인중천지일과 부합되는 제자 원리가 있다. 첫 번째 설명한 '인의 중심[心中]에 천지가 하나로 된다'에 부합되는 원리는, 천지인을 형상하는 초성, 중성, 종성 가운데 인에 해당하는 중성 속에 다시 천지인을 상징하는 글자인 ·, ―, ㅣ 기본 3성을 배치한 것이다. 중성의 기본 3성에서 ·는 하늘의 원을 취상한 것이고 ―는 땅의 평평한 형상을, ㅣ는 인간의 기립을 형상한 것으로, 천지인을 취상해서 삼재의 도가 갖추어져 있다고 했다.[34] 즉 훈민정음은 초성, 중성, 종성의 천지인 구조와 더불어 중성 속에 다시 천지인 글자인 ·, ―, ㅣ가 들어있는 것이다. 이러한 이중 구조를 편의상 '천지인 겉구조'와 '천지인 속구조'로 나

----

33) 사전에 가운데, 속, 심중, 중도 중개, 부합하게 하다, 일치하다의 뜻이 있다.
34) 『訓民正音』制字解, "·舌縮而聲深 天開於子也 形之圓 象乎天地. ―舌小縮而聲不深不淺 地闢於丑也. 形之平 象乎地也. ㅣ舌不縮而聲淺 人生於寅也. 形之立 象乎人也. 중략 取象於天地人而三才之道備矣."

누면, 천지인 삼재의 법칙으로 창제된 초성, 중성, 종성은 겉구조에 해당된다. 그리고 인(중성) 속에 내재된 천지인(·, ㅡ, ㅣ)을 '천지인 속구조'라고한다. 이는 천부경 이치의 핵심인 '인중천지일人中天地一'과 같은 창제원리이다.

둘째로 인은 천지를 하나로 되게 한다는 의미의 '인중천지일人中天地一' 원리와 동일한 의미의 창제원리도 찾을 수 있다

> 초성은 발동(음을 발동시킴)의 뜻이 있어서 천天의 사事이다. 종성은 지정止定(음을 멈추고 안정하게 함)의 뜻이 있어서 지地의 사事이다. 중성은 초성의 생(발동)을 이어주고 종성의 완성(止定)을 매듭짓는 인人의 사事이다.[35]

초성은 천天에 해당하며 음音을 처음 발동하게 하는 역할을 하고 종성은 지地에 해당하여 음을 멈추고 안정시켜 매듭짓게[止定] 한다는 의미이다. 그리고 중성은 인人에 해당하며 초성과 종성을 연결시켜주고 매듭짓게 한다는 것이다. 천지는 부모이지만 부모를 자식이 봉양하고 받들듯이 인간은 천지를 하나가 되게 하는 존재이다. 인에 해당하는 중성이 초성과 종성을 연결한다는 창제원리 속에는 천지를 연결하고 완성시키는 존재가 인간이라고 하는 이치가 담겨 있다.

제자해에서는 이러한 창제원리를 주역의 64괘 중 지천태괘地天泰掛의 내용으로 더 구체적으로 설명한다.

자운字韻의 요체는 중성에 달려있다. 초성과 종성을 합해서 음을 완

---

35) 『訓民正音』制字解, "初聲有發動之義 天之事也. 終聲有止定之義 地之事也. 中聲承初之生. 接終之成 人之事也."

성시키는데 천지가 만물을 생성하고 반드시 인간에 의뢰해서 재성보
상財成輔相하게 한다.[36]

위 내용은 중성이 초성과 종성을 합하게 하면서 음音을 완성시켜 주는
역할을 한다는 것이다. 천지가 만물을 생성하고 인간에 의지해서 재성보
상財成輔相이 이루어진다는 주역의 이치를 설명하면서 중성이 그런 역할을
한다는 것을 밝혔다. 재성보상은 주역의 11번째 괘인 지천태괘에서 나오
는 내용이다.[37] 지천태괘는 천지의 기운이 서로 소통, 교류되어 편안하고
안정된다는 주역에서 가장 길한 괘 중 하나이다. 이러한 지천태괘의 문장
에서 재財는 '마름질한다'는 재裁의 뜻이며, 상相은 보좌한다는 좌佐의 뜻으
로 재성보상은 "잘 마름하여 지나치지 않도록 억제하고 잘 도와서 미치지
않은 바를 깁도록 한다"는 뜻이다.[38] 사람이 천지의 도를 재성하고 천지의
의宜를 보상하듯이 중성이 초성과 종성을 이어주고 매듭짓게 하면서 발음
을 편안하게 해주는 역할을 한다는 뜻이다.

이러한 인에 해당하는 중성에 대해서 다음과 같은 발음현상으로도 설명
한다.

중성이 깊거나 얕거나 입을 다문 상태이거나 입을 벌린 발음으로 초
성을 향해서 소리를 내면 초성은 그런 중성에 오음인 아설순치후음
의 청탁으로 소리를 낸다.[39]

---

36) 『訓民正音』制字解, "盖字韻之要 在於中聲 初終合而成音. 亦猶天地生成萬物 而其財成輔相
則必賴乎人也."
37) 『周易』, 地天泰 "象曰天地交泰 后以 財成天地之道 輔相天地之宜 以左右民"
38) 홍기문 원저 이상규 주해, 『증보정음발달사』, 서울: 역락출판, 2016.
39) 『訓民正音』制字解, "中聲以深淺闔闢唱之於前 初聲以五音淸濁和之於後"

훈민정음의 음운학에서 보면, '말'을 발음할 때 초성인 'ㅁ'이 먼저 발음될 것 같지만 중성인 'ㅏ'가 초성을 향해서 소리를 낼 때 초성인 'ㅁ'이 중성인 'ㅏ'에 화답한다는 것이다. 인간을 통해서 천지 만물의 재성과 보상이 이루어지듯이 중성이 먼저 소리를 내고 그에 화답하는 초성의 소리가 이루어진다는 논리이다.

지금까지 천부경의 상수학으로 본 훈민정음의 원리를 살펴보았다. 일부 천부경의 원리를 훈민정음에 견강부회한다고 비판할지도 모르겠다. 천부경에서 훈민정음이 탄생되었다는 얘기가 아닌 천부경과 훈민정음의 바탕에 흐르는 상수학의 동질성을 얘기하는 것이다. 이 점은 학문을 깊게 공부했던 세종대왕과 집현전 학자들이 천부경의 상수학이 바탕이 된 하도 상수학으로 중성의 11성聲을 창제하고 활용했다는 것을 살펴봄으로써 더욱 확실히 알 수 있다.

3 하도 상수학과 훈민정음

1) 하도의 상생·사계절 순서에 의한 초성의 창제 배열과 발음 순서

하도河圖는 5,500년전 태호복희씨에 의해 전해 내려온 것으로 상수象數로 이루어진 도표이다. 하도에 대한 얘기는 『주역』「계사전繫辭傳」上과 『논어』「자한子罕」, 『예기』「예운禮運」에 나온다.[40] 하도는 우주창조의 설계도로서 1~10까지의 수를 오행과 동서남북 방위와 겨울, 봄, 여름, 가을이라는 시간의 흐름으로 배열하면서 우주의 이치를 밝힌 것이다. 즉 우주생명이 구성된 원리와 이 세상을 창조하고 변화시키는 천지의 이치를 보여준다.[42]

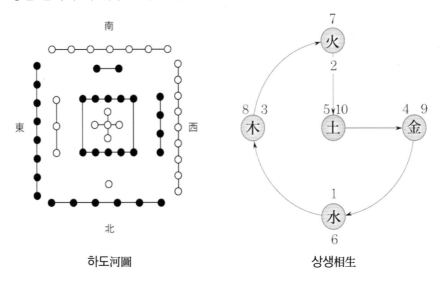

하도河圖   상생相生

40) 안경전, 『이것이 개벽이다』下, 대전: 상생출판, 2013, p.23.
41) 안경전, 『이것이 개벽이다』下, 대전: 상생출판, 2013, p.24.
42) 안경전, 『증산도의 진리』, 대전: 상생출판, 2013, pp.278-291.

하도의 도표를 살펴보면 다음 몇 가지를 알 수 있다.

첫째, 도표의 그림 속에 1, 3, 5, 7, 9는 흰색이고 2, 4, 6, 8, 10은 검은색이다. 이는 수의 음양 표시이다. 상수학에서 1, 3, 5, 7, 9는 양수이고 2, 4, 6, 8, 10은 음수이다. 양수는 흰색으로 음수는 검은색으로 표시한 것이다.

둘째, 중앙과 동서남북 사방 도표의 내부에는 1, 2, 3, 4, 5가 있고 도표의 바깥에 6, 7, 8, 9, 10이 있다. 상수학에서 1, 2, 3, 4, 5는 생수이고 6, 7, 8, 9, 10은 성수라고 분류한다. 생수란 형체가 생기기 전 무형의 상태에서 전개되는 오행의 상(변화의 상)을 설명하는 수이다. 생수란 무형의 기운으로 우주생명이 천지 만물을 지어낼 수 있는 설계의 능력이고 성수란 그 변화를 실현할 수 있는 조화 능력을 얘기한다.[43]

상이란 기미나 징조 같은 아직 전개되지 않은 상태를 보는 것이고 수는 그런 상태를 구체적으로 설명한다. 하도는 이러한 생수와 성수의 쌍으로 배열되어 있다. 즉 생수와 성수를 통해서 오행의 상象을 명확히 설명하는 것이다. 水를 상수象數로 표현하면 1·6水라 한다. 6水는 물의 형상을 뜻하는 것이고 1水는 물의 내면에 담긴 역동적인 힘과 양적인 생명력을 표현한다.

셋째, 상수를 배열하면서 동서남북이라는 방위와 시간의 흐름을 배속했다는 것이다. 일반적으로 수는 수량의 단위로서만 알고 있는데 상수학에서 수에 방위 개념과 사계절 시간 개념을 같이 부여했다. 1과 6은 오행으로 수水에 해당하며 방위로는 북방이고 시간으로는 겨울의 시간이다. 2와 7은 오행으로 화火에 해당하며 방위로는 남방이고 시간으로는 여름의 시간이다. 3과 8은 오행으로 목木에 해당하며 방위로는 동방이고 시간으로는 봄의 시간이다. 4와 9는 오행으로 금金에 해당하며 방위로는 서방이고 시간으로는 가을의 시간이다.

넷째 상수학의 배열이 상생의 흐름으로 전개된다. 3·8목 / 2·7화 /

---

43) 안경전, 『증산도의 진리』, 대전: 상생출판, 2013, p.281.

5·10토 / 4·9금 / 1·6수는 목생화 → 화생토 → 토생금 → 금생수 → 수생목이라는 상생의 순서로 전개되어 나간다. 증산 상제께서 "하도와 낙서의 판도로 벌어진 오늘의 산하 수천 년 동안 수만 리에 펼쳐져 있구나"(『도전』 2:143:4)라고 하신 말씀과 같이 하도는 자연과 인간의 신비를 탐구하는 근원이 되었다. 또한 천지 대운으로 세계역사를 변화시키는 과정을 상수의 원리로 설명한다.[44] 이러한 하도 상수학의 원리가 훈민정음 초성의 창제 원리와 발성의 원리가 된 것이다.

아음牙音 ㄱ	목木	상설근폐후지형象舌根閉後之形
설음舌音 ㄴ	화火	상설부상악지형象舌付上齶之形
순음脣音 ㅁ	토土	상구형象口形
치음齒音 ㅅ	금金	상치형象齒形
후음喉音 ㅇ	수水	상후형象喉形

초성은 아牙, 설舌, 순脣, 치齒, 후喉의 각각의 형상으로 만들었고 목화토 금수의 오행에 해당하는 음이다.[45]

아, 설, 순, 치, 후의 형상 순서는 하도의 상생의 순서인 목생화 → 화생토 → 토생금 → 금생수 → 수생목의 순서와 동일한 순서이다. 아, 설, 순, 치, 후라는 형상 순서와 달리 소리가 나는 것은 후, 아, 설, 치, 순 순서로 배열되었다. 허동진의 『조선어학사』에서는 아, 설, 순, 치, 후는 오행의 순차에 따라 배열한 것이고 후, 아, 설, 치, 순 배열은 발음 기관의 위치의 순위에 따라 뒤로부터 앞으로, 입 안쪽으로부터 밖으로 나오는 순서로

---

44) 안경전, 『증산도의 진리』, 대전: 상생출판, 2013, p.279.
45) 『訓民正音』制字解, "牙音ㄱ 象舌根閉喉之形. 舌音ㄴ 象舌附上齶之形. 脣音ㅁ 象口形. 齒音ㅅ 象齒形. 喉音ㅇ 象喉形."

배열하였다고 했다.[46] 발성은 사계절 순서로서 후음은 수음으로서 겨울, 아음은 목음으로 봄, 설음은 화음으로서 여름, 치음은 금음으로서 가을에 배속을 했다. 후, 아, 설, 치, 순음의 순서는 겨울을 지나 봄, 여름, 가을을 순환하는 하도 상생도의 사시四時 순환 이치에 따라 배속을 한 것이다. 이를 훈민정음에서는 "무릇 사람의 소리는 오행에 바탕을 두는 고로 모든 사계절순서에 합치되어 어그러지지 않는다"고 하였다.[47]

하도에서 상수학적으로 토는 중앙에 위치한다. 이는 하도 상생도에서 중앙에 위치하여 사계四季로서[48] 겨울(수), 봄(목), 여름(화), 가을(금) 사계절에 모두 작용 조절하는 존재이다. 사계로서 사계절에 다 작용하지만 특히 여름에서 가을로 넘어갈 때 작용한다고 해서 계하季夏라고도 한다. 십이지지의 진술축미辰戌丑未는 하도의 이런 토의 이치를 구체적으로 설명해준다.[49] 순음에 해당하는 토는 만물을 함축하는 존재이기에 모든 음을 함축하면서 마지막에 배속했다.[50] 입술은 형상학적으로 보면 후, 아, 설, 치의 바깥에 위치하면서 모두 함축하고 있는 형상이다.

제자해에서는 하도 상수학의 방위의 개념으로 다시 이러한 개념을 설명하는데, "후음은 (수에 해당하면서) 북방에 위치하고 아음은 (목에 해당하면서) 동쪽에 해당된다. 설음은 (화에 해당하면서) 남방에 해당하며 치음은 (금음으로서) 서쪽에 해당된다"고 하였다. 또 "순음은 끝에 있으면서 위치를 정할 수 없는 토와 같고 각 계절에 영향을 미치는 사계四季라는 뜻"이 있다고 했다.[51] 조선시대 신경준은 『훈민정음운해』를 썼는데 여기에서 초성 후음을

---

46) 허동진, 『조선어학사』, 서울: 박이정출판사, 1998, p.165.
47) 『訓民正音』制字解, "夫人之有聲本於五行. 故合諸四時而不悖."
48) 봄에서 여름, 여름에서 가을, 가을에서 겨울로 넘어갈 때 조절하는 계춘, 계하, 계추, 계동의 역할을 한다.
49) 한동석, 앞의 책, 서울: 대원출판, 2001, pp.165-171.
50) 『訓民正音』制字解. '脣方而合 土也. 聲合而廣 如土之含蓄萬物而廣大也. 於時爲季夏 於音爲宮.
51) 『訓民正音』制字解 喉居後而牙次之 北東之位也. 舌齒又次之 南西之位也. 脣居末 土無定位而

토음인 궁宮으로 순음을 수음인 우羽로 배속을 했다.[52] 그 당시의 역학을 공부하는 유학자는 이런 방식의 배열이 정상적이었다. 하지만 훈민정음에서 후음을 수로 순음을 토음으로 배속한 것은 성聲의 발성이 하도·상생도의 사시四時의 배열에 따른 것이기 때문이다.

이를 그림으로 표시하면 다음과 같다.

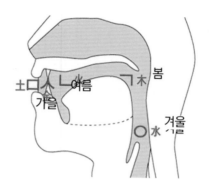

〈입에서 발성되는 초성과 사시의 순환관계〉

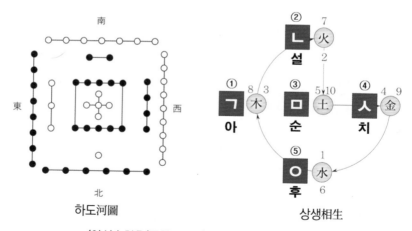

〈아설순치후(목화토금수)의 배열순서-오행상생〉[53]

寄旺四季之義也.

52) 신경준, 『訓民正音韻解』, 羽聲出至脣 중략 宮聲出於喉 후략

53) 박덕규, 「훈민정음과 가림토의 연관성 고찰」, 세계환단학회, 『세계환단학회지』, 2019, p.120.

　겨울은 오행의 수에 해당된다. 이는 만물이 물에서 처음 태동되어 나오는 원리이다. 겨울에서 봄이 오듯이 발성의 처음 발동은 후음에서 시작되어 아음으로 나온다. 봄에서 여름을 거쳐 가을이 오듯이 설음 다음에 치음이 오는 것이다.

　나아가 초성과 종성의 관계는 사시의 순환 상생으로도 설명되고 있다.

　　사시의 운이 순환하면서 끝나지 않는 고로 겨울의 장의 기운이[貞]
　　다시 봄의 생하는 기운이[元] 되어 겨울이 다시 봄이 되듯이 초성이
　　다시 종성이 되고 종성이 다시 초성이 되는 것 또한 이러한 뜻이다.[54]

　초성의 배열과 발성은 하도의 오행 상생법칙과 사계절 순환 법도에 맞게 배치가 되었다. 초성이 종성이 되고 종성이 초성이 되는 것은 하도의 사시순환 질서의 이치를 바탕으로 한 것이다. 상생이란 '서로 생명을 살린다'라는 의미이다. 상생의 법칙을 상수학적으로 나타낸 도표가 하도이며 중성 속에 내재되어 있는 천지인 기본 3음과 8성의 원리를 하도 상수학으로 배치하면서 훈민정음의 창제원리를 설명했다.

2) 하도의 상수학에 의한 중성 11성의 배열

　다음은 하도의 상수학을 바탕으로 중성 11성이 창제되었다는 것을 설명하는 구절로서 훈민정음에서 설명하는 상수학의 바탕이 되는 중요한 부분이다.

---

54) 『訓民正音』 制字解. 時之運 循環無端 故貞而復元 冬而復春. 初聲之復爲終 終聲之復爲初 亦此義也.

ㅗ는 하늘에서 먼저 생겼는데, 천 1은 水를 낳는 자리이다.

ㅏ는 그 다음으로, 천 3은 木을 낳는 자리이다.

ㅜ는 땅에서 처음 생겼는데, 지 2는 火를 낳는 자리이다.

ㅓ는 그 다음으로, 지 4는 金을 낳는 자리이다.[55]

위 구절을 하도 상수학적으로 배정하면 아래 그림과 같다. 여기서 알 수 있는 것은 다음 세 가지이다. 첫째, 천天이란 양수이고 지地란 음수를 의미한다. 1, 3, 5, 7, 9는 양수로서 천의 수이고 2, 4, 6, 8, 10은 음수로서 지의 수이다. 둘째, 오행의 수, 목, 화, 금의 상象에 一, 三, 二, 四의 수가 합일된 一水, 三木, 二火, 四金이라는 상수학을 설명한다. 셋째, ㅗ, ㅏ, ㅜ, ㅓ의 사성四聲에 一水, 三木, 二火, 四金을 배속시켰다는 것이다. 그리고 그 순서는 수(겨울), 목(봄), 화(여름), 금(가을)이라는 사시 순환의 순서이다.

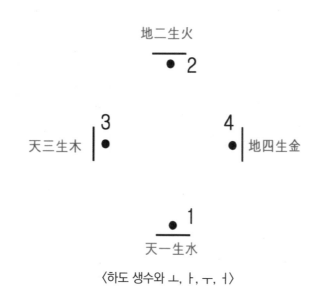

〈하도 생수와 ㅗ, ㅏ, ㅜ, ㅓ〉

----

55) 『訓民正音』制字解, ㅗ初生於天 天一生水之位也. ㅏ次之 天三生木之位也. ㅜ初生於地 地二生火之位也 ㅓ次之 地四生金之位也.

또 하도의 성수와 ㅛ, ㅑ, ㅠ, ㅕ는 다음과 같이 배속하고 있다.

ㅛ는 하늘에서 재생(다시 태어남)하며 천수 7이며 火를 성숙시키는 수이다.

ㅑ는 그 다음으로, 천수 9이며 金을 성숙시키는 수이다.

ㅠ는 땅에서 재생하며, 지수 6으로 水를 성숙시키는 수이다.

ㅕ는 그 다음으로, 지수 8로서 木을 성숙시키는 수이다.[56]

위 구절을 하도 상수학적인 위치로서 배정하면 아래 그림과 같다.

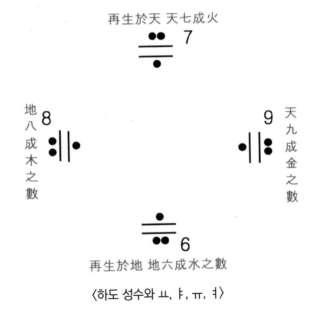

〈하도 성수와 ㅛ, ㅑ, ㅠ, ㅕ〉

여기서 알 수 있는 내용은 첫째, ㅛ는 7이고 ㅑ는 9로서 양수이다. 천ㅈ은

---

56) 『訓民正音』制字解, ㅛ再生於天 天七成火之數也 ㅑ次之 天九成金之數也. ㅠ再生於地 地六成水之數也 ㅕ次之 地八成木之數也.

양이므로 양수는 천수天數이다. ㅠ는 6이고 ㅕ는 8로서 음수이다. 지地는 음이므로 음수는 지수地數이다. 둘째, 7은 火의 성수成數이고 9는 金의 성수이고 6은 水의 성수이고 8은 木의 성수이다. 1, 2, 3, 4는 생수生數로서 생명기운이 모아지고 성장하는데 아직 형체로 드러나지 않는 상태를 설명하고 6, 7, 8, 9는 형체화된 사물의 변화과정을 설명하는 성수라는 뜻이다.

셋째, ㅛ는 천에서, ㅠ는 지에서 재생한다는 의미이다. 재생이란 '다시 태어나는 생명'이란 뜻으로 '거듭난다'라는 뜻으로도 얘기한다. 과거의 자신의 한계를 극복하고 '다시 태어난다'는 재생은 모든 철학, 종교가 지향하는 경지이다. 천지의 재생을 일어나게 하는 원동력이 바로 인人(ㅣ)이다. 이는 다음 항목에서 구체적으로 얘기하기로 하고, 훈민정음에서 하도의 상수를 통해 이해될 수 있는 다음 구절을 먼저 살펴보자.

> ㅗ, ㅏ, ㅛ, ㅑ의 원이 상과 바깥에 위치한다. 이는 천에서 나와서 양
> 이 되기 때문이다.
> ㅜ, ㅓ, ㅠ, ㅕ의 원이 아래와 안에 있는데 이는 땅에서 나와 음이 되
> 기 때문이다.[57]

ㅗ, ㅏ, ㅛ, ㅑ의 원이 상과 바깥에 있다는 것은 원을 뜻하는 ·가 ㅡ의 상上에 위치하여 ㅗ, ㅛ가 되고, ·가 ㅣ의 바깥에 위치하여 ㅏ, ㅑ가 된다는 뜻이다. ㅜ, ㅓ, ㅠ, ㅕ의 원이 아래와 안에 있다는 것은 ·가 ㅡ의 하下에 위치하여 ㅜ, ㅠ가 되고 ·가 ㅣ의 안에 위치하여 ㅓ, ㅕ가 된다는 뜻이다.

그런데 이 문장을 훈민정음 상수학으로 보면 ㅗ는 一水, ㅏ는 三木, ㅛ는 七火, ㅑ는 九金이다. ㅗ, ㅏ, ㅛ, ㅑ의 원이란 것을 상수의 변화가 1 → 3 →

---

57) 『訓民正音』 制字解, ㅗㅏㅛㅑ之圓居上與外者 以其出於天而爲陽也. ㅜㅓㅠㅕ之圓居下與內者 以其出於地而爲陰也.

7 → 9가 되는 양의 과정으로 볼 수 있다. ㅜ는 二火, ㅓ는 四金, ㅠ는 六水,
ㅑ는 八木이다. 상ㅗ, ㅏ, ㅛ, ㅑ의 원의 과정을 수의 변화가 2 → 4 → 6 →
8로 되는 음의 과정이다. 하도 상수학으로 훈민정음을 배속하고 음양의 과
정을 그려보면 다음 도표가 된다.

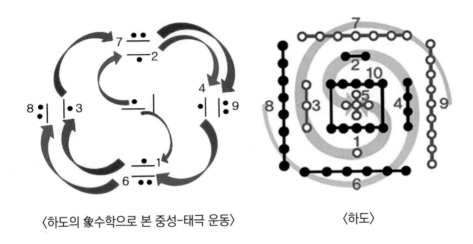

〈하도의 **象**수학으로 본 중성-태극 운동〉　　　〈하도〉

　이는 하도의 도표에서 양수의 변화와 음수의 변화가 태극운동을 한다
는 다음 도표와 동일한 원리이다. 하도 속에 이러한 태극의 상이 있어서
하도를 '우주 창조의 설계도'라고도 한다. 또한 이러한 태극은 음양이 서
로 순환하면서 상생하기에 '하도의 오행 상생 순환도'라고 얘기한다.[58]
　다음에 살펴볼 훈민정음의 중성해中聲解도 하도 상수학을 바탕으로 해석
을 해야 본문을 깊이 있게 알 수 있다.

　두 글자를 합쳐서 쓰는 것은 ㅗ와 같이 ㅏ가 • 에서 같이 나온 것이
다. 그러므로 합해서 'ㅘ'가 된다. ㅛ와 ㅑ는 또한 'ㅣ'에서 같이 나온
것이다. 고로 합해서 'ㅛㅑ'이 된다. ㅜ와 ㅓ가 'ㅡ'에서 같이 나온다.

58) 안경전, 『증산도의 진리』, 대전: 상생출판, 2013, p.281.

그러므로 합해서 'ㅝ'가 된다. ㅠ와 ㅕ는 또한 ㅣ에서 같이 나온다. 그러므로 합해서 'ㅠㅕ'가 된다. 같이 나온 동류는 서로 합해져서 어그러짐이 없다[59]

위 구절을 하도 상수학으로 살펴보면, 첫째, ㅗ는 一水이고 ㅏ는 三木이다. 1, 3은 양수이므로 양인 하늘을 형상하는 ·에서 같이 나왔다는 것이다. 양수끼리의 동류同類이기에 합할 수 있어서 'ㅘ'가 된다. 둘째, ㅛ와 ㅑ는 ㅗ와 ㅏ에 'ㅣ'가 겸해서 생긴 것이다. 상수로는 ㅛ는 七火이고 ㅑ는 九金이다. 7과 9는 양수로서 동류이기에 합해지면서 'ㅛㅑ'이 된다. 셋째, ㅜ는 二火이고 ㅓ는 四金이다. 2과 4는 음수로서 음인 땅을 형상하는 ㅡ에서 같이 나왔고 음수끼리의 동류이기에 합할 수가 있어서 'ㅝ'가 된다. 넷째, ㅠ와 ㅕ는 ㅜ와 ㅓ에 'ㅣ'가 겸해서 생긴 것이다. 상수로는 ㅠ는 六水이고 ㅕ는 八木이다. 6과 8은 음수로서 동류이기에 합해지면서 'ㅠㅕ'이 된다. 'ㅣ'는 일자一字 중성인 11개 중성에서 'ㅣ'를 뺀 나머지 10개의 중성에 합쳐질 수 있다. [60] 이자二字 중성인 'ㅘ', 'ㅝ', 'ㅛㅑ', 'ㅠㅕ'에 'ㅣ'가 합해지면서 'ㅙ', 'ㅞ', 'ㅛㅒ', 'ㅠㅖ'가 된다.

훈민정음에서 인을 형상한 ㅣ성을 '무극지진無極之眞'이라고 했다. 무극이란 '우주 만유 생명의 뿌리'로서 모든 것의 바탕이면서 음양의 대립을 초월한 이상적인 진리세계란 뜻이다.[61] 무극지진無極之眞이란 '무극의 열매'라는 의미이다. 'ㅣ'성은 인을 형상하는 무극지진이기에 다른 중성에 모두 더해질 수 있는 것이다. 천지를 재생하고 재출再出하는 존재라는 것인데, 이에 대해 좀 더 자세히 살펴보자.

---

59) 『訓民正音』 中聲解, "二字合用者 ㅗ與ㅏ同出於· 故合而爲ㅘ. ㅛ與ㅑ又同出於ㅣ 故合而爲ㅛㅑ." ㅜ與ㅓ同出於ㅡ 故合而爲ㅝ. ㅠ與ㅕ又同出於ㅣ 故合而爲ㅠㅖ.以其同出而爲類 故相合而不悖也."
60) 『訓民正音』 中聲解, "一字中聲之與ㅣ相合者十 ㅓㅢㅚㅐㅔㅞㅚㅒㅟㅖ是也."
61) 안경전, 『증산도의 진리』, 대전: 상생출판, 2013, p.285.

3) 중성 3성의 천지인 구조와 '인(ㅣ)'의 원리

천지인을 형상화한 중성의 기본 3성에서 특히 ㅣ의 역할이 중요하다는 것은 다음과 같이 설명된다.

> 이 밑의 여덟 소리는 한번 닫히고(闔) 열리는(闢) 소리이다.
>
> ㅗ는 •와 같은 소리이고 입이 오그라지며, 그 모양은 •와 ㅡ가 합쳐지면서 이루어지는 천지가 처음 만나는 뜻을 취한 것이다.
>
> ㅏ와 •는 같은 소리이고 입이 벌어지면서 그 모양은 ㅣ가 •와 합쳐지면서 이루어진다. 천지의 작용이 사물에서 발동되지만 사람을 기다려 이루어지는 것을 취하였다.
>
> ㅜ와 ㅡ는 같은 소리이고 입이 오그라지며, 그 모양은 ㅡ와 •가 합쳐지면서 이루어지며 천지가 처음 만나는 뜻을 취한 것이다.
>
> ㅓ와 ㅡ는 같은 소리이고 입이 벌어지면서 그 모양은 •와 ㅣ가 합쳐지면서 이루어진다. 천지의 작용이 사물에서 발동되지만 사람을 기다려 이루어지는 것을 취하였다.[62]

여기서는 첫째, ㅗ는 一水, ㅏ는 三木, ㅜ는 二火, ㅓ는 四金으로 인식할 때 위 구절의 깊은 의미를 알 수 있다. ㅗ는 一水이고 ㅏ는 三木의 상수이기에 1, 3은 양수로 천의 의미가 있다. 그래서 천을 형상하는 •와 동일한 것이라고 했다. ㅜ는 二火, ㅓ는 四金의 상수이기에 2, 4는 음수로 지의 의미가 있다. 그래서 지를 형상하는 ㅡ와 동일하다고 했다.

---

62) 『訓民正音』, 制字解. 此下八聲. 一闔一闢. ㅗ與•同而口蹙. 其形則•與ㅡ合而成 取天地初交之義也.
ㅏ與•同而口張 其形則ㅣ與•合而成 取天地之用發於事物待人而成也.
ㅜ與ㅡ同而口蹙 其形則ㅡ與•合而成 亦取天地初交之義也.
ㅓ與ㅡ同而口張 其形則•與ㅣ合而成 亦取天地之用發於事物待人而成也

둘째, ·가 ㅡ의 위에 있으면서 양이 위로 올라가는 형상을 취한 상인 ㅗ를 一水에 배속하고 ·가 ㅡ의 아래에 있으면서 양이 아래로 내려가는 형상을 취한 상인 ㅜ를 二火에 배속했다. 이것은 수는 위로, 화는 아래로 내려가면서 천지 기운이 교감하는 '수승화강水升火降'의 생명의 원리와 부합된다. 이를 '천지초교지의天地初交之義'라 한 것이다.

셋째, 인人을 형상하는 'ㅣ'의 중요성에 대해서 설명한다. 천지의 작용이 사물에서 발동되지만 사람을 기다려 이루어진다고 하여 사람의 역할이 사물을 완성하는 존재로 인식을 했다. 이런 철학은 ·, ㅡ, ㅣ의 상수학에서 나타난다. 하도의 중앙에 배속되는 5와 10은 토로서 목, 화, 금, 수를 조절하는 존재이다. ·은 상수학으로 五로 배속했고 ㅡ에 十을 배속했다. 하늘은 오행을 움직이게 하는 원동력이기에 하늘을 형상한 ·에 5의 상수가 배속될 수 있고 땅을 형상한 ㅡ는 모든 만물을 포용하고 완성하는 존재이기에 十으로 배속한 것이다.[63] 그런데 인人을 형상하는 'ㅣ' 은 '무극지진無極之眞'이라고 했다. '무극지진'이란 무극의 진리, 무극의 열매라는 뜻이다. 이는 인간의 가치와 잠재력은 천지와 동일하다는 것을 의미하며 이는 천부경의 천지인 삼재지도와 일치하는 사상이다.

그런데 여기서 짚고 넘어가야 할 사항이 있다. ㅗ → ㅛ, ㅜ → ㅠ, ㅓ → ㅕ, ㅏ → ㅑ를 살펴보면 형태적으로는 ·가 한 개에서 두 개로 변한 것이다. 그런데 발음상 'ㅣ' 발음과 'ㅗ' 발음을 하면서 'ㅛ' 발음이 된다는 것을 음성학적으로 얘기한다. 또한 창제의 원리로 설명할 때는 'ㅣ'이 겸해져서 이루어졌다고 한다. 이는 '·(하늘)'를 대신해서 'ㅣ(人)'이 작용한다는 것이다. 이러한 이치는 천지의 작용이 사물에 발동이 되는데 사람을 기다려서 완성이 되고 천지가 만물을 생성하는데 사람에게 의뢰하여 재성보상이 이루

---

63) 한동석, 앞의 책, 서울: 대원출판, 2001, pp.200-208.

어진다는 내용 속에서 알 수 있다.[64] 이러한 내용은 제자해에서도 "ㅛ와 ㅗ는 같으면서 ㅣ에서 시작된다.(ㅛ與ㅗ同而起於ㅣ)", "ㅠ와 ㅜ는 같으면서 ㅣ에서 시작된다.(ㅠ與ㅜ同而起於ㅣ)"라고 설명되어 있다.

이 내용을 훈민정음 상수학으로 보면 'ㅗ'는 一水이다. 'ㅛ'는 七火이다. 'ㅜ'는 二火이고 'ㅠ'는 六水이다. 1수가 7화로 바뀌고 2화가 6수로 바뀌는데 'ㅣ'의 역할이 작용한다는 것이다. 중성 11성를 하도 상수학의 위치로 배열하고 'ㅣ'가 겸해서 일어난 변화를 도표로 그리면 다음과 같다.

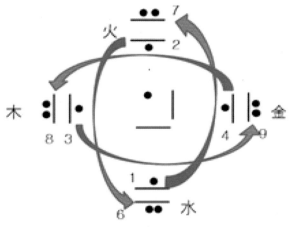

〈起於ㅣ을 하도 상수에 배속한 그림〉

『환단고기』「삼신오제본기」에서 1수에서 7화로, 2화가 6수로 바뀌는 상수의 변화를 통해 환인씨 아버지의 도로써 설명하였다.[65]

그러므로 환인께서는 1수가 7화로 변하고, 2화가 6수로 변하는 물과 순환의 운을 계승하여, 오직 아버지의 도[父道]를 집행하여 천하

----

64) 『訓民正音』, 「制字解」, 取天地之用發於事物待人而成也. 중략 猶天地生成萬物 而其財成輔相則必賴乎人也.
65) 박덕규, 「훈민정음과 가림토」, 세계환단학회, 『세계환단학회지』, 2019, p.137.

사람들의 뜻을 하나로 모으시니 온 천하가 그 덕에 감화되었다.[66]

1수→7화(ㅗ→ㅛ), 2화→6수(ㅜ→ㅠ)가 된다는 상수학 속에는 수가 화로, 화가 수로 바뀐다는 이치와 만물이 탄생[生數]되고 나서 열매를 맺고 성숙[成數]한다는 이치가 포함되어 있다. 이는 생명순환과 우주순환 법칙을 상수학으로 설명하는 것이다. 『환단고기』「삼신오제본기」에서는 환인씨桓因氏가 그런 역할을 했다는 것이고 훈민정음에서는 그런 변화를 일으키게 하는 원동력이 바로 인을 상징하는 'ㅣ'에 있다고 한다. ㅓ와 ㅕ의 관계와 ㅏ와 ㅑ의 관계도 동일하게 전개된다.

훈민정음은 인사(ㅣ)의 이치가 바탕이 되어 창제되었다는 것을 초출과 재출, 초생과 재생의 설명으로 더욱 강조한다.

ㅗ, ㅏ, ㅜ, ㅓ는 천지에서 비롯되어 처음으로 출현하게 된다.
ㅛ, ㅑ, ㅠ, ㅕ는 ㅣ에서 일어나고 사람을 겸하여 두 번째로 생긴 것이다.
ㅗ, ㅏ, ㅜ, ㅓ의 한 개의 원은 처음 탄생하는 뜻을 취상取象한 것이다.
ㅛ, ㅑ, ㅠ, ㅕ의 두 개의 원은 재생의 뜻을 취상한 것이다.[67]

ㅗ, ㅏ, ㅜ, ㅓ는 천지인 삼재지도로 취상이 되어 처음 나오고[初出] 처음 탄생됐다[初生]는 것을 설명한다. 그리고 여기에 ㅣ의 이치가 합쳐지면서 ㅛ, ㅑ, ㅠ, ㅕ가 다시 나오고[再出] 다시 탄생된다[再生]는 것을 얘기한다.

초성, 중성, 종성이 천지인의 법칙으로 이루어지고 '집일함삼執一숨三 회삼귀일會三歸一'의 원리로 합자合字가 이루어졌다는 것을 전술했다. 이런 인

----

66) 안경전, 『桓檀古記』「삼신오제본기」, 대전: 상생출판, 2011, p.310, "故로 桓因氏는 承一變爲七과 二變爲六之運하사 專用父道而周天下 하신대 天下化之"
67) 『訓民正音』, 制字解. ㅗㅏㅜㅓ始於天地 爲初出也. ㅛㅑㅠㅕ起於ㅣ而兼乎人 爲再出也. ㅗㅏㅜㅓ之一其圓者 取其初生之義也. ㅛㅑㅠㅕ之二其圓者 取其再生之義也.

ㅅ에 해당하는 중성에 천지인을 형상한 ·, ㅡ, ㅣ의 기본 3성을 취상하고 8성이 나오는 이치를 설명하면서 'ㅣ'의 역할이 ㅛ, ㅑ, ㅠ, ㅕ(4성聲)를 다시 나오게 하고 탄생하게 만드는 존재로 설명한다. 이는 천지인 삼재지도에서 인의 역할이 천지만큼 중요하다는 철학이 담겨있다. 이러한 원리는 훈민정음을 관통하는 중요한 주제이다.

4 맺는 말

천부경은 일이 삼으로 펼쳐지고[析三極] 삼이 인사을 통해서 하나가 된다
[人中天地一]는 '일즉삼-卽三 삼즉일三卽-'이라는 상수원리 구조로 되어 있
다. 이런 천부경 구조와 동일하게 훈민정음도 3자字가 합쳐져서 한 음절이
되는 구조이다. 천부경의 '천일일天-- 지일이地-二 인일삼사-三'에서 천지
인은 일자-者에서 나왔으며 인간은 천지와 동일한 존재라고 상수학으로
정의한다. 훈민정음에서 천지인에 해당하는 초성, 중성, 종성에서 인에 해
당하는 중성의 역할을 아주 중요하게 여긴다. 훈민정음에서 중성中聲(人)은
초성의 생[發動]을 이어주고 종성의 완성[止定]을 매듭짓는 존재라고 설명
한다. 이는 천지를 연결하고 완성시키는 존재가 인간이라고 하는 이치를
품고 있다.

천부경의 다음 구절인 "천이삼天二三 지이삼地二三 인이삼사二三"에서 二와
三의 상수학으로 천, 지, 인의 질서와 법칙을 설명한다. '천이天二 지이地二
인이사二' 구절은 천은 음양陰陽으로, 지는 강유剛柔, 인은 남녀라는 2의 상
수 질서로 존재한다는 것이다. 천은 낮과 밤의 음양의 시간질서로 나타난
다. 지는 한서寒暑로 기氣의 흐름이 공간 속에서 전개된다. 인간 남녀는 천
지의 음양 강유질서를 바탕으로 살아가고 있다. 훈민정음은 이러한 2의
법칙이 초성에서는 청탁淸濁으로 중성에서는 벽합闢闔의 원리가 된다고 설
명한다.

뒷 구절인 천삼天三 지삼地三 인삼사三은 '三數원리'라고 하는 3의 상수학
으로 운행이 된다는 것을 설명한다. 이러한 3의 법칙으로 운행된다는 것
을 '삼재지도三才之道'라 한다. 훈민정음에 삼재, 삼재지도란 단어가 5회 나

오는데 천지인天地人의 상象을 취상取象하여 삼재三才의 도가 갖추어져 있다고 설명한다. 이런 3과 2의 상수학으로 창제되어 활용한다는 것을 훈민정음 용자례用字例에서 "삼극三極의 뜻과 이기二氣의 묘妙함으로 해괄該括(갖추고 묶는)하지 못할 것이 없다[三極之義 二氣之妙 莫不該括]"라고 하여 명확히 밝히고 있다.

초성, 중성, 종성이 천지인 겉구조라고 한다면 중성에 천지인을 형상한 ·, ―, ㅣ은 천지인 속구조라고 할 수 있다. 인을 형상한 중성에 천지 글자가 들어있는 것은 천부경의 인중천지일과 동일한 구조로 보았다.

훈민정음은 중성을 하도 상수학으로 배속하면서 창제의 원리를 설명했다. ㅗ는 一水, ㅏ는 三木, ㅜ는 二火, ㅓ는 四金으로 하도 생수生數를 배속했다. 이는 하도가 겨울, 봄, 여름, 가을로 사시四時 순환하듯이 중성도 사시순환으로 돌아간다는 것을 표현했다. 사시순환의 배열은 초성에도 적용이 되어 후음(겨울), 아음(봄), 설음(여름), 치음(가을)로 배속을 시켰고, 순음은 토로서 모든 것을 함축한다는 설명을 했다. 이는 하도의 중궁에 배치한 토의 의미와 같은 개념이다. 중성 ㅛ, ㅑ, ㅠ, ㅕ에 七火, 九金, 六水, 八木의 하도 성수成數를 배속했다. ㅗ, ㅏ, ㅜ, ㅓ 의 생수生數가 ㅛ, ㅑ, ㅠ, ㅕ의 성수成數가 되는 것은 천지가 탄생하지만 성숙하려면 인간(ㅣ)의 역할이 필요하다는 이치를 설명했다. 이는 훈민정음의 천지인 상수학의 지극한 이치로서 ㅣ(인간)에 의해 천지(·, ―)가 다시 나오고[再出] 다시 태어난다[再生]는 것이다.

재생再生이란 '과거의 자신의 한계를 극복하고 다시 태어난다'는 것으로 모든 철학, 종교가 지향하는 경지이다. 인사(ㅣ)이란 천지가 '과거의 자신의 한계를 극복하고 다시 태어나게' 하는 존재라는 것이다. 이는 인간이란 어떤 존재인가를 정의하는 것으로 세종이 조선의 백성들에게 알려주고 싶은 철학이고 사상이다. 세종과 집현전 8명의 학자들이 수많은 시간과 사색을 통해 전해주는 훈민정음의 창제원리인 삼재지도는 오늘날 우리 인류에게 전해주는 바가 크다. 최근까지 무분별한 환경파괴와 산업 발전 속에서 지구 시스템에 심각한 균열이 일어나고 심각한 기후변화 현상은 인간이 역할을 잘하지 못하면 천지가 재출, 재생하지 못한다는 훈민정음의 이치를 통해 더욱 절실히 알게 된다.[68]

인人을 형상하는 'ㅣ'을 '무극지진無極之眞'이라고 했다. '무극지진'이란 무극의 진리, 무극의 열매라는 뜻이다. 이는 인간의 가치와 잠재력은 천지와 동일하다는 것을 의미하며 이는 천부경의 '인중천지일人中天地一'과 일치하는 사상이다. 또한 무극이기에 방위와 수의 개념이 없다고 했다. 그래서 천을 형상한 •와 같이 모든 10개의 중성 모두 합쳐질 수 있는 존재이다. •가 양지통음陽之統陰 주류만물周流萬物이라고 하여 모든 중성에 들어갈 수 있듯이 인을 형상한 'ㅣ'성도 동일하게 10개의 중성에 합쳐지면서 ㅓ, ㅢ, ㅚ, ㅐ, ㅟ, ㅔ, ㅛ, ㅒ, ㅠ, ㅖ의 글자가 형성된다고 하였다. 또한 중성의 11성이 하도의 상수로서 배치한 것은 한글 창제원리가 상생의 순환, 사시의 순환의 이치라고 하였다.

세종이 중성에 천지인을 형상한 기본 3음인 •, ㅡ, ㅣ와 8성의 배치를 하도의 상생도로 창제원리를 밝힌 것은 모든 백성들이 상생의 질서 속에서 살아가는 것을 원했기 때문이다. 세종의 새로운 글자 창제에 대한 간절함과 열망에 부응하여 자손인 문종과 진양대군, 안평대군, 정의공주, 화의군, 계양군 등이 같이 참여해서 각자의 역할을 수행했다. 문종이 언문(훈민정음)에 전념하는 것에 대해 최만리가 상소를 올리면서 부당함을 주장함에 세종이 두둔하면서 훈민정음 창제에 몰두하였다.[69]

----

68) 진진수, 「기후위기는 인류위기, 자본주의가 주범이다」, 현장과 광장, 『현장과 광장』, (3), 2020, p.289.
69) 성낙수, 「훈민정음 창제에 도움을 준 왕실의 인물들」, 외솔회, 『나라사랑』, 127, 2018, pp.234-249.

세종이 고아, 장애인, 노비 등 사회의 비천한 계급과 약자들을 보살피고 상생의 복지사회를 꿈꾸고 실천한 내용 등은 세종실록에 기록되어 있다. "백성은 나라의 근본이니 근본이 튼튼해야 나라가 평안하게 된다" 하였고 여종이 아이를 낳으면 휴가를 주게 규정을 삼게 했다. 또 "(옥사獄辭 같은 것을) 언문으로 그 말을 직접 써서 읽어 듣게 하면, 비록 지극히 어리석은 사람일지라도 모두 다 쉽게 알아들어서, 억울함을 품을 자가 없을 것이다"라고 하였고, 이를 정인지도 서문에서 밝히고 있다.[70]

도전 2편 18장에 "내가 이제 후천을 개벽하고 상생의 운을 열어 선善으로 살아가는 세상을 만들리라."라는 증산 상제의 말씀이 있다. 하도의 상수로 창제된 훈민정음에는 이런 상생의 정신이 들어있다. "장차 우리나라 말과 글을 세계사람이 배워 가리라."(『도전』 5:11:3)는 말씀같이 전 인류가 한글 창제원리를 배우면서 천지를 재출再出하고 재생再生하는 상생相生을 실천하는 '참된 인간[眞人]'이 되는 길을 알 수 있다.

----

70) 최기호, 「기조강연 훈민정음 창제과정과 집현전의 기능」, 외솔회, 『나라사랑』, 127, 2018, p.18.

≡ 참고문헌 ≡

- 『周易』
- 『訓民正音』
- 김슬옹, 『조선시대의 훈민정음 발달사』, 서울: 역락출판, 2012.
- 김승권, 『사람이 하늘과 땅을 품는다』, 서울: 한울벗출판사, 2015.
- 김용옥, 『노자가 옳았다』, 서울: 통나무 출판사, 2020.
- 반재원, 허정윤, 『한글 창제원리와 기능성 한글』, 서울: 역락출판, 2018.
- 안경전 역주 『환단고기』「소도경전본훈」, 대전: 상생출판, 2013.
- ＿＿＿, 『이것이 개벽이다』下, 상생출판, 2013.
- ＿＿＿, 『증산도의 진리』, 대전: 상생출판, 2013.
- 한동석, 『우주변화의 원리』, 서울: 대원출판, 2001.
- 허동진, 『조선어학사』, 서울: 박이정출판사, 1998.
- 행촌 이암, 『단군세기 서문』
- Michael S. Schneider, A Beginner's Guide to Constructing the Universe, 이충호 옮김, 『자연, 예술, 과학의 수학적 원형』, 서울: 경문사, 2002.
- 박덕규, 「훈민정음과 가림토」, 세계환단학회, 『세계환단학회지』, 2019.
- 반재원, 「훈민정음 창제원리와 천문도와의 상관성」, 국제뇌교육종합대학원대학교 박사논문, 2013.
- 성낙수, 「훈민정음 창제에 도움을 준 왕실의 인물들」, 외솔회, 『나라사랑』, 127, 2018.
- 신민식, 「훈민정음 제자해制字解의 상수철학과 하도상생 사계절 순환법칙의 고찰」, 세계환단학회, 『세계환단학회지』, 2020.
- 진진수, 「기후위기는 인류위기, 자본주의가 주범이다」, 현장과 광장, 『현장과 광장』, (3), 2020.
- 최기호, 「기조강연 훈민정음 창제과정과 집현전의 기능」, 외솔회, 『나라사랑』, 127, 2018.
- 최세진 찬, 오종필 옮김, 『훈몽자회 3360』, 경기도 부천: 부크크 출판, 2018.

- 최석정 저, 김지용 해제, 『경세훈민정음도설』, 서울: 도서출판 명문당, 2011.
- 황경수, 「훈민정음 중성의 역학사상」, 한국중원언어학회, 언어학 연구, 11.
- 홍기문 원저, 이상규 주해, 『증보정음발달사』, 서울: 역락출판, 2016.